I0826937

R 9052

Paris

1706

Dacier, André

La Vie de Pythagore, ses symboles, ses vers dorez et la vie d'Hiéroclès, par M. Dacier,...Les commentaires d'Hieroclès

anvier

Tome 2

6387

9052

LES COMMENTAIRES D'HIEROCLES SUR LES VERS DOREZ DE PYTHAGORE.

56,603

Rétablis sur les Manuscrits, & traduits en François avec des Remarques.

Par M. DACIER, *Garde des Livres du Cabinet du Roy.*

TOME SECOND.

A PARIS,
Chez RIGAUD, ruë de la Harpe.
M. DCCVI.
AVEC PRIVILEGE DU ROY.

COMMENTAIRE D'HIEROCLES SUR LES VERS DOREZ DE PYTHAGORE.

La Philosophie purge & perfectionne la nature humaine; & comment.

LA Philosophie est la purgation & la perfection de la nature humaine. Elle est sa purgation, parce qu'elle la délivre de la témérité & de la folie qui vient de la matiére, & qu'elle la dégage de ce corps mortel; & elle est sa perfection, parce qu'elle luy fait recouvrer la félicité qui luy est propre, en la ramenant à la ressemblance avec Dieu. Or il n'y a que la vertu & la vérité qui puissent opérer * ces deux choses; la vertu, en chassant l'excés des passions; & la vérité, en dissipant les

* C'est-à-dire, la purgation & la perfection de la nature humaine.

La vertu & la vérité sont

les seules causes de la félicité de l'homme.

ténébres de l'erreur, & en redonnant la forme divine à ceux qui sont disposez à la recevoir.

Pour cette science donc, qui doit nous rendre purs & parfaits, il est bon d'avoir des régles courtes & précises, qui soient comme des aphorismes de l'art, afin que par leur moyen nous puissions arriver méthodiquement & par ordre à la félicité qui est notre unique fin.

Parmi toutes les régles qui renferment un précis de la Philosophie, les Vers de Pythagore, qu'on appelle *les Vers dorez*, tiennent le prémier rang, & avec justice : car ils contiennent les préceptes généraux de toute la Philosophie, tant pour ce qui regarde la vie active, que la vie contemplative. Par leur moyen chacun peut acquerir la vérité & la vertu, se rendre pur, parvenir heureusement à la ressemblance divine, & comme dit le Timée de Platon, (qu'on doit regarder comme un maistre trés-exact des dogmes de Pythagore,) aprés avoir rétabli sa santé & recouvré son intégrité & sa perfection, se revoir dans son prémier état d'innocence & de lumiére.

Pythagore commence par les préceptes de la vertu active; car avant toutes choses, il faut dissiper & chasser la folie & la paresse qui sont en nous, & en suite il faut s'appliquer à la connoissance des choses divines, car comme un œil malade, & qui n'est pas encore guéri de sa fluxion, ne sçauroit regarder une lumiére éclatante & vive, de mesme l'ame qui ne possede pas encore la vertu, ne sçauroit attacher ses regards sur la beauté & la splendeur de la vérité; & il n'est pas permis à ce qui est impur, de toucher à ce qui est pur.

La purgation doit précéder la contemplation.

La Philosophie pratique est la mére de la vertu; & la théoretique, est la mére de la vérité, comme on peut l'apprendre par les Vers mesme de Pythagore, où la Philosophie pratique est appellée, *vertu humaine*, & la théoretique est célébrée sous le nom de *vertu divine*; car aprés avoir fini les préceptes de la vertu civile par ces mots, *Pratique bien toutes ces choses, médite-les bien, il faut que tu les aimes de tout ton*

Vertu humaine.
Vertu divine.

cœur : il continuë, *ce ſont elles qui te mettront dans la voye de la vertu divine, & qui te feront marcher ſur les traces de Dieu.*

Homme, c'eſt-à-dire, homme de bien. *V. les remarques.*

Le Dieu, c'eſt à dire, l'homme ſemblable à Dieu.

Il faut donc prémiérement eſtre homme, & enſuite devenir Dieu. L'homme, ce ſont les vertus civiles qui le font, & le Dieu, ce ſont les ſciences qui conduiſent à la vertu divine. Or dans l'ordre il faut que les petites choſes ſoient avant les grandes, ſi l'on veut faire quelque progrés. Voila pourquoy dans ces vers de Pythagore les préceptes des vertus ſont les prémiers, pour nous apprendre, que c'eſt par la pratique des vertus, ſi néceſſaire dans la vie, que nous devons avancer & monter juſqu'à la reſſemblance divine. Et le but & l'ordre qu'on ſe propoſe dans ces Vers, c'eſt de donner à ceux qui les liront le véritable caractére de Philoſophe, avant que de les initier aux autres ſciences.

Ordre de Pythagore dans ſes préceptes.

Pourquoy ces Vers appellez dorez.

Au reſte, on les a appellez *Vers dorez*, pour marquer que dans ce genre c'eſt ce qu'il y a de plus excellent & de plus divin : car c'eſt ainſi que nous appellons l'*âge d'or*, le ſiécle qui a porté

L'âge d'or.

les plus grands hommes, en caractérisant la différence des mœurs par les propriétez analogiques des métaux ; l'or étant un métal trés-pur & sans aucun de ces mélanges terrestres qui se trouvent dans les autres métaux qui luy sont inferieurs, l'argent, le fer & le cuivre : c'est pourquoy il est plus excellent, comme le seul qui n'engendre point de rouïlle, au lieu que les autres se rouïllent à proportion du mélange terrestre qu'ils ont en eux. La rouïlle donc étant la figure & l'embléme des vices, c'est avec raison que l'âge dans lequel ont régné la sainteté & la pureté, & qui a été éxempt de toute corruption de mœurs, a été appellé l'*âge d'or* : & c'est ainsi que ces Vers étant souverainement beaux dans toutes leurs parties, ont été appellez avec justice *Vers dorez* & divins ; car on n'y trouve point comme dans toutes les autres poësies, un vers qui est beau & un autre qui ne l'est point ; mais ils sont tous parfaitement beaux, ils représentent tous également la pureté des mœurs, conduisent à la ressemblance avec Dieu, &

L'or le seul métal qui ne se rouïlle point.

Avantage que ces Vers ont sur toutes les autres poësies.

découvrent le but trés-parfait de la Philosophie Pythagoricienne, comme on le verra évidemment par l'explication que nous donnerons de chacun en particulier. Commençons donc par les premiers.

VERS I.

Honore premiérement les Dieux immortels, comme ils sont établis & ordonnez par la Loy.

La piété est la guide des vertus.

** C'est à-dire, à Dieu qui est la cause des estres.*

COMME la pieté, qui se rapporte * à la cause divine, est la prémiére & la guide de toutes les vertus, c'est avec raison que le précepte sur la pieté est à la teste de toutes les Loix qui sont prescrites par ces vers : Qu'il faut honorer les Dieux de cet univers selon l'ordre dans lequel ils sont établis, & * que la Loy éternelle, qui les a produits, leur a distribué avec leur essence en les plaçant les uns dans la premiére sphere celeste, les autres dans la seconde, les autres dans la troisiéme, & ainsi de suite, jusqu'à ce que tous les globes célestes ayent esté remplis. Car de les reconnoistre, & de les honorer selon l'or-

* *Ou*, que le Verbe qui les a produits. *V. les remarques.*

Cette opinion de la distribution des Dieux en différentes Sphéres, n'est qu'erreur.

dre & le rang où ils ont esté placez par leur createur & leur pére, c'est obéïr à la Loy divine, c'est leur rendre veritablement tout l'honneur qui leur est dû; comme aussi de ne point trop relever, ni rabaisser leur dignité dans les sentimens que l'on a d'eux, mais de les prendre pour ce qu'ils sont; de leur donner le rang qu'ils ont receu, & de rapporter tout l'honneur qu'on leur rend au seul Dieu qui les a créez, & qu'on peut appeller proprement le Dieu des Dieux, le Dieu supréme & trés-bon. Car le seul moyen que nous ayons de trouver, & de comprendre la majesté de cet Estre excellent qui a créé le monde, c'est d'estre bien convaincus qu'il est la cause des Dieux, & le createur des substances raisonnables & immuables. Ce sont ces substances, & ces Dieux qu'on appelle icy *Dieux immortels,* parce qu'ils ont toujours les mesmes sentimens, & les mesmes pensées du Dieu qui les a créez; qu'ils sont toujours attentifs & attachez à ce souverain bien, & qu'ils ont receu de luy immuablement & indivisiblement l'es-

Il ne faut ni relever, ni rabaisser les Dieux inférieurs.

Fils de Dieu, substances immuables, & images inalterables & incorruptibles de ce prémier estre.

tre & le bien eſtre, comme étant les images inaltérables & incorruptibles de cette cauſe qui les a créez ; car il eſt digne de Dieu d'avoir produit de telles images de luy-meſme, qui ne fuſſent pas capables de s'altérer & de ſe corrompre par leur pente au mal, comme les ames des hommes, qui ſont les dernieres des ſubſtances raiſonnables, celles qui ſont appellées *Dieux immortels,* en étant les prémiéres.

Paſſions & altérations de l'ame de l'homme.

Et c'eſt pour les diſtinguer des ames des hommes qu'on les appelle icy *Dieux immortels,* comme ne mourant jamais à la vie divine, & n'oubliant un ſeul moment, ni leur eſſence ni la bonté du pére qui les a créez ; car voila les paſſions, les altérations auſquelles eſt ſujette l'ame de l'homme ; tantoſt ſe ſouvenant de ſon Dieu, & de la dignité dans laquelle elle a été créée, & tantoſt les mettant l'un & l'autre dans un entier oubli. Voila pourquoy les ames des hommes pourroient eſtre juſtement appellées *des Dieux mortels,* comme mourant quelquefois à la vie divine, par leur éloignement de Dieu, & la

Ames des hommes, Dieux mortels, & comment.

recouvrant quelquefois par leur retour vers luy; vivant ainsi dans le dernier sens d'une vie divine, & mourant dans l'autre, autant qu'il est possible à une essence immortelle de participer à la mort, non point par la cessation de l'estre, mais par la privation du bien estre; car la mort de l'essence raisonnable, c'est l'ignorance & l'impiété, qui entraisnent aprés elles le desordre & la revolte des passions: l'ignorance de ce qui est bon précipitant nécessairement dans l'esclavage de ce qui est mauvais; esclavage, dont il est impossible de s'affranchir, que par le retour à l'Intelligence & à Dieu, qui se fait par la reminiscence.

Mort de l'ame quelle.

Esclavage qui vient de l'ignorance.

Or entre ces Dieux immortels, & ces Dieux mortels, comme je viens de les appeller, c'est une nécessité qu'il y ait une essence au dessus de l'homme, & au dessous de Dieu, & qui soit comme un lien & un milieu qui lie les deux extrémes les uns avec les autres, de maniére que le tout de l'essence raisonnable soit bien lié & uni.

Necessité d'une essence moyenne entre Dieu & l'homme.

* Cet estre moyen n'est jamais abso-

** Ce sont les Anges & les*

lument dans l'ignorance de Dieu, & n'en a pas non plus toujours une connoissance immuable & permanente dans le mesme dégré, mais tantost plus grande & tantost moins grande. Par cet état de connoissance, qui ne cesse jamais absolument, il est au dessus de la nature humaine, & par cet état de connoissance, qui n'est pas toujours la mesme, & qui diminue, ou qui augmente, il est au dessous de la nature divine. Il ne s'est point élevé au dessus de la condition de l'homme par le progrés de ses connoissances, & il n'est pas non plus devenu inférieur à Dieu, & n'a pas été placé dans ce rang mitoyen par la diminution de ces mesmes connoissances. Mais il est par sa nature un milieu, un estre moyen; car Dieu qui a créé toutes choses, a établi ces trois estres, premiers, seconds & troisiémes, différents entre eux par leur nature, & sans qu'ils puissent jamais se déplacer & se confondre les uns avec les autres, ni par le vice, ni par la vertu: mais étant éternellement par leur essence, ils sont différents par le rang qui

autres esprits bienheureux.

Selon que Dieu les éclaire.

Car il est tel par sa nature.

leur a été donné ; & ils ont été placez dans cet ordre par rapport aux causes qui les ont produits ; car comme là, c'est l'ordre qui renferme les trois degrez de la parfaite sagesse, le prémier, le second, & le dernier ; la sagesse n'étant sagesse, que parce qu'elle produit ses ouvrages dans l'ordre & dans la perfection, de maniére que la sagesse, l'ordre, & la perfection se trouvent toûjours ensemble, & ne se séparent jamais ; de mesme dans cet univers les estres produits par la prémiére pensée de Dieu, doivent estre les prémiers dans le monde ; ceux qui sont produits par la seconde, les seconds ou moyens ; & ceux qui ressemblent à la fin des pensées, les derniers dans les estres raisonnables ; car c'est tout cet arrangement raisonnable avec un corps incorruptible, qui est l'image entiére & parfaite du Dieu qui l'a créé. Les estres qui tiennent le prémier rang dans ce monde, sont l'image pure de ce qu'il y a en Dieu de plus éminent. Ceux qui tiennent le milieu, sont l'image moyenne de ce qu'il y a de moyen : & ceux qui sont les troi-

Sagesse, ordre & perfection inséparables.

Sentiment des Pythagoriciens sur l'ordre de la création, mêlé de vérité & d'erreur. V. les remarques.

siémes & les derniers dans les estres raisonnables sont la derniére image de ce qui est le dernier dans la divinité. Et de tous ces trois ordres, le prémier est appellé icy des *Dieux immortels ;* les second, *des Heros doüez de bonté & de lumiére ;* & le troisiéme, *des Demons terrestres :* comme nous le verrons bientost.

Retournons présentement aux prémiers. Qu'est-ce que la Loy ? qu'est-ce que l'ordre qui luy est conforme ? & qu'est-ce enfin que l'honneur rendu par rapport à cet ordre & à cette Loy ? La Loy, c'est l'Intelligence qui a créé toutes choses; c'est l'Intelligence divine qui a tout produit, de toute éternité, & qui le conserve aussi éternellement.

La Loy, ce que c'est.

L'ordre, ce que c'est.

L'ordre conforme à la Loy, c'est le rang que Dieu Pére & Créateur de toutes choses a attribué aux *Dieux immortels,* en les créant, & qui les fait estre les uns les prémiers, les autres les seconds; car, quoyque, comme étant les prémiers dans tout cet arrangement raisonnable, ils ayent receu ce qu'il y a de plus excellent, ils ne laissent pas d'estre différents entre eux, & ils sont plus divins les uns que les autres; & une marque de la supériorité & de l'infériorité des uns à l'égard des autres, c'est le rang & l'ordre des Sphéres célestes qui leur ont été distribuées selon leur essence & leur puissance ou vertu, de maniére que la Loy ne regarde que leur essence, & que l'ordre n'est que le rang qui leur a été donné convenablement à leur dignité; car n'ayant pas été créez à l'avanture, ils n'ont pas non plus été séparez & placez au hazard, mais ils ont été créez & placez avec ordre, comme différentes parties & différents membres * d'un seul *Tout*, qui est le Ciel, & comme conservant leur liaison dans leur séparation, & dans leur union selon leur espéce, de sorte qu'on ne peut mesme imaginer aucun changement dans leur situation, aucun déplacement, qu'avec la ruine entiére du monde, ruine qui ne sçauroit jamais arriver pendant que la premiére cause, qui les a produits, sera immuable & ferme dans ses decrets; qu'elle aura une puissance égale à son essence; qu'elle

C'est une erreur grossiére. V. les remarq.

* d'un seul animal; *car ils croyoient que le monde étoit vivant & animé.*

Car la bonté acquise est bien différente de la bonté essentielle.

possedera une bonté non acquise, mais adherante & essentielle; & que pour l'amour d'elle-mesme, elle conduira toutes choses à leur bien & à leur félicité. Car on ne peut trouver d'autre cause raisonnable de la création des choses que la bonté essentielle de Dieu ; c'est Dieu qui est tout bon par sa nature, & ce qui est bon n'est jamais susceptible d'aucune envie. Toutes les autres causes que l'on donne de la création de cet univers, excepté cette bonté, tiennent plus des nécessitez & des besoins des hommes, que de l'indépendance d'un Dieu.

Bonté essentielle de Dieu la seule cause de la création. Grande vérité.

Dieu étant donc tout bon par sa nature a produit les prémiers, les estres les plus semblables à luy ; les seconds, ceux qui ont avec luy une ressemblance moyenne ; & les troisiémes, ceux qui de tous les estres semblables à luy, participent le moins à cette ressemblance divine.

Les Dieux immortels. Les Heros, c'est à dire, les Anges. Les hommes.

L'Ordre a été réglé conformément à l'essence de tous ces estres créez, de sorte que ce qui est plus parfait est préféré à ce qui est moins parfait, non ſeulement dans tous les genres, mais auſſi dans les différentes eſpéces; car ce n'eſt ni au hazard que toutes choſes ont receu leur place, & leur rang, ni par un changement de choix & de volonté; mais ayant été créées différentes par la Loy qui les a produites, elles ont leur rang conforme à la dignité de leur nature: c'eſt pourquoy ce précepte, *honore-les comme ils ſont placez & diſpoſez par la Loy,* doit eſtre entendu non ſeulement des Dieux immortels, mais auſſi des Héros, *des Anges,* & des ames des hommes; car dans chacun de ces genres, il y a une quantité infinie d'eſpéces placées & diſpoſées ſelon qu'elles ont plus ou moins de dignité; & voilà quelle eſt la nature, & quel eſt l'ordre ou le rang des eſſences raiſonnables.

Quelle eſt donc la Loy, & quel eſt l'honneur qui en eſt la ſuite! repétons-le encore. La Loy eſt la vertu immuable *l'opération* de Dieu, ſelon laquelle il a créé les eſtres divins, & les a rangez & placez de toute éternité, ſans qu'ils puiſſent jamais changer. Et l'honneur confor- *En quoy cons.*

siste l'honneur qu'on rend aux estres superieurs.

me à cette Loy, c'est la connoissance de l'essence de ces estres que l'on honore, & la ressemblance que l'on s'efforce d'avoir avec eux autant qu'il est possible ; car ce que l'on aime, on l'imite autant qu'on le peut ; & l'honneur qu'on rend à celuy qui n'a besoin de rien consiste à recevoir les biens qu'il nous procure ; car tu n'honores pas Dieu en luy donnant quelque chose, mais en te rendant digne de recevoir de luy, & comme disent les Pythagoriciens, *Tu honoreras Dieu parfaitement, si tu fais en sorte que ton ame soit son image.* Tout homme qui honore Dieu par ses dons, comme un estre qui en a besoin, tombe sans y penser dans cette erreur de se croire plus puissant & plus grand que Dieu. La magnificence mesme des dons & des offrandes, n'est pas un honneur pour Dieu, à moins que ce ne soit un esprit véritablement touché qui les fasse offrir ; car les dons & les victimes des fous ne sont que la pâture des flammes ; & leurs offrandes, qu'un appast pour les sacriléges : mais l'esprit véritablement touché, & suffisamment

Ce que c'est qu'honorer Dieu.

La magnificence des dons n'honore pas Dieu. C'est l'esprit qui les offre.

fortifié & affermi dans l'amour, unit à Dieu ; & c'est une nécessité que le semblable se porte vers son semblable ; c'est pourquoy on dit que le Sage est seul sacrificateur, qu'il est seul l'ami de Dieu, & qu'il sçait seul comme il faut prier ; car celuy-là sçait seul honorer, qui ne confond jamais la dignité de ceux qu'il honore, qui s'offre le prémier comme une Hostie pure, qui rend son ame l'image de Dieu, & qui prépare son esprit comme un Temple, pour y recevoir la lumiére divine. Qu'offriras-tu à Dieu de toutes les choses terrestres & matérielles qui sont icy-bas, qui puisse estre sa véritable image ? quel don luy feras-tu, qui puisse luy estre intimement uni, comme cela arrive nécessairement à l'essence raisonnable, qui est purgée & purifiée ! En effet, comme disent les mesmes Philosophes, *Dieu n'a point sur la terre un lieu plus propre pour y habiter, qu'une ame pure.* Ce qui s'accorde parfaitement avec cet Oracle d'Appollon Pythien, *J'habite avec moins de plaisir dans le brillant olympe, que dans les ames des hommes pieux.*

Le Sage est seul Sacrificateur.

Le seul qui sçait honorer Dieu.

L'esprit de l'homme, le saint Temple de la lumiére de Dieu.

Quel est l'homme pieux.

Or l'homme pieux, est celuy, qui ayant la connoissance de Dieu, offre sa propre perfection, comme le plus grand honneur qu'il puisse rendre aux causes de tous les biens; qui par l'ardeur de les acquerir, se tourne incessamment vers ceux qui les peuvent donner, & qui en se rendant toujours digne de les recevoir, honore parfaitement ceux qui les donnent sans cesse. Tout homme qui veut honorer Dieu d'une autre maniére, & nullement par soy-mesme, & par les sentimens de son cœur, fait consister cet honneur en une profusion inutile des biens exterieurs, & cherche à s'acquiter de ce devoir envers luy, non point en luy offrant la sainteté & la vertu, mais en luy donnant des biens temporels & périssables; & ce sont des dons qu'un honneste homme mesme ne sçauroit recevoir agréablement, n'étant point donnez avec les dispositions convenables. Et sur cela, voici encore une réponse d'Apollon Pythien qui mérite d'estre rapportée. Un homme ayant immolé une * hécatombe magnifique sans aucun senti-

* Sacrifice de cent Bœufs.

ment de piété, voulut ſçavoir du Dieu comment il avoit receu ſon ſacriſice. Le Dieu luy répondit, *le ſimple orge du célébre Hermionée a été agréable à mes yeux :* faiſant connoiſtre par là, qu'il préféroit à toute cette magniſicence l'offrande la plus chétive, parce qu'elle étoit relevée par les ſentimens d'une véritable piété; & avec la piété tout eſt agréable à Dieu, au lieu que ſans la piété rien ne peut jamais luy plaire.

Rien n'eſt agréable à Dieu ſans piété.

En voila aſſez pour le préſent ſur la ſainteté : mais parce qu'une obſervation exacte & immuable conſerve la Loy de l'arrangement de cet univers, & que c'étoit la couſtume des anciens de nommer *ſerment,* d'un nom myſtérieux & ineffable, le gardien de cette obſervation ; c'eſt avec raiſon qu'aprés le précepte des Dieux on met icy le précepte du ſerment comme une ſuite dépendante & néceſſaire.

Dieu apellé du nom de ſerment, & pourquoy. V. les Rem.

VERS II.

Respecte le Serment avec toute sorte de religion.

Ce que c'est que le serment. Hiéroclés parle icy du serment divin. V. les Remarques.

NOus venons de faire voir que la Loy est la vertu de Dieu, par laquelle il opére toutes choses immuablement & de toute éternité. Et icy en consequence de cette Loy, nous dirons que le serment est la cause qui conserve toutes choses dans le mesme état, & qui les confirme & asseure, comme étant fermes & stables par la Foy du serment, & conservant par là l'ordre établi par la Loy, de maniére que l'immuable arrangement de tous les estres créez, n'est que l'effet de la Loy qui les a produits, & du serment qui les maintient & asseure. Car que tous les estres demeurent disposez & arrangez par la Loy, c'est là le principal ouvrage & le prémier effet du serment divin, qui est sur tout, & toujours gardé par ceux qui pensent toujours à Dieu; mais qui est souvent violé par ceux qui n'y pensent pas toûjours, & qui l'oublient quelquefois. En effet, à mesure qu'ils s'éloignent de Dieu, ils violent le serment, & ils le gardent à mesure qu'ils s'en rapprochent; car le serment n'est icy que l'observation des Loix divines, & le lien par lequel sont attachez au Dieu Créateur, tous les estres créez pour le connoistre; & parmy lesquels ceux qui sont toujours unis à luy, *respectent toujours le serment,* & ceux qui s'en détachent quelquefois, se rendent alors impies envers ce serment, non seulement en transgressant l'ordre de la Loy divine, mais aussi en violant la Foy du serment divin : & tel est le serment qu'on peut dire *inné* & *essentiel* aux estres raisonnables, de se tenir toujours uniquement attachez à leur Pére & Créateur, & de ne transgresser jamais en aucune maniére les Loix qu'il a établies.

Serment, l'observation des Loix divines.

Serment, inné & essentiel *aux estres raisonnables.*

Mais le serment auquel on a recours dans les affaires de la vie civile, est l'ombre & comme la copie de ce prémier; & il méne droit à la vérité ceux qui s'en servent comme il faut; car dissipant l'ambiguité & l'incertitude des desseins

Le serment humain.

Quelle est la nature & le but du serment humain.

de l'homme, il les rend clairs & certains; il les fixe, & les force à demeurer tels qu'on les a declarez, ſoit dans les paroles, ſoit dans les actions, d'un coſté en découvrant la vérité de ce qui eſt déja fait, & de l'autre en éxigeant & aſſeurant ce qui eſt encorè à faire. Voila pourquoy il eſt tres-juſte de reſpecter ſur tout le ſerment. Le prémier, qui précéde par ſon eſſence, eſt reſpectable, comme le gardien de l'éternité; & le ſerment humain, qui eſt un ſecours aſſeuré dans les affaires de la vie, doit eſtre reſpecté comme l'image du prémier, & comme celuy, qui aprés le ſerment divin, eſt le plus ſeur dépoſitaire de la certitude & de la vérité, & qui enrichit de mœurs tres excellentes ceux qui ont appris à le reſpecter.

Serment divin, le gage de l'Eternité.

Serment humain, ſecours aſſeuré dans les affaires de la vie civile.

Serment, le plus ſeur dépoſitaire de la vérité.

Mœurs excellentes, la ſuite du reſpect qu'on a pour le ſerment.

Or le reſpect dû au ſerment, ce n'eſt que l'obſervation auſſi fidéle & auſſi inviolable qu'il eſt poſſible, de ce qu'on a juré: & cette obſervation eſt la vertu, qui aſſocie & unit avec la ſtabilité ferme & la vérité de l'habitude divine ceux qui le reſpectent par une néceſſité toute franche & toute libre.

L'ineffable sainteté du prémier serment peut se recouvrer par la conversion à Dieu, lorsque par les vertus purgatives nous guérissons la transgression de ce serment divin : mais la sainteté & la fidélité du serment humain se conserve par les vertus politiques ; car ceux qui possédent ces vertus sont les seuls qui puissent estre fidéles dans les sermens de la vie civile, & le vice, pére de l'infidélité & du parjure, foule aux pieds le serment par l'instabilité & l'inconstance des mœurs. En effet comment l'avare sera-t'il fidéle lorsqu'il s'agira de recevoir de l'argent ou de le rendre? l'intempérant ou le lache peuvent-ils estre fidéles à leurs sermens? & les uns & les autres par tout où ils croiront trouver leur avantage, ne depouïlleront-ils pas le respect du serment, & ne renonceront-ils pas à tous les biens divins pour des biens temporels & périssables? Mais ceux en qui la possession des vertus est ferme & asseurée, ceux-là seuls sçavent conserver le respect qu'éxige la majesté du serment. Or la voye la plus seure pour conserver inviolable-

Sans la vertu il n'est point de fidélité dans le serment.

Vice, pére de l'infidélité

Les vicieux ne sçauroient estre fidéles au serment.

Moyens de conserver le respect dû au serment.

ment ce respect, c'est de n'en user ni souvent ni témérairement, & au hazard, ni pour les moindres choses, ni pour l'ornement du discours, ni pour mieux asseurer ce que l'on raconte; mais de le reserver pour des choses nécessaires & honorables, & pour les seules occasions où il ne paroît d'autre voye de salut que par la vérité du serment. Et le seul moyen que tous les assistans soient persuadez de la vérité de ce que nous asseurerons, c'est de faire en sorte que nos mœurs soient d'accord avec nos sermens, & de ne laisser à notre prochain aucun sujet de soupçonner que nous soyons capables de préférer quelque fortune que ce puisse estre à la vérité, soit que nous ayons, ou que nous n'ayons pas juré

Occasions seules où le serment doit estre permis.

Ce précepte, *respecte le serment,* nous ordonne non seulement d'estre véritables & fidéles dans le serment, mais encore de nous en abstenir; car de ne pas trop user du serment, c'est le plus court moyen d'estre toujours fidéles & véritables. L'habitude de jurer précipite facilement dans le parjure, au lieu que la

Parjure naist de l'habitude de jurer.

rareté

rareté du serment en produit d'ordinaire l'observation ; car ou l'on ne jure point, ou si l'on jure, on est véritable & fidéle, la langue ne s'avançant point trop, & ne prévenant point la réflexion par la malheureuse habitude de jurer, & l'esprit ne se laissant point séduire & corrompre par l'emportement des passions. L'esprit est conduit & regi par les mœurs honnestes, & la langue est tenuë en bride par l'abstinence du serment. Or la fidélité du serment s'accorde parfaitement avec l'honneur que le prémier Vers nous ordonne de rendre aux Dieux ; car elle est la compagne inséparable de la piété. Aussi le serment est-il le gardien de la Loy divine pour l'ordre & l'arrangement de cet univers.

Fidélité du serment, compagne inséparable de la piété.

Honore donc cette Loy en obéïssant à ce qu'elle ordonne, & respecte le serment en ne t'en servant point en toutes rencontres, afin que tu t'accoustumes à jurer véritablement par l'habitude de ne point jurer ; car ce n'est pas une petite partie de la piété que la vérité du serment.

Mais en voila assez sur les prémiers estres, ſur la Loy divine qui a produit l'ordre & l'arrangement, & ſur le ſerment qui eſt la ſuite & la dépendance de cette Loy. Or parce qu'aprés les Dieux immortels il faut honorer l'eſtre que nous apellons Angelique, l'Auteur de ces Vers pourſuit.

Eſtre Angelique, doit eſtre honoré.

VERS II.

Honore enſuite les Heros pleins de bonté & de lumiére.

CE ſont icy les eſtres moyens entre les eſſences raiſonnables, & qui tenant la ſeconde place aprés les Dieux immortels, precédent la nature humaine, & lient les derniers eſtres avec les prémiers. Puiſqu'ils tiennent donc la ſeconde place, il faut leur rendre les ſeconds honneurs, en ſouſentendant auſſi à leur égard ces mots du prémier précepte, *Honore-les comme ils ſont placez & diſpoſez par la Loy ;* car toute la vertu & la force de cet honneur conſiſtent à connoiſtre véritablement l'eſſence de ceux que nous honorons ; cette connoiſſance nous faiſant

Pour honorer comme il faut, on doit connoiſtre l'eſſence de ce qu'on honore.

trouver d'abord ſans peine tout ce que nous devons dire & faire pour les honorer comme il faut; car comment parlera-t-on convenablement à ceux que l'on ne connoiſt point, & comment offrira-t-on des préſens à ceux dont on ignore la dignité? Le prémier donc & le ſeul véritable honneur, à l'égard meſme de ces Héros pleins de bonté & de lumiére, c'eſt la connoiſſance de leur eſſence; & de leur ordre; & le diſcernement précis & juſte de leurs emplois, & de la perfection qu'ils contribuent de leur part à cet univers, en conſequence du rang qu'ils occupent; car nous devons proportionner en toutes choſes à leur eſſence l'honneur que nous leur rendons, & cette meſure ne peut venir que de la connoiſſance que nous en avons: car lorſque nous connoiſtrons la nature & le rang de chaque eſtre, alors ſeulement nous pourrons leur rendre l'honneur qu'ils méritent, & que la Loy veut que nous leur rendions. Et nous n'honorerons aucune nature inférieure à la nature humaine; mais nous honorerons principalement les eſtres qui

Aucune nature inférieure à la nature humaine, ne mérite un culte. Grand Principe.

ſont ſupérieurs à nous par leur eſſence, & ceux qui étant nos égaux ſe ſont diſtinguez & élevez au deſſus de nous par l'éminence de leur vertu.

Ce ſont les Saints.

De tous les eſtres ſupérieurs à nous par leur eſſence, le prémier & le plus excellent, c'eſt Dieu, qui a créé toutes choſes, & c'eſt luy auſſi qui doit eſtre honoré par deſſus tous ſans aucune comparaiſon ni concurrence. Et ceux qui ſont aprés luy, & par luy les prémiers dans le monde, qui penſent toujours à luy, qui expriment & repréſentent fidélement en eux tous les biens dont la cauſe, qui les a créez, les a faits participants, & que le prémier vers appelle *Dieux immortels* ; parce qu'ils ne meurent jamais, & qu'ils ne quittent jamais la reſſemblance qu'ils ont avec Dieu, mais y perſévérent toujours, & de la meſme maniére ; ceux-là, dis-je, doivent recevoir aprés Dieu les prémiers honneurs. Les ſeconds honneurs, & les honneurs moyens ſont dûs aux eſtres moyens, c'eſt à dire, qui occupent le ſecond rang, & qui ſont appellez icy *Héros pleins de bonté & de lumiére*, qui pensent toujours à leur Créateur, & qui sont tout éclatants de la lumiére qui rejaillit de la félicité dont ils joüissent en luy, non pas pourtant toujours de la mesme maniére, & sans aucun changement; car étant unis à Dieu comme moyens, & ayant receu la grace d'estre toujours tournez vers luy, sans pouvoir s'en détourner, ils marchent toujours autour de ce prémier estre; mais avec des efforts qui ne sont pas toujours égaux, & par la pleine connoissance qu'ils ont d'eux-mesmes, ils séparent & réunissent l'intimité immuable que les prémiers estres ont avec Dieu, en faisant de la fin de l'intimité de ces estres le commencement de leur initiation. C'est pourquoy ils sont appellez avec raison, *Héros excellents,* l'épithéte qui signifie *excellents*, marquant par sa racine qu'ils sont pleins de bonté & de lumiére, ne tombant jamais ni dans le vice ni dans l'oubli; & le terme de *Héros*, venant d'un mot qui signifie *amour*, pour marquer que pleins d'amour pour Dieu, ils ne cherchent qu'à nous aider à passer de cette vie terrestre

D'où vient la lumiére dont les Anges sont revétus.

V. les remarques.

L'excellence consiste dans la bonté & dans la lumiére.

Ηρωες, Heroes, pour Ερωτες, *amours. V. les Remarques.*

à une vie divine, & à devenir Citoyens du Ciel. On les appelle auſſi *bons démons,* comme inſtruits & ſçavants dans les Loix divines ; & quelquefois on leur donne le nom d'Anges, comme nous déclarant & nous annonçant les régls pour la bonne vie & la félicité. Quelquefois auſſi ſelon ces trois ſens, nous partageons en trois claſſes tous ces eſtres moyens, ceux qui approchent le plus des eſtres céleſtes & divins, nous les appellons *Anges.* Ceux qui ſont attachez aux eſtres terreſtres, nous les appellons *Héros ;* & ceux qui tiennent le milieu également éloignez des deux extrémes, nous les appellons *Démons ;* comme Platon l'a pratiqué trés-ſouvent. D'autres ne donnent à ce genre moyen qu'un de ces trois noms, en les appellant *Anges, Démons,* ou *Héros,* par les raiſons que nous avons dites : & c'eſt ainſi qu'en a uſé l'Auteur de ces Vers ; il les appelles *Héros pleins de bonté & de lumiére ;* car ils ſont, à l'égard du prémier genre, comme la ſplendeur à l'égard du feu, & comme le fils par rapport au pére ; c'eſt pour-

Car daimon en Grec eſt pour daemon, ſçavant, intelligent.

Hierocles releve trop icy la nature angelique. V. les Remarques.

quoy ils ſont célébrez comme enfans des Dieux, & avec juſtice; car ils ne ſont point nez de race mortelle, mais ils ſont produits par leur cauſe uniforme & ſimple, comme la lumiére vient de l'eſſence du corps lumineux, je dis la lumiére claire & pure, aprés laquelle on imagine aiſément une lumiére pleine d'ombre, & meſlée de ténébres. Et à cette lumiére obſcure, répond analogiquement le troiſiéme genre d'eſtres, c'eſt à dire, le genre humain, à cauſe du penchant qu'il a au vice & à l'oubli, qui le rendent incapable de penſer toujours à Dieu. Il eſt inférieur aux eſtres qui y penſent toujours, en ce qu'il ceſſe quelquefois d'y penſer; voila ſes ténébres : mais il eſt ſupérieur aux eſtres ſans raiſon, en ce qu'il revient quelquefois à y penſer, & qu'il eſt quelquefois rappellé à la ſcience divine, lorſqu'il ſe joint aux chœurs céleſtes en dépoüillant toutes les affections charnelles, & en ſe dégageant de toute la corruption du corps ; & voila ſa lumiére. Alors celuy qui a été honoré de cette grace divine, devient digne de nos hommages & de

Pourquoy les Saints doivent eſtre honorez.

nos respects, comme ayant relévé & orné en luy l'égalité de nostre nature, par la participation à ce qu'il y a de meilleur. Or tout homme qui aime Dieu doit aussi aimer tout estre qui a avec Dieu quelque ressemblance, soit qu'il posséde cette ressemblance de toute éternité, ou qu'il ne l'ait acquise que depuis quelque temps, comme tous les hommes qui se sont distinguez par l'éminence de leur vertu, & sur lesquels le Vers suivant va nous donner ce précepte.

Ceux qui aiment Dieu, aiment tout ce qui luy ressemble. Grand principe.

VERS III.

Respecte aussi les Démons terrestres, en leur rendant le culte qui leur est légitimement dû.

Ou plustost, qui ont vécu sur la terre, & qui ne sont plus. *V. les Remarques.*

L'Auteur de ces Vers parlant des ames des hommes qui sont ornées de vérité & de vertu, les appelle *Démons,* comme pleines de science & de lumiére; & en suite pour les distinguer des Démons qui sont tels par leur nature, & qui tiennent le milieu, comme on l'a déja dit, il ajoute cette épithéte *terre-*

ſtres, pour faire entendre qu'elles peuvent converſer avec les hommes, animer des corps mortels, & habiter ſur la terre. En les appellant Démons, il les ſépare des hommes méchans & impies qui ſont trés-ignorans, & par conſéquent trés-éloignez d'eſtre Démons; & en ajoutant l'épithéte, *terreſtres,* il les ſepare de ceux qui ſont toujours pleins de lumiére & de ſcience, & qui ne ſont pas d'une nature à vivre ſur la terre, ni à animer des corps mortels; car ce nom de *Démon terreſtre,* ne convient qu'à celuy qui étant homme par ſa nature, eſt devenu Démon par l'habitude & la liaiſon, & ſçavant dans les choſes de Dieu. Le troiſiéme genre eſt appellé ſimplement & proprement *terreſtre,* comme le dernier des ſubſtances raiſonnables, & entiérement adonné à la vie terreſtre; car le prémier eſt céleſte, & le ſecond, celuy du milieu, eſt étherien. Ainſi donc, tous les hommes étant *terreſtres,* c'eſt à dire, tenant le troiſiéme & dernier rang parmi les ſubſtances raiſonnables; & n'étant pas tous *Démons,* c'eſt à dire, douez de ſcience &

Pythagore a pluſtoſt employé ce mot pour dire ceux qui ſont morts. V. les Rem.

de lumiére, c'eſt avec raiſon que l'Auteur de ces Vers a joint ces deux noms, *Démons terreſtres*, pour ſignifier les hommes ſages & vertueux; car tous les hommes ne ſont pas ſages, & tous les ſages ne ſont pas hommes; les Héros & les Dieux immortels, qui par leur nature ſont fort ſupérieurs aux hommes, étant auſſi douez de ſageſſe & de vertu.

Il l'a employé pour ſignifier les hommes ſages & vertueux, qui aprés leur mort ſont devenus égaux aux Anges.

Ce Vers nous ordonne donc de reſpecter & de vénérer les hommes qui ont trouvé place dans les ordres divins, & qu'on peut regarder comme égaux aux Démons, aux Anges, & aux Héros; car il ne faut pas s'imaginer qu'on nous conſeille icy de reſpecter & d'honorer quelque genre de Démons vil & mépriſable, comme l'uſage ordinaire du mot *Démon terreſtre* pourroit le perſuader; car en un mot, tous les eſtres inférieurs à la nature humaine ne doivent nullement eſtre honorez par ceux qui ſont touchez de l'amour de Dieu, & qui ſentent leur dignité & leur nobleſſe. Nous n'honorerons meſme aucun homme, aprés les eſtres ſupérieurs, s'il ne s'eſt rendu ſemblable à eux, & s'il n'est compris dans le chœur divin. Quel est donc l'honneur & le respect qu'on leur doit : c'est, dit le Vers, *de leur rendre le culte qui leur est légitimement dû ;* & ce culte consiste à obéïr aux préceptes qu'ils nous ont laissez, & à les regarder comme des loix inviolables ; à suivre les mesmes sentiers de vie par où ils ont marché, qu'aucune envie n'a pu les empécher de nous apprendre, & qu'ils ont transmis à leurs successeurs avec mille peines & mille travaux, comme un héritage de leurs péres, & un héritage immortel, en consignant dans leurs écrits pour le bien commun des hommes, les élements des vertus, & les régles de la vérité. Obéïr à leurs régles, & y conformer sa vie, c'est les honorer plus véritablement & plus solidement, que si l'on faisoit sur leurs tombeaux les libations les plus exquises, & que si on leur offroit les sacrifices les plus somptueux. Voilà quel est l'honneur qu'on doit aux estres supérieurs, honneur qui commençant par le Créateur, & passant par les étheriens, & les célestes,

En quoy consiste le culte que l'on doit rendre aux Saints.

finit & se termine aux hommes qui ont été vertueux & gens de bien : mais parce qu'il faut faire aussi grand état des liaisons qui se trouvent dans la vie, comme des péres & des parents, qui, quoyqu'ils ne soient pas absolument dans cet ordre de perfection & de vertu, ne laissent pas de mériter nos respects par la dignité de la liaison que nous avons avec eux, l'Auteur ajoute.

VERS IV.

Honore aussi ton pére & ta mére, & tes plus proches parents.

Honneur dû aux péres & méres & aux parents.

IL vient de nous ordonner de respecter & de vénérer les gens de bien, comme des hommes divins qui jouissent de la félicité ; & icy il nous exhorte à honorer notre pére & notre mére, & ceux qui leur touchent en quelque façon par les liens du sang, quels qu'ils soient, à cause de la mesme nécessité de liaison. Car ce que sont à notre égard les estres supérieurs, dont les célestes nous tiennent lieu de péres, par la liaison qui est entre eux & nous de toute éternité ; & les Héros nous tiennent lieu de parents ; c'est cela mesme que sont pour nous dans cette vie mortelle nos péres & méres, & leurs proches, qui les touchent de plus prés par le sang, & qui par cette raison doivent recevoir de nous les prémiers honneurs aprés nos péres & méres. Comment les honorerons-nous donc ? Sera-ce en réglant notre vie par leurs sentiments, de sorte que nous ne pensions ni ne fassions que ce qui leur sera agréable ? Mais de cette maniére notre empressement pour la vertu, dégénérera en empressement pour le vice, s'il se trouve qu'ils soient méchants & vicieux. D'un autre costé aussi, les mépriserons-nous à cause de la connoissance que nous aurons de leurs vices ? mais comment obéïrons-nous par là à la Loy qu'on nous donne icy ? Pouvons-nous en n'honorant ni nos péres & méres, qui sont l'image des Dieux, ni nos parents qui réprésentent à notre égard les * Héros, pouvons-nous, dis-je n'estre pas impies envers ceux aus-

Nos péres & nos parents réprésentent à notre égard Dieu & les saints Anges.

* *Les Anges.*

quels nous convenons nous-mesmes qu'ils ressemblent ? Et cette vertu que nous croirons pratiquer en désobéïssant à nos péres & méres, à cause de leurs vices, ne produira-t-elle pas un plus grand mal, qui est l'impiété ? Que si au contraire nous leur obéïssons en tout, comment se peut-il que nous ne nous éloignions pas de la piété & de la pratique des vertus, s'il arrive que par la corruption de leurs mœurs, ils ne nous enseignent pas la vérité & la vertu ? Car si tout ce que nos péres & méres nous ordonnent étoit vray & bon, l'honneur que nous leur rendrions s'accorderoit parfaitement avec l'honneur & l'obéïssance que nous devons aux Dieux. Mais si la volonté de nos péres n'est pas toujours conforme aux Loix de Dieu, ceux qui se trouvent dans cette espece de contradiction & d'antinomie, doivent-ils faire autre chose que ce que l'on pratique tous les jours dans les autres devoirs, qui en certaines conjonctures se trouvent incompatibles, & où il faut nécessairement violer l'un pour observer l'autre ?

Ce que l'on doit faire, quand l'honneur dû à nos péres & méres ne s'accorde pas avec la piété.

car deux bonnes actions nous étant proposées, l'une bonne & l'autre meilleure, il faut nécessairement préférer la meilleure quand on ne peut pas s'acquitter des deux. C'est une bonne action d'obeir à Dieu ; c'en est encore une bonne d'obeïr à son pére & à sa mére. Si ce que Dieu & nos péres éxigent de nous s'accorde, & qu'en leur obeïssant nous tendions à la mesme fin, c'est une grande fortune pour nous, & ce double devoir est indispensable. Mais si la Loy de Dieu nous ordonne une chose, & celle de nos péres une autre, dans cette contradiction, qu'on ne peut accorder, nous devons obeïr à Dieu en désobeïssant à nos péres dans les seules choses où ils n'obeissent pas eux-mesmes aux Loix divines ; car il n'est pas possible que celuy qui veut observer exactement les régles de la vertu s'accorde jamais avec ceux qui les violent. Dans toutes les autres choses nous honorerons nos péres & méres de tout notre pouvoir, & sans bornes, en les servant nous-mesmes, & en leur fournissant abondamment, & de tout

De deux bonnes actions, il faut toujours choisir la meilleure.

Les seules occasions où les enfans doivent désobeïr à leurs péres.

Honneur dû aux péres, est sans bornes dans tout ce qui n'est point contraire aux Loix de Dieu.

notre cœur, les biens dont ils ont besoin; car il eſt trés-juſte qu'ils ſe ſervent de ceux qu'ils ont engendrez & nourris. Mais pour ce que nous n'avons pas receu d'eux, la Loy le déclare libre, & l'affranchit de leur puiſſance, & elle nous ordonne d'en chercher le veritable pére, de nous y attacher, & de travailler particuliérement à nous rendre conformes à ſon image; & par ce moyen nous pourrons conſerver les biens divins & les biens humains: & comme nous ne négligerons pas nos péres ſous un vain prétexte de vertu, nous ne tomberons pas non plus par une obéïſſance aveugle & inſenſée dans le plus grand de tous les maux, qui eſt l'impieté.

C'eſt à dire, noſtre ame.

Dieu le veritable pére de noſtre ame.

Que s'ils nous menacent de nous faire mourir pour noſtre déſobeïſſance, ou de nous déshériter, il ne faut pas nous effrayer de leurs ménaces; mais penſer d'abord ſur quoy elles tomberont. Ils ne ménacent que ce qu'ils ont crée; mais ce qui eſt à couvert de leurs emportemens, qui ne peut ſouffrir de leur injuſtice, & qui ne vient point d'eux, il faut le conſerver libre & ſoumis à

C'eſt à dire, le corps.

C'eſt à dire, l'ame qu'ils n'ont point créée, & qui vient de Dieu.

Dieu. Le véritable honneur que la vertu nous ordonne de rendre à nos péres, c'est de n'épargner pour leur service, ni nos corps ni nos biens; mais de leur estre entiérement soumis dans tout ce qui regarde ces deux ministéres; car il est séant & juste de ne leur réfuser jamais le service de nos mains, au contraire, plus ce service sera pénible, vil, & d'esclave, plus nous devons nous y plaire & nous en tenir honorez. Encore moins devons-nous leur réfuser les biens qui leur sont nécessaires, & diminuer leur dépense par un esprit d'avarice; mais nous devons leur fournir abondamment, & de bon cœur tout ce dont ils ont besoin, en nous réjouïssant, & en nous trouvant heureux de les servir de nos biens & de nos personnes; car pratiquer ces deux choses avec joye, & d'une franche volonté, c'est accomplir la Loy de la vertu, & payer les droits à la nature. Voila quel est l'honneur que nous devons à nos péres & à nos méres. Celuy que nous devons à leurs proches, & qui n'est que le second, se mésure par le dégré de parenté, de sorte

Il faut n'épargner ni nos corps ni nos biens pour le service de nos péres & méres.

Plus le service de nos péres sera pénible & vil, plus il nous doit paroistre agréable & honorable.

qu'aprés nos péres & méres nous honorerons plus ou moins nos parents selon que la nature nous les a plus ou moins unis.

VERS V.

De tous les autres hommes, fais ton ami de celuy qui se distingue par sa vertu.

Préceptes sur l'amitié.

A la parenté que nous avons avec Dieu & avec les Anges & les Saints.

APrés le précepte qui prescrit le prémier honneur que nous devons à la prémiére parenté, & celuy qui régle l'honneur que nous devons à nos péres & méres, & à leurs proches, & qui est une dépendence du prémier, voicy tout de suite la Loy qu'on nous donne pour contracter l'amitié. C'est de choisir pour notre ami, parmi ceux qui ne sont pas de notre famille, celuy qui est le plus honneste homme, & de nous joindre à luy pour la communication des vertus, afin que nous fassions de l'homme de bien notre ami pour une bonne cause, & que nous ne recherchions pas son amitié par aucun autre interest; de sorte que ce

Amitié doit estre recherchée pour la vertu, & non pour l'interest.

précepte eſt entiérement ſemblable à l'avertiſſement qu'on nous a donné ſur les gens de bien qui ſont morts; car comme là on nous a dit que nous ne devions honorer & vénérer que ceux qui ſont remplis de ſcience & de lumiére, on nous dit de meſme icy, que nous ne devons faire nos amis, que de ceux qui ont de la probité & de la vertu. Sur ceux-cy, on nous donne le choix, & pour nos péres & leurs proches, on ſe repoſe ſur la nature; car un pére, un frére attirent naturellement le reſpect; mais les autres, je veux dire les amis, c'eſt la vertu ſeule qui en fait le prix, comme c'eſt elle qui fait le mérite de ceux qui ſont morts.

La vertu nous lie avec nos amis; mais c'eſt la nature qui nous lie à Dieu & à nos parents.

Les eſtres qui précédent ces derniers, c'eſt la nature meſme qui les rend reſpectables, & qui nous ordonne de les honorer. Dans le Ciel ce ſont les Dieux & les Héros (les Anges,) & icy bas ce ſont nos péres & nos parents, qui dans une nature mortelle nous répréſentent inceſſamment l'image de la parenté immortelle qui nous lie à ces Dieux & à ces Héros.

Voila quelle doit estre la prémiére recherche, & la prémiére acquisition d'un ami : & pour les moyens dont on doit se servir pour le conserver pendant qu'il contribuera à notre véritable bien, ou pour l'abandonner s'il vient à se corrompre & à ne plus obéïr aux préceptes & aux conseils qui tendent à sa perfection ; c'est ce qu'on va nous enseigner.

VERS VI. VII. & VIII.

On pourroit aussi expliquer ce Vers, Céde à ton ami en luy parlant avec douceur, & en luy rendant toute sorte de bons services. *Mais l'explication d'Hierocles est plus profonde.*

Céde toujours à ses doux avertissemens, & à ses actions honnestes & utiles.

Et ne viens jamais à haïr ton ami pour une légére faute, autant que tu le peux.

Or la puissance habite prés de la nécessité.

Conduite qu'on doit avoir avec ses amis.

ON traite icy comment il se faut se conduire avec ses amis. Prémiérement, il faut leur céder & leur obeïr quand ils nous donnent des conseils honnestes, & qu'ils font quelque chose pour notre utilité ; car c'est pour ce commun bien que la Loy de l'amitié nous lie, afin qu'ils nous aident à faire croiſtre en nous la vertu; & que nous les aidions reciproquement à la faire croiſtre en eux; car comme compagnons de voyage, & marchant enſemble dans le chemin de la meilleure vie, ce que nous voyons mieux l'un que l'autre, nous devons le dire & le rapporter à l'utilité commune, en cédant doucement aux bons conſeils de nos amis, & en leur faiſant part de tout ce que nous avons d'honneſte & d'utile. Et pour ce qui eſt des richeſſes, de la gloire, & de toutes les autres choſes qui reſultent d'un aſſemblage périſſable & mortel, nous ne devons jamais avoir avec nos amis le moindre différent; car c'eſt haïr pour une légére faute ceux qui ſont nos amis pour les plus grands des biens. Nous ſupporterons donc nos amis en toutes choſes, comme étant liez à eux par la plus grande de toutes les néceſſitez, par les liens de l'amitié. Il n'y a qu'un ſeul point où nous ne les ſupporterons pas. Nous ne leur céderons nullement, lors qu'ils ſe

Les amis ſont des compagnons de voyage, qui doivent s'entraider reciproquement.

La ſeule choſe où l'on ne doit pas ſupporter ſes amis.

laisseront corrompre ; & nous ne les suivrons en aucune maniére, lors qu'ils quitteront les voyes de la sagesse pour rentrer dans une autre train de vie ; car nous nous laisserions emporter avec eux loin du but de la vertu ; mais nous ferons tous nos efforts pour redresser notre ami, & pour le ramener dans la bonne voye. Si nous ne pouvons le persuader, nous nous tiendrons en repos sans le régarder comme nostre ennemi, à cause de notre ancienne amitié, ni comme notre ami, à cause de sa corruption. De sorte que par cette seule raison, nous le quitterons & le renonceront, comme incapable de nous aider de sa part à cultiver & à faire croistre en nous la vertu, pour laquelle seule nous l'avions recherché. Mais il faut bien prendre garde que cette séparation ne dégénére en inimitié ; car quoy qu'il ait rompu le prémier notre union, nous sommes obligez d'avoir un trés-grand soin de le rappeller à son devoir, sans nous réjouïr de la chute d'un ami, sans insulter à son erreur & à sa faute : mais plustost en compatissant à son malheur

Milieu qu'il faut garder en renonçant à l'amitié de quelqu'un.

Devoirs envers nos amis, lorsqu'ils s'éloignent du chemin de la vertu.

avec douleur & avec larmes, en priant pour luy, & en n'oubliant aucune des choses qui peuvent le raméner au salut par le repentir. Or les choses qui peuvent le ramener, c'est de n'entrer avec luy en aucun démélé, ni sur le bien, ni sur la gloire; c'est de ne pas le priver de notre societé avec éclat & avec hauteur; c'est de ne pas triompher de ses malheurs, en les faisant servir à notre ambition & à notre vanité. Et comme ce qui contribuë le plus à nous faire conserver nos amis, ou à nous les faire quitter avec raison & avec justice, ou enfin à nous mettre en état de les rappeller à leur devoir par le répentir, c'est de supporter leurs torts; c'est de n'entrer avec eux dans aucune discussion trop exacte de nos intérests; c'est d'avoir de l'indulgence, & de ne pas tout prendre à la rigueur; en un mot, d'avoir une patience aussi grande qu'il est en notre pouvoir: Voila pourquoy l'auteur de ces Vers ajoute, *autant que tu le peux*. Et ensuite afin que nous ne mesurions pas la puissance par la volonté, mais par les forces de la nature, autant que la nécessité sur-

La puissance ne doit pas estre mésurée par la volonté, mais par les forces de la nature.

venant en peut faire trouver, il nous avertit *que la puissance habite prés de la nécessité ;* car chacun de nous est convaincu tous les jours, par son expérience, que la nécessité luy fait trouver plus de forces qu'il n'avoit cru en avoir. Il faut donc nous bien mettre dans l'esprit, que nous devons supporter nos amis, autant que la nécessité nous fera voir que nous le pouvons, & que ce qui nous avoit paru insupportable, nous devons le rendre supportable par la nécessité de l'amitié; car il ne faut pas nous imaginer que le courage & la générosité ne doivent estre employez qu'à supporter les choses qu'ordonnent la violence & la force. Tout ce qui va à conserver, ou à regagner nos amis, demande & mérite une plus grande patience, comme étant des ordres mesmes de la nécessité divine. Or pour les sages, la nécessité de l'esprit est plus forte & plus puissante que toute la force qui vient du déhors. Soit donc que tu regardes la nécessité qui vient des conjonctures & des circonstances; soit que tu considéres la nécessité de la volonté:

Puissance habite prés de la nécessité.

Nécessité de l'esprit plus forte que tout ce qui vient du dehors.

cette

cette néceſſité libre & indépendante, qui eſt contenuë dans les bornes de la ſcience, & qui émane des loix divines, tu trouveras la meſure de la puiſſance qui eſt en toy, & que ce Vers veut que tu employes pour tes amis, en t'ordonnant de ne pas rompre facilement avec eux, & de ne pas les haïr pour une légére faute. Car ce Vers compte pour trés-peu de choſe tout ce qui ne touche point l'ame, il nous deffend de faire de notre ami un ennemi pour de vils intéreſts, & il nous ordonne de taſcher par une indifférence entiére pour toutes les choſes extérieures, de regagner notre ami, & de nous mettre en état de nous rendre ce témoignage, que nous avons conſervé nos amis autant qu'il a dépendu de nous; que nous avons rappellé & redreſſé ceux qui ſe laiſſoient gagner au vice; que nous ne leur avons donné aucun ſujet de rompre avec nous, ni rendu la pareille, quand ils ont les prémiers renoncé à notre amitié; car voila ce qu'éxige la Loy ſacrée de l'amitié, Loy qui eſt d'une vertu trés-éminente, &

Ne rendre jamais la pareille à nos amis, quand ils en uſent mal avec nous.

L'amitié eſt la fin des vertus, & leur principe c'eſt la piété.

qui comme trés-parfaite, excelle ſur toutes les autres vertus; car la fin des vertus, c'eſt l'amitié, & leur principe, c'eſt la piété. Les régles de la piété ſont pour nous les ſemences des vrais biens; & l'habitude de l'amitié, eſt le fruit trés-parfait des vertus. Comme donc il faut toujours conſerver la juſtice, non ſeulement avec ceux qui en uſent bien avec nous, mais encore avec ceux qui cherchent à nous faire tort; & celà, de peur qu'en leur rendant le mal pour le mal, nous ne tombions dans le meſme vice, il faut auſſi toujours conſerver l'amitié, c'eſt à dire l'humanité pour tous ceux qui ſont de notre eſpéce. Or nous donnerons la juſte meſure à l'amitié, & nous placerons chacun dans l'ordre & le rang convenables, ſi nous aimons les gens de bien, & pour l'amour de la nature, & pour l'amour de leurs inclinations, comme conſervant en eux la perfection de la nature humaine; & ſi nous aimons les méchans, dont les inclinations & les ſentimens n'ont rien qui puiſſe nous faire rechercher leur amitié, ſi nous les ai-

Amitié, une humanité qui doit s'étendre ſur tous les hommes; mais différemment.

Les gens de bien doivent eſtre aimez pour l'amour de la nature & de leur vertu.

Et les méchans, pour l'amour de la nature ſeule.

mons, dis-je, pour l'amour de la nature ſeule, qui nous eſt commune avec eux; c'eſt pourquoy on a fort bien dit, *le Sage ne haït perſonne, & il aime les ſeuls gens de bien;* car comme il aime l'homme, il ne haït pas meſme le méchant; & comme il cherche le vertueux pour ſe communiquer à luy, il choiſit ſur tout, pour l'objet de ſon affection, le plus parfait; & dans les meſures & les régles de ſon amitié, il imite Dieu, qui ne haït aucun homme, qui aime préférablement l'homme de bien, & qui étendant ſon amour ſur tout le genre humain, a ſoin d'en départir à chaque particulier la part qu'il mérite, en appellant & uniſſant à luy les gens de bien, & en ramenant à leur devoir les deſerteurs de la vertu par les loix de ſa juſtice; car c'eſt ce qui eſt proportionné & utile aux uns & aux autres. C'eſt ainſi, que nous devons conſerver l'amitié pour tous les hommes, en la partageant à chacun ſelon leur mérite & leur dignité; car nous pratiquerons la tempérance & la juſtice avec tous les hommes, & non

Le Sage ne haït perſonne.

Dieu étend ſon amour ſur tout le genre humain.

Comment Dieu aime les méchans.

Belle preuve de l'obligation d'aimer tous les hommes.

pas seulement avec les justes & les tempérans, & nous ne serons pas bons avec les bons, & méchans avec les méchans; car de cette maniére tous les accidens auroient le pouvoir de nous changer, & nous n'aurions à nous en propre aucun bien que nous pussions étendre & deployer sur tous les hommes. Que si nous avons acquis l'habitude de la vertu, il ne dépend pas du prémier venu de nous la faire perdre : & étant heureusement affermis sur ses fondemens inébranlables, nous ne changerons pas de disposition & de sentiment avec tous ceux que nous rencontrerons. Ce que nous pratiquons sur toutes les autres vertus, nous devons le pratiquer de mesme sur l'amitié, qui comme nous l'avons déja dit, est de toutes les vertus la plus grande ; car l'amitié n'est autre chose que l'humanité qu'on déploye en général sur tous les hommes & en particulier sur les gens de bien; c'est pourquoy le nom d'*humanité*, c'est à dire, amour des hommes, luy convient particuliérement. Cela suffit sur cet article, passons aux autres.

VERS IX. & X.

Sçache que toutes ces choses sont ainsi : mais accoûtume-toy à surmonter & à vaincre ces passions :

Prémiérement, la gourmandise, la paresse, la luxure, & la colére.

VOila les passions qu'il faut reprimer & reduire afin qu'elles ne troublent & n'empeschent pas la raison. Courage donc, refrenons la folie entiére par de bonnes instructions, puisque ses différentes parties se prestent reciproquement des armes pour commettre le péché de suite, & comme par degrez ; par éxemple, l'excés dans le manger provoque un long sommeil, & les deux ensemble produisent une force & une santé, qui portent immodérément à l'amour ; & qui irritant la partie concupiscible de l'ame, la poussent à l'intempérance. La partie irascible venant ensuite à se joindre à cette partie concupiscible, ne craint aucun danger ; aucun combat ne l'effraye, elle affronte tout pour assouvir ses con-

Les passions sont les parties, & comme les membres de la folie.

voitiſes, tantoſt pour la bonne chére, tantoſt pour des maiſtreſſes, & tantoſt pour d'autres voluptez. *Accouſtume-toy donc à tenir ces paſſions en bride*, en commençant par *la gourmandiſe*, afin que les parties déraiſonnables de l'ame s'accouſtument à obéïr à la raiſon, & que tu puiſſes obſerver inviolablement la piété envers les Dieux, le reſpect envers tes parents, & tous les autres préceptes qu'on vient de te donner. L'obſervation de ces prémiers préceptes dépend de ceux-cy; & on les violera infailliblement, ſi les paſſions ne ſont ſoumiſes, & n'obéïſſent à la raiſon; car d'un coſté, ou la colére nous excitera contre nos parents, ou la concupiſcence nous armera contre leurs ordres; & de l'autre coſté, ou la colére nous précipitera dans le blaſphéme, ou le deſir des richeſſes dans le parjure. En un mot, tous les maux ſont cauſez par ces paſſions, lorſque la raiſon n'a pas la force de les ranger à leur devoir, & de les ſoumettre. Voila les ſources de toutes les impiétez, de toutes les guerres qui diviſent les familles, des trahisons des amis, & de tous les crimes que l'on commet contre les Loix. De sorte que les méchans sont forcez de crier comme la Medée du théatre.

Les uns,

Je voy tous les forfaits dont je vais me noircir ;
Mais ma foible raison cédant à ma colére, &c.

Les autres,

Je connois tous les maux que ma main va commettre ;
Mais ma raison cédant à ma cupidité, &c.

Ou mesme,

Tes conseils sont trés-bons, j'en voy l'utilité ;
Mais les honteux liens qui captivent mon ame,
M'empeschent d'obëir.

Car tout ce qui est capable de raison, étant bien disposé pour sentir ce qui est beau & honneste, est toujours éveillé & toujours prest pour obëir aux préceptes de la raiſon, lorſque les penchants de ſes paſſions, comme autant de maſſes de plomb, ne l'entraiſnent pas dans l'abyſme du vice.

Il faut donc que nous ſçachions & connoiſſions nos devoirs, & que nous accouſtumions autant qu'il eſt en notre pouvoir, nos facultez brutales, à obéïr à la raiſon qui eſt en nous; car les paſſions étant ainſi ſoumiſes, la raiſon ſera en état d'obſerver inviolablement les prémiers préceptes, pour leſquels on nous dit icy : *Sçache que toutes ces choſes ſont ainſi.* Et pour les préceptes ſuivants, on nous dit : *Mais accouſtume-toy à vaincre, &c.* pour nous faire entendre que la partie raiſonnable ſe régle par l'inſtruction, & par la ſcience; & que la partie brutale ſe regit par l'habitude & par des *formations*, ſi l'on peut ainſi parler, qui ſont en quelque façon corporelles. Et c'eſt ainſi que les hommes reduiſent & dreſſent les animaux par le moyen de l'habitude ſeule. L'appetit donc accoutumé à ſe contenter d'une meſure juſte & ſuffiſante, rend les autres paſſions

La raiſon ſe régle par l'inſtruction, & la paſſion par l'habitude.

Biens que produit la tempérance dans le boire

du corps plus modérées, & la colére moins bouïllante & moins emportée; de sorte que n'étant point violemment agitez par les passions, nous pouvons méditer avec tranquillité ce que nous sommes obligez de faire; & de là nous apprenons à nous connoistre nous-mesmes, à connoistre ce que nous sommes dans la vérité, & à nous respecter quand nous nous connoissons. Et de cette connoissance, & de ce respect, qui en est la suite infaillible, vient la fuite des actions honteuses, c'est à dire, de tous les maux, qui sont appellez honteux, parce qu'ils sont indecents & indignes d'estre commis par une substance raisonnable; & c'est de quoy on va parler.

& dans le manger.

Biens qui naissent de la temperance.

VERS XI. & XII.

Ne commets jamais aucune action honteuse, ni avec les autres,
Ni en ton particulier; & sur tout respecte-toy toy-mesme.

IL arrive trés-ordinairement, ou que nous faisons en nostre particulier

Les deux voyes qui nous condui-

sent au vice, la solitude & la société.

des actions honteuses, parce que nous les croyons indifférentes, ce que nous n'aurions jamais fait devant un autre, à cause du respect que nous aurions eu pour un témoin ; ou au contraire, qu'avec les autres, nous commettons ce que nous n'aurions jamais commis seuls, & en notre particulier, entraisnez par le nombre, & les complices diminuant la honte de l'action. Voila pourquoy le Poëte ferme icy ces deux chemins qui peuvent nous conduire à ce qui est honteux & mauvais ; car si tout ce qui est honteux est véritablement à fuir, il n'y a point de circonstance qui puisse jamais le rendre digne d'estre recherché. Voila pourquoy il a joint icy les deux, *ni avec les autres, ni en ton particulier ;* afin que ni la solitude ne te porte à ce qui est indecent, ni la société & le nombre des complices ne te justifient jamais le crime. Aprés quoy il ajouste la cause qui seule détourne de commettre le mal, *sur tout, respecte-toy toy-mesme ;* car si tu t'accoustumes à te respecter toy-mesme, tu auras toujours avec toy un garde fidéle que tu respecteras, qui

Ce qui est honteux ne sçauroit changer par les circonstances.

Le respect de nous mesmes nous éloigne du mal.

ne s'éloignera jamais de toy, & qui te gardera à veuë; car il est souvent arrivé, que beaucoup de gens, aprés que leurs amis ou leurs domestiques les ont eu quittez, ont fait ce qu'ils auroient eu honte de faire en leur presence. Quoy donc? n'avoient-ils nul témoin? je ne parle point icy de Dieu; car Dieu est bien loin de la pensée des méchans: Mais n'avoient-ils pas pour témoin leur ame, c'est à dire, eux-mesmes? N'avoient-ils pas le jugement de leur conscience? Ils les avoient sans doute: mais subjuguez & asservis par leurs passions, ils ignoroient qu'ils les eussent; & ceux qui sont en cet état méprisent leur raison, & la traitent plus mal que le plus vil esclave. Etablis-toy donc toy-mesme pour ton garde, & ton surveillant; & les yeux de l'entendement toujours attachez sur ce garde fidéle, commence à t'éloigner du vice. Le respect que tu auras pour toy-mesme deviendra de nécessité un éloignement & une fuite de tout de qui est honteux, & indigne d'estre commis par une substance raisonnable. Et celuy qui trouve indignes de luy

Dieu est bien loin de la pensée des méchans.

De la fuite du vice naist la vertu.

tous les vices, se familiarise insensiblement avec la vertu. C'est pourquoy le Poëte ajoute.

VERS XIII. XIV. XV. & XVI.

En suite, observe la justice dans tes actions & dans tes paroles,

Et ne t'accoustume point à te comporter dans la moindre chose sans régle & sans raison;

Mais fais toujours cette reflexion, que par la destinée il est ordonné à tous les hommes de mourir,

Et que les biens de la fortune sont incertains; & que comme on peut les acquérir, on peut aussi les perdre.

CEluy qui se respecte luy-mesme, devient son garde, pour s'empescher de tomber dans aucun vice. Or il y a plusieurs espéces de vices: Le vice de la partie raisonnable, c'est la folie; celuy de la partie irascible, c'est la lacheté; & ceux de la partie concupiscible, c'est l'intemperance & l'avarice: & le vice qui s'étend sur toutes ces facultez, c'est

Chaque partie de l'ame a ses vices.

l'injuſtice. Pour éviter donc tous ces vices, nous avons beſoin de quatre vertus; de la prudence, pour la partie raiſonnable; du courage, pour la partie iraſcible; de la tempérance, pour la partie concupiſcible; & pour toutes ces facultez enſemble, nous avons beſoin de la juſtice, qui eſt la plus parfaite de toutes les vertus, & qui régnant dans les unes & dans les autres, les renferme toutes comme ſes propres parties. Voila pourquoy ce Vers nomme la juſtice la prémiére, la prudence en ſuite, & aprés la prudence, il met les plus excellents effets qui naiſſent de cette vertu, & qui contribuent à la perfection & à l'integrité ou totalité de la juſtice; car tout homme qui raiſonne bien, & qui ſe ſert de ſa prudence, a pour ſecond dans les choſes loüables, le courage; dans les choſes qui flattent les ſens, la tempérance; & dans les unes & les autres, la juſtice : & ainſi la prudence ſe trouve le principe des vertus; & la juſtice leur fin : & au milieu, ſont le courage & la tempérance; car la faculté qui éxamine tout par le raiſonnement, & qui cherche toujours le

L'injuſtice embraſſe tous les vices, & s'étend ſur toutes les facultez de l'ame.

La juſtice la plus parfaite des vertus, & elle les embraſſe toutes.

La prudence, le principe des vertus, & la juſtice, leur fin.

bien de chacun dans toutes les actions, afin que toutes choses se fassent avec raison & dans l'ordre, c'est l'habitude de la prudence, c'est-à-dire, la plus excellente disposition de notre essence raisonnable, & par laquelle toutes les autres facultez sont en bon état, de maniére que la colére est vaillante, & la cupidité tempérante ; & que la justice corrigeant tous nos vices, & animant toutes nos vertus, orne notre homme mortel par l'abondance excessive de la vertu de l'homme immortel ; car c'est originairement de l'esprit divin, que les vertus rayonnent dans l'ame raisonnable, ce sont elles qui constituent sa forme, sa perfection & toute sa félicité. Et de l'ame, ces vertus rejaillissent sur cet estre insensé, je veux dire, sur le corps mortel, par une secrette communication, afin que tout ce qui est uni à l'essence raisonnable soit rempli de beauté, de décence, & d'ordre. Or le prémier, & comme le guide de tous les biens divins, la prudence, étant bien fondée & affermie dans l'ame raisonnable, fait qu'on prend le bon parti dans toutes les

C'est de l'esprit divin que les vertus rayonnent dans notre ame.

De l'ame les vertus rejaillissent sur le corps.

La prudence, le prémier & le guide de tous les biens divins.

occasions; qu'on supporte courageusement la mort, & qu'on souffre avec patience & avec douceur la perte des biens de la fortune; car il n'y a que la prudence seule qui puisse soutenir sagement & avec intrepidité les changements de cette nature mortelle, & de la fortune qui la suit. En effet, c'est elle qui connoist par la raison la nature des choses; elle sçait que c'est une nécessité indispensable, que ce qui est composé de terre & d'eau, se resolve dans ces mesmes éléments qui le composent; elle ne s'irrite point contre la nécessité, & sur ce que ce corps mortel meurt, elle ne conclud point qu'il n'y a point de providence, car elle connoist qu'il est ordonné par la destinée, à tous les hommes de mourir, qu'il y a un temps prefix pour la durée de ce corps mortel, & que le dernier moment étant venu, il ne faut pas en estre fasché, mais le recevoir, & se soumettre volontairement, comme à la loy divine; car c'est ce qu'emporte proprement le mot de *destinée*; il signifie, que Dieu mesme par ses decrets, a destiné, a marqué

Effets de la prudence.

La fortune n'est qu'une suite & une dépendance de la nature mortelle.

à notre vie mortelle des bornes nécessaires, & qu'on ne peut passer, & c'est le propre de la prudence de suivre les decrets des Dieux, en cherchant non à ne pas mourir, mais à bien mourir. Semblablement, elle n'ignore pas la nature des biens de la fortune; elle sçait qu'ils viennent aujourd'huy, & qu'ils s'en retournent demain, selon certaines causes qui sont destinées & marquées, ausquelles il est honteux de resister; car nous ne sommes pas les maistres de retenir & de conserver ce qui n'est point en notre puissance. Or certainement, ni le corps ni les biens, en un mot, tout ce qui est separé de notre essence raisonnable, n'est point en notre pouvoir: & comme il ne depend pas de nous de les acquérir, il n'en depend pas non plus de les garder autant que nous voulons. Mais de les recevoir quand ils viennent, & de les rendre quand ils s'en retournent, & de les recevoir & de les rendre toujours avec beaucoup de vertu, voila ce qui depend de nous, & voila le propre de notre essence raisonnable, si elle ne s'ac-

Chercher non à ne pas mourir, mais à bien mourir.

Notre corps, ni nos biens ne dépendent point de nous.

coustume point à se comporter sans régle & sans raison sur tous les accidents de la vie ; mais qu'elle s'habituë à suivre les régles divines qui ont défini & determiné tout ce qui peut nous regarder ; c'est donc en cela sur tout que ce qui dépend de nous, & qui est en notre pouvoir a une force extréme ; c'est que nous pouvons bien juger des choses qui ne dépendent point de nous, & ne pas nous laisser arracher la vertu de notre liberté, par l'affection des choses périssables.

La force de ce qui dépend de nous, s'étend sur ce qui n'en dépend pas : Et comment.

Que dit donc le jugement prudent & sage ? Il dit qu'il faut bien user du corps & des richesses pendant que nous les avons, & les faire servir à la vertu : & quand nous sommes sur le point de les perdre, qu'il faut connoistre la nécessité, & ajouter à toutes nos autres vertus celle de la tranquillité & de l'indifference ; car le seul moyen de conserver la pieté envers les Dieux, & la juste mesure de la justice, c'est d'accoustumer sa raison à bien user de tous les accidents, & d'opposer les régles de la prudence, à toutes les choses qui

Nous devons faire servir à la vertu, nos corps & nos biens.

nous paroissent arriver sans ordre, & au hazard; car jamais nous ne conserverons la vertu, si notre ame n'a les saines opinions. Jamais celuy qui s'est accoustumé à se comporter sans régle & sans raison dans tout ce qu'il fait, ne suivra les estres meilleurs que nous, comme meilleurs que nous; mais il les regardera comme des tyrans qui le forcent, & qui le gesnent; jamais il naura d'égard pour ceux avec lesquels il vit, & jamais il ne fera un bon usage de son corps ni de ses richesses. Voyez ceux qui fuyent la mort, ou qui sont possedez du desir de conserver leurs richesses; voyez dans quelles injustices, dans quels blasphémes ils se precipitent necessairement, en levant l'étendard de l'impiété contre Dieu, & en niant sa providence, lorsqu'ils se voyent tombez dans les choses qu'ils fuyoient follement, & en faisant à leur prochain toutes sortes d'injustices, sans aucun ménagement, pour luy ravir son bien, & pour rapporter tout à leur propre utilité, autant qu'il leur est possible. Ainsi la playe que font à ces malheureux

La vertu ne peut estre conservée sans les saines opinions.

C'est à dire, les Dieux.

Injustices & blasphémes de ceux qui fuyent la mort, & qui aiment les richesses.

les fausses opinions, devient manifeste, & l'on voit germer de là tous les plus grands maux, l'injustice envers leurs semblables, & l'impiété envers ceux qui sont au dessus d'eux : maux dont est exempt cesuy, qui obéïssant à ce precepte, attend courageusement la mort avec un jugement épuré par la raison, & ne croit pas que la perte des biens soit insuportable. De là naissent tous les mouvemens & tous les motifs qui le portent à la vertu ; car c'est de là qu'il apprend qu'il faut s'abstenir du bien d'autruy, ne faire tort à personne, & ne chercher jamais son profit par la perte & le dommage de son prochain. Or c'est ce que ne pourra jamais observer celuy qui se persuade que son ame est mortelle, & qui accoustumé à se comporter en tout sans regle & sans raison, ne discerne point ce que c'est qu'il y a en nous de mortel, & qui a besoin des richesses, & ce que c'est qui est susceptible de vertu, & que la vertu aide & fortifie ; car il n'y a que ce juste discernement qui puisse nous porter à la pratique de la vertu, & nous exciter à ac-

Ceux qui croyent l'ame mortelle, incapables de pratiquer la justice.

quérir ce qui eſt beau & honneſte; acquiſition à laquelle nous pouſſe un mouvement tout divin, qui naiſt de ces deux préceptes, *Connois-toy toy-meſme, & reſpecte-toy toy-meſme.* Car c'eſt par notre propre dignité, qu'il faut meſurer tous nos devoirs, & dans nos actions & dans nos paroles; & l'obſervation de nos devoirs n'eſt autre choſe que l'obſervation exacte & inviolable de la juſtice. Voila pourquoy la juſtice eſt miſe icy à la teſte de toutes les autres vertus, afin qu'elle devienne la meſure & la régle de nos devoirs. *Obſerve la juſtice,* dit-il, *& dans tes actions, & dans tes paroles.* Tu ne prononceras donc jamais aucun blaſphéme, ni dans la perte de tes biens, ni dans les douleurs les plus aiguës de tes maladies, afin que tu ne bleſſes pas la juſtice dans tes paroles: & tu ne raviras jamais le bien de ton prochain, & ne machineras jamais la perte & le malheur à aucun homme, afin que tu ne bleſſes pas la juſtice dans tes actions; car pendant que la juſtice ſera comme en garniſon dans notre ame, pour la garder &

Nos devoirs doivent ſe meſurer par notre dignité: Grand précepte.

La juſtice embraſſe tous nos devoirs.

la deffendre, nous remplirons toujours tous nos devoirs, envers les Dieux, envers les hommes, & envers nous-mesmes. Or la meilleure régle, & la meilleure mesure de la justice, c'est la prudence; c'est pourquoy, aprés le précepte, *Observe la justice,* il ajouste, *& ne t'accoustume point à te comporter en rien sans raison,* comme la justice ne pouvant subsister sans la prudence. En effet il n'y a de véritablement juste que ce que la parfaite prudence a limité; c'est elle qui ne se comporte en rien sans raison, mais qui éxamine & considére avec soin ce que c'est que ce corps mortel, & ce que c'est dont il a besoin, & qui est nécessaire à son usage; & c'est elle enfin qui trouve tout vil & méprisable, en comparaison de la vertu, & qui fait consister toute son utilité dans la meilleure disposition de l'ame; dans cette disposition qui donne à toutes les autres choses l'ornement & le prix qu'elles peuvent recevoir. Voila quel est le but de ces Vers; c'est de faire naistre dans l'ame de ceux qui les lisent, ces quatre vertus pratiques,

Prudence, la régle & la mesure de la justice.

La justice ne peut subsister sans la prudence.

avec leur éxacte & vigilante observation, & dans les actions, & dans les paroles; car l'un de ces Vers inspire la prudence, l'autre le courage, celuy-là la tempérance, & celuy qui les précéde tous, exhorte à observer la justice qui s'étend en commun sur toutes les autres vertus : & ce Vers, *Que les biens de la fortune sont incertains, & que comme on peut les acquérir, on peut aussi les perdre*, est ajouté icy, pour faire entendre que l'habitude de la tempérance est ordinairement accompagnée de la liberalité, vertu qui régle la recette & la dépence dans les biens de la fortune; car de les recevoir, & de les dépenser quand la raison le veut & l'ordonne, cela seul coupe la racine à la mesquinerie & à la prodigalité; & toutes ces vertus viennent de ce principe comme d'une prémiere source, je veux dire, de se respecter soy-mesme : & ce précepte, *de se respecter soy-mesme*, est renfermé dans celuy-cy, *connois-toy toy-mesme*, qui doit précéder toutes nos bonnes actions, & toutes nos connoissances. En effet, d'où

La tempérance produit la liberalité.

ſçaurions-nous que nous devons modérer nos paſſions, & connoiſtre la nature des choſes? car on doute ſur ce ſujet, prémiérement, ſi cela eſt poſſible à l'homme; & enſuite, s'il eſt utile. Il paroiſt meſme tout au contraire, que l'homme de bien eſt beaucoup plus malheureux dans cette vie, que le méchant, en ce qu'il ne prend point injuſtement d'où il ne doit pas prendre, & qu'il dépenſe juſtement où il doit dépenſer: Et que pour ce qui regarde le corps, il eſt plus expoſé aux mauvais traitemens, en ce qu'il ne cherche point à dominer, & qu'il ne fait pas ſervilement la cour à ceux qui dominent: de maniére que s'il n'y a pas en nous une ſubſtance qui tire toute ſon utilité de la vertu, c'eſt en vain que nous mépriſons les richeſſes & les dignitez. Voila pourquoy ceux qui étant perſuadez que l'ame eſt mortelle, enſeignent que l'on ne doit pas abandonner la vertu, ſont pluſtoſt de vains diſcoureurs, que de vrais Philoſophes; car ſi aprés notre mort il ne reſtoit pas de nous quelque choſe, & quelque choſe de nature à ti-

L'homme de bien eſt ſouvent plus malheureux en cette vie, que le méchant.

rer tout ſon ornement de la vérité & de la vertu, telle que nous diſons l'ame raiſonnable, jamais nous n'aurions de deſirs purs des choſes belles & honneſtes, parce que le ſeul ſoubçon que l'ame eſt mortelle, amortit & étouffe tout empreſſement pour la vertu, & pouſſe à joüir des voluptez corporelles, quelles qu'elles ſoient, & de quelque endroit qu'elles viennent. En effet, comment ces gens-là peuvent-ils prétendre qu'un homme prudent, & qui fait quelque uſage de ſa raiſon ne doit pas tout accorder à ſon corps, pour lequel ſeul l'ame meſme ſubſiſte, puiſqu'elle n'exiſte pas par elle-meſme, mais qu'elle eſt un accident de telle, ou telle conformation du corps? comment ſe peut-il que nous abandonnions le corps pour l'amour de la vertu, lors que nous ſommes perſuadez que nous allons perdre l'ame avec le corps; de maniere que cette vertu, pour laquelle nous aurons ſouffert la mort, ne ſe trouvera nulle part, & n'exiſtera point! Mais cette matiére a été amplement traitée par des hommes divins, qui ont demontré

Le ſeul ſoupçon que l'ame eſt mortelle, étouffe tout deſir de vertu.

Il veut parler de Socrate, & de Platon.

demontré invinciblement que l'ame est immortelle, & que la vertu seule fait tout son ornement. Aprés avoir donc scellé du sceau de la vérité cette opinion de l'immortalité de l'ame, passons à ce qui suit, en ajoutant à ce que nous avons déja établi, que comme l'ignorance de notre essence entraisne nécessairement aprés elle tous les vices, la connoissance de nous-mesmes, & le mépris de tout ce qui est indigne d'une nature raisonnable, produisent en tout & par tout l'observation seure & raisonnée de nos devoirs, & c'est en quoy consiste la juste mesure de toutes les vertus en particulier: car pendant que nous regardons & considerons notre essence comme notre seule régle, nous trouvons en toutes choses ce qui est de notre devoir, & nous l'accomplissons selon la droite raison, conformément à notre essence. Tout ce qui rend l'ame meilleure, & qui la raméne à la félicité convenable à sa nature, c'est véritablement *la vertu*, & la loy de la Philosophie: & tout ce qui ne tend qu'à une certaine bienséance hu-

L'attention à notre essence produit l'accomplissement de tous nos devoirs.

Ce que c'est véritablement que la vertu.

Ombres de vertu.

maine, ce ne ſont que des ombres de vertu qui cherchent les louanges des hommes, & que des artifices d'un eſclave qui ſe contrefait, & qui met tout ſon eſprit à paroiſtre vertueux, pluſtoſt qu'à l'eſtre véritablement. En voila aſſez ſur cet article.

De l'uſage que nous faiſons de notre droite raiſon, il s'enſuit néceſſairement que nous ne nous comportons point légérement ſur tous les accidens de cette vie qui nous paroiſſent arriver ſans aucun ordre; mais que nous les juſtifions genereuſement, en démelant éxactement leurs cauſes, & que nous les ſupportons courageuſement ſans nous plaindre des eſtres qui ont ſoin de nous, & qui diſtribuant à chacun ſelon ſon mérite ce qui luy eſt dû, n'ont pas donné la meſme dignité & le meſme rang à ceux qui n'ont pas fait paroiſtre la meſme vertu dans leur prémiére vie. Car comment ſe pourroit-il qu'y ayant une providence, & notre ame étant incorruptible par ſon eſſence, & ſe portant à la vertu ou au vice, par ſon propre choix, & ſon propre

Raiſon que les Pythagoriciens rendoient de l'inégalité des conditions.

mouvement, comment ſe pourroit-il, dis-je, que les gardiens meſme de la Loy qui veut que chacun ſoit traité ſelon ſon mérite, traitaſſent également ceux qui ne ſont nullement égaux, & qu'ils ne diſtribuaſſent pas à chacun la fortune, qu'on dit que chaque homme venant au monde choiſit luy-meſme ſelon le ſort qui luy eſt échû ! Si ce n'eſt donc point une fable qu'il y ait une providence qui diſtribuë à chacun ce qui luy eſt dû, & que notre ame ſoit immortelle, il eſt évident qu'au lieu d'accuſer de nos malheurs celuy qui nous gouverne, nous ne devons nous en prendre qu'à nous-meſmes : & c'eſt de-là que nous tirerons la vertu & la force de guérir & de corriger tous ces malheurs, comme les Vers ſuivans vont nous l'apprendre. Car trouvant en nous-meſmes les cauſes d'une ſi grande inégalité, premiérement nous diminuërons par la droiture de nos jugemens l'amertume de tous les accidens de la vie : & enſuite par de ſaintes méthodes, & par de bonnes reflexions, comme à force de rames faiſant remonter notre ame vers ce qui est le meilleur, nous nous delivrerons entiérement de tout ce que nous souffrons de plus facheux & de plus sensible. Car de souffrir sans connoistre la cause de ce qu'on souffre, & sans conjecturer au moins ce qui peut vraisemblablement nous mettre en cet état, c'est d'un homme accoustumé à se comporter sans raison & sans reflexion en toutes choses; ce que ce précepte nous deffend expressément; car il est impossible que celuy qui ne recherche pas la véritable cause de ses maux, n'en accuse pas les Dieux, en soutenant, ou qu'il n'y en a point, ou qu'ils n'ont pas de nous le soin qu'ils devroient avoir: & ces sentimens impies n'augmentent pas seulement les maux qui viennent de la prémiére vie, mais encore ils éxcitent l'ame à commettre toutes sortes de crimes, & la privent du culte de son libre arbitre, en la tenant dans l'oubli des causes de ce qu'elle souffre icy bas: mais pour sçavoir comment il faut philosopher & raisonner sur ces choses; écoutons les Vers suivans.

La prudence veut que nous connoissions la cause de nos maux.

Ceux qui ne recherchent pas la cause de leurs maux, tombent dans l'impiété.

De la premiére vie, de celle que les ames ont ménée avant que de venir animer es corps.

VERS XVII. XVIII. XIX. & XX.

Pour toutes les douleurs que les hommes souffrent par la divine fortune,

Supporte doucement ton sort tel qu'il est, & ne t'en fâche point.

Mais tâche d'y remédier autant qu'il te sera possible.

Et pense que la destinée n'envoye pas la plus grande portion de ces malheurs aux gens de bien.

AVant que d'entrer plus avant dans l'explication de ces Vers, il faut avertir qu'icy le Poëte appelle *douleurs*, tout ce qu'il y a de fâcheux, de pénible, & qui rend le chemin de cette vie plus difficile & plus épineux, comme les maladies, la pauvreté, la perte des amis & des personnes qui nous sont les plus chéres, le mépris dans sa patrie ; car toutes ces choses sont facheuses & difficiles à supporter : elles ne sont pourtant pas de véritables maux,

& ne nuisent point à l'ame, à moins qu'elle ne veuïlle elle-mesme se laisser précipiter par elles dans le vice ; ce qui luy arriveroit tout de mesme de celles qui paroissent des biens, si elle refusoit d'en faire un bon usage, comme de la santé, des richesses, & des dignitez ; car on peut se corrompre par celles-là, comme on peut se sanctifier par leurs contraires. Or les véritables maux sont les pechez que l'on commet volontairement, & par son propre choix, & avec lesquels la vertu ne peut jamais se trouver, comme l'injustice, l'intempérance, & toutes les autres choses qui ne peuvent en aucune maniére s'unir & s'allier avec le beau : car il n'est pas possible qu'à aucun de ces vices on se rescrie, *Que cela est beau !* on ne dira jamais, par exemple, *Qu'il est beau d'estre si injuste ! qu'il est beau d'estre si intempérant !* comme nous le disons tous les jours des maux extérieurs, *Qu'il est beau d'estre malade de cette maniére ! Qu'il est beau d'estre pauvre comme un tel !* lorsque quelqu'un soutient ces accidens avec courage & selon la droite raison. Mais

Les biens de la vie euvent nous corrompre, & ses maux nous sanctifier.

Les péchez sont les véritables maux.

Tout ce dont on ne peut pas dire que cela est beau, *est un péché ou un vice ; ou du moins n'est pas une vert :.*

aux vices de l'ame, jamais cette exclamation ne peut leur convenir, parce que ce ſont des écarts & des éloignemens de la droite raiſon, qui, quoyque naturellement gravée dans cette ame, n'eſt pas aperceuë de l'homme aveuglé par ſa paſſion.

Belle preuve de cette vérité, que la droite raiſon eſt naturellement dans les hommes les plus corrompus.

Or une marque ſeure que la droite raiſon eſt naturellement dans l'homme, c'eſt que l'injuſte, où il ne va point de ſon intéreſt, juge avec juſtice, & l'intempérant avec tempérance, en un mot que le méchant a de bons mouvemens dans toutes les choſes qui ne le touchent point, & où ſa paſſion ne le domine pas. Voila pourquoy tout vicieux peut s'amender & devenir vertueux, s'il condamne & proſcrit ſes prémiers vices : & pour cela il n'eſt nullement néceſſaire qu'il exiſte une prétenduë raiſon extravagante, afin qu'elle ſoit le principe des vices, comme la droite raiſon eſt le principe des vertus. Car cette droite raiſon ſuffit pour tout, comme la Loy ſuffit dans une ville pour definir ce qui eſt fait ſelon ſes ordres, ou contre ſes ordres ; & pour approuver

Ce qu'il ne pourroit faire s'il n'avoit pas la droite raiſon.

Que le mal & le vice n'exiſtent point par eux-meſmes.

l'un & condamner l'autre ; & on n'a nullement besoin d'un principe du mal, soit qu'on le fasse venir du dedans ou du dehors. Il ne faut que le seul principe du bien, qui par son essence est séparé des substances raisonnables, & c'est Dieu ; mais qui se trouve aussi au dedans d'elles, & les gouverne selon son essence par sa vertu, & c'est la droite raison. Et voicy quelle est la différence que le Poëte met entre les maux : En parlant des maux volontaires, il ne dit pas qu'ils soient distribuez par la *divine fortune ;* mais il le dit des maux extérieurs & conditionnels, qui dans cette vie ne dépendent plus de nous, & qui sont les suites des pechez que nous avons commis autrefois ; maux douloureux à la vérité, comme nous l'avons déja dit ; mais qui peuvent recevoir des mains de la vertu de l'ornement & de l'éclat. Car une vie tempérante & reglée donne du lustre à la pauvreté ; la prudence reléve la bassesse de l'origine ; la perte des enfans est adoucie par une juste soumission qui peut faire dire, *Mon fils est mort :*

C'est à dire, dans la prémiére vie.

La vertu donne de l'ornement & de l'éclat aux maux de cette vie.

& bien, je l'ay rendu: ou, *je sçavois que je l'avois engendré mortel.* De mesme, tous les autres maux étant illustrez par la présence de la vertu, deviennent brillants, & mesme dignes d'envie. Cherchons présentement ce que c'est dans ces Vers, que la *divine fortune,* par laquelle les hommes tombent dans les maux exterieurs; car si Dieu donnoit préalablement, & de luy-mesme, à l'un les richesses, & à l'autre la pauvreté, il faudroit appeller cella *volonté divine,* & non pas *fortune:* & si rien ne préside à ces partages; mais que ces maux arrivent à l'avanture & au hazard, & que l'un soit heureux, comme on parle, & l'autre malheureux, il faut appeller cela, *fortune* seulement, & non pas, *fortune divine.*

Maux illustrez par la vertu, dignes d'envie.

Ce que c'est que la divine fortune, *dans ces Vers.*

Que si Dieu, qui a soin de nous, distribuë à chacun ce qu'il mérite, & qu'il ne soit pas la cause de ce que nous sommes méchans, mais seulement le maistre de rendre à chacun selon ses œuvres, en suivant les loix sacrées de la justice, c'est avec raison que le Poëte a appellé *divine fortune,* la manifesta-

La divine fortune n'est icy que la manifes-

ſtation des jugemens de Dieu.

tion de ſes jugements. En ce que celuy qui juge eſt un eſtre divin & plein d'intelligence, d'abord le Poëte plein du Dieu qui déploye ce jugement, a mis l'épithete *divine* la prémiére, & en ce que ceux que Dieu juge, ſe ſont corrompus par leur propre volonté, & par leur choix, & ſe ſont rendu par là dignes de ſes châtimens, il a ajouté à l'épithete le ſubſtantif *fortune*, parce qu'il n'arrive point à Dieu de châtier ou de recompenſer préalablement les hommes, mais de les traiter ſelon ce qu'ils ſont, aprés qu'ils ſont devenus tels, & qu'ils en ſont eux-meſmes la cauſe. Ce mélange donc & cet alliage de notre volonté, & de ſon jugement, c'eſt ce qui produit ce qu'il appelle *fortune*; de ſorte que le tout enſemble, *divine fortune*, n'eſt autre choſe que le jugement que Dieu deploye contre les pecheurs. Et de cette maniére l'union ingenieuſe & artificielle de ces deux mots, aſſemble le ſoin de Dieu qui préſide, & la liberté & le pur mouvement de l'ame qui choiſit; & elle fait voir que ces maux n'arrivent, ni abſolument par la deſtinée &

par les ordres de la providence, ni à l'aventure & au hazard; & que ce n'eſt pas notre volonté ſeule qui diſpoſe du tout de notre vie; mais que tous les pechez que nous commettons dans ce qui dépend de nous, ſont attribuez à notre volonté; & tous les chaſtiments qui ſuivent ces péchez ſelon les loix de la juſtice, ſont rapportez à la deſtinée; & que les biens que Dieu donne préalablement, & ſans que nous les ayons méritez, ſe rapportent à la providence. Car rien de tout ce qui exiſte n'attribuë ſa cauſe au hazard. Ce mot de hazard ne peut jamais convenir ni s'ajuſter avec les prémiéres cauſes dans aucune des choſes qui arrivent, à moins qu'elles n'arrivent par accident & par la rencontre, & l'union de la providence ou de la deſtinée, & de la volonté qui a précedé. Par exemple, un Juge veut punir un meurtrier, & ne veut pas punir nommément un tel homme, cependant il punit cet homme qu'il ne vouloit pas punir, lorſque ce malheureux s'eſt mis volontairement dans le rang des meurtriers. La ſentence ren-

Dieu donne aux hommes des biens préalablement, & ſans qu'ils les ayent méritez.

duë par ce juge contre le meurtrier, eſt une ſentence antécédente & préalable, & celle qui eſt renduë contre cet homme eſt par accident, parce qu'il a pris volontairement le perſonnage du meurtrier. Et au contraire ce méchant homme vouloit commettre ce meurtre, mais il ne vouloit pas en eſtre puni. Cette diſpoſition meurtriére eſt antécédente en luy comme dépendant de ſa volonté, & c'eſt par accident qu'il ſubit les tortures & les ſupplices que mérite ce meurtre. Et la cauſe de toutes ces choſes, c'eſt la Loy qui a donné au Juge la volonté de punir les méchans, & qui fait tomber la ſentence de mort ſur la teſte de celuy qui a commis le meurtre. Penſe la meſme choſe de l'eſſence divine. La volonté de l'homme voulant commettre le mal; & la volonté* des Juges, conſervateurs des Loix, voulant à toute force le punir & le reprimer, la rencontre de ces deux volontez produit la *divine fortune*, par laquelle celuy qui eſt coupable de tels ou tels crimes, eſt digne de telles ou telles punitions. Le choix du mal ne doit eſtre imputé qu'à la volonté

* de Dieu.

ſeule de celuy qui eſt jugé, & la peine qui ſuit la qualité du crime, n'eſt que le fruit de la ſcience des Juges qui veillent au maintien des Loix & de la Juſtice ; & ce qui concilie & ménage la rencontre de ces deux choſes, c'eſt la Loy qui veut que tout ſoit bon autant qu'il eſt poſſible, & qu'il n'y ait rien de mauvais. Cette Loy préexiſtant dans la bonté infinie de Dieu, ne ſouffre pas que les méchans ſoient impunis, de peur que le mal venant à s'enraciner ne porte enfin les hommes à une entiére inſenſibilité pour le bien, à un entier oubli du bien, dont la ſeule juſtice de ceux qui veillent à la conſervation des loix, nous rafraîchit néceſſairement la mémoire, & nous conſerve le ſentiment. La Loy donc unit & aſſemble les deux; ceux qui doivent juger, & ceux qui doivent eſtre jugez, pour tirer des uns & des autres le bien qui luy eſt propre. Car s'il eſt plus avantageux & plus utile d'eſtre puni que de ne l'eſtre pas, & ſi la juſtice ne tend qu'à reprimer le débordement des vices, il eſt évident que c'eſt pour aider & pour eſtre

Loy divine préexiſtant dans la bonté infinie de Dieu.

La juſtice de Dieu nous rafraichit la mémoire, & nous conſerve le ſentiment de la vertu.

aidée que la Loy unit ces deux genres, en préposant celuy qui juge, comme le conservateur de la Loy, & en luy livrant comme violateur de la Loy, celuy qui commet les crimes, & qui doit estre Jugé, pour le traiter selon son mérite; afin que par les peines & les supplices il soit porté à penser à la Loy, & à en rappeller le souvenir. Car celuy que les hommes maudissent & renient dans le mal qu'ils font, ils le confessent & l'invoquent dans le mal qu'ils souffrent. Par exemple, celuy qui fait une injustice veut qu'il n'y ait point de Dieu, pour ne pas voir toûjours pendre sur sa teste la punition, comme le rocher de Tantale. Et celuy qui souffre cette injustice veut qu'il y ait un Dieu, pour avoir le secours nécessaire contre les maux qu'on luy fait. Voilà pourquoy les injustes, qui font souffrir les autres, doivent estre reduits à souffria à leur tour, afin que ce qu'ils n'ont pas veu en commettant l'injustice, enyvrez du desir des richesses, ils le voyent & l'apprennent en souffrant eux-mesmes, instruits & corrigez par la douleur que causent les pertes, s'ils font leur

Grande vérité. Ce mesme Dieu que nous renions en faisant le mal, nous le confessons lorsque ce mal nous arrive.

profit de ce chastiment. Que si par une obstination de leur volonté dans le mal ils deviennent encore plus méchans, il peut bien se faire que le chastiment leur sera inutile à eux-mesmes; mais ils deviennent un exemple trés instructif pour les sages, & pour ceux qui peuvent sentir & connoistre les causes de tous ces maux. Les principales causes de ce jugement sont la bonté de Dieu, & la Loy qu'il a gravée au dedans de nous, c'est à dire la droite raison, qui est comme un Dieu habitant en nous, & qui est tous les jours blessée & offensée par nos crimes, & la fin de ce jugement, ce sont toutes les douleurs, comme dit ce Poëte, qui rendent notre vie plus pénible & plus laborieuse, soit par les peines corporelles, ou par les afflictions extérieures. Supplices que ces vers nous ordonnent de supporter avec douceur, en nous remettant devant les yeux leurs causes, en retranchant ce qu'ils paroissent avoir de plus nuisible, & en taschant de les faire tourner à notre utilité. Sur tout ils nous exhortent de nous rendre di-

La droite raison est une Loy naturelle gravée au dedans de nous.

Nous pouvons faire tourner à notre utilité

gnes des biens divins par la sublimité de la vertu. Que s'il se trouve des gens qui ne soient pas capables de former mesme ce desir; qu'au moins par la médiocrité de la vertu, ils aspirent aux biens politiques : car voila pourquoy on nous ordonne icy de supporter avec douceur *les douleurs*, & de tacher de les guérir.

les maux de cette vie.

C'est à dire, aux biens de la vie civile.

Or quelle autre voye de guérison y a-t-il que les receptes qu'on a déja données, & qui montrent la douleur raisonnable que nous doivent causer nos peines & nos afflictions, & la méthode qu'il faut suivre pour les guérir? La principale de ces receptes, c'est que Dieu comme Legislateur & Juge, ordonne le bien, & deffend le mal; c'est pourquoy il n'est nullement la cause des maux : mais ceux qui ont embrassé le vice par un mouvement volontaire, & tout libre, & qui ont mis en oubli la droite raison qui étoit en eux, il les punit comme méchans, selon la Loy qui condamne le mal; & il les punit comme hommes, par la rencontre fortuite de la Loy avec leur volonté corrompuë,

Douleur raisonnable que doivent causer les afflictions, opposée à la douleur folle & de desespoir.

rencontre que nous appellons *fortune*, comme nous l'avons déja expliqué; car la Loy ne punit pas ſimplement l'homme comme homme, mais elle le punit comme méchant; & de ce qu'il eſt devenu tel, ſa propre volonté en eſt la prémiére cauſe. Aprés donc qu'il eſt devenu pécheur, ce qui vient uniquement de nous, & non pas de Dieu, alors il reçoit le chaſtiment dû à ſes crimes, ce qui vient de la Loy divine, & non pas de nous; car le ſeul but de la Loy, qui ſoit digne de Dieu, & utile pour nous, c'eſt de détruire le vice, & de le purger par tous les chaſtimens de la juſtice, & de reduire par ce moyen l'ame, qui s'eſt précipitée dans le mal, à rappeller la droite raiſon. La Loy étant donc telle, & parlant toûjours de meſme, comme chacun a commis différentes œuvres, il ne reçoit pas toûjours le meſme ſalaire; car cela ne ſeroit ni juſte ni utile pour nous. La différence des jugemens vient du différent état du coupable; car comment traiter de meſme un homme qui n'eſt pas le meſme! Il faut donc *ſupporter doucement la di-*

But de la Loy, qui eſt en meſme temps digne de Dieu, & utile à l'homme.

Car pour notre utilité, il faut qu'il ſoit recompenſé quand il fait bien, & puni quand il fait mal.

vine fortune, & ne point ſe facher d'eſtre puni, & purgé autant qu'il dépend du jugement divin, par les douleurs & les peines qui paroiſſent traverſer la douceur & la tranquillité de cette vie. Cette reflexion, ce ſentiment, devient la guériſon des péchez déja commis, & produit le retour à la droite raiſon qui eſt en nous. En effet celuy qui eſt convaincu que les maux ſont le fruit du péché, ne fuira-t-il point la cauſe qui l'y précipite? & ſi nous devons nous facher dans nos afflictions, c'eſt contre nous-meſmes, pluſtoſt que contre Dieu qui ne travaille qu'à couper & qu'à retrancher nos vices par tous les inſtrumens de la juſtice qui peuvent nous faire comprendre, & nous faire reſſouvenir quel grand bien c'eſt que de ne pas s'éloigner des loix divines, & de ne pas ſe corrompre & ſe perdre par ſa propre volonté; car les afflictions ne ſont pas diſtribuées aux hommes à l'aventure & au hazard, s'il y a un Dieu, & s'il y a des loix fixes qui nous réglent, & qui aménent ſur chacun le ſort qui luy eſt dû.

Les afflictions ne viennent pas du hazard.

Voila pourquoy il est trés-raisonnable, comme il est dit icy, *que la destinée n'envoye pas la plus grande portion de ces malheurs aux gens de bien;* car prémiérement les gens de bien supportent doucement ces maux par leur entier acquiescement au jugement de Dieu, & dans la veuë de la vertu qu'ils acquiérent par là, & qui adoucit toutes les amertumes de cette vie. Ils ont encore la ferme espérance que ces maux ne troubleront plus leurs jours, puisqu'il est certain que les biens divins sont reservez pour les parfaits, qui ont atteint la sublimité de la vertu, & que les biens humains sont pour ceux qui ont acquis l'habitude moyenne, c'est à dire la vertu dans la médiocrité.

Comment il est vray que la pluspart de ces maux n'arrivent pas aux gens de bien.

D'ailleurs ils guériront ces maux autant qu'il leur sera possible, en les supportant doucement, & en apprenant de cette patience la méthode seure pour les guérir. Car comment se peut-il qu'on se serve des saintes supplications, & des saints sacrifices d'une maniére digne de Dieu, quand on est persuadé que ni la providence ni la justice ne veillent aux affaires des hommes, & qu'on ose nier que notre ame soit immortelle, & qu'elle reçoive pour son partage ces maux extérieurs, selon qu'elle s'en est rendu digne par les mouvemens de sa volonté. Celuy qui ne rapporte pas à ces causes le sort de cette vie présente, d'où tirera-t-il les moyens de le supporter doucement, & l'art de le corriger & de le guérir? on ne sçauroit le dire; car il ne tirera jamais de là l'acquiescement à ces maux, comme à des choses indifférentes, & souvent mesme meilleures que leurs contraires, puisqu'étant douloureuses & pénibles, elles luy paroissent toûjours par elles-mesmes dignes de toute son aversion; car notre nature n'embrasse pas ces sortes de choses comme éligibles & désirables par elles-mesmes, à moins qu'en les supportant elle n'en attende quelque bien. En cet état qu'arrive-t-il? il arrive qu'on se fache, qu'on se revolte contre son sort, qu'on augmente ses maux par l'ignorance où l'on est de sa propre nature, & qu'on n'en est pas moins puni. Et

Nier la providence & la Justice de Dieu, c'est détruire toute la Religion.

Celuy qui ne rapporte pas son sort à sa véritable cause, est sans consolation.

Maux de cette vie souvent meilleurs pour nous que les biens.

l'excés du vice vient de cette opinion, que le monde n'eſt point gouverné par la providence, où qu'il en eſt mal gouverné ; car c'eſt dire, ou qu'il n'y a point de Dieu, ou s'il y en a un, qu'il n'a pas ſoin de ce monde, ou s'il en a ſoin, qu'il eſt méchant & injuſte. Opinion qui renferme toutes les injuſtices enſemble, & qui précipite dans toutes ſortes de crimes ceux qui en ſont prévénus ; car comme la piété eſt la mére de toutes les vertus, l'impiété eſt la mére de tous les vices. Celuy-là donc trouvera ſeul le rémede à tous ſes maux, qui aura appris à les ſupporter avec douceur & patience : & cela ne peut venir que de la Philoſophie ſeule qui enſeigne éxactement, quelle eſt la nature de tous les eſtres, & quelles ſont les opérations conformes à leur nature. Opérations dont l'enchaiſnement & la liaiſon fait le gouvernement de cet univers, par lequel la *divine fortune* eſt diſtribuée à chacun ; & la part écheuë à chacun ſelon ſon mérite, c'eſt ce qu'on appelle icy *ſort* ou *deſtinée*, qui dépend de la providence de Dieu, de l'arrangement

La piété, mére de toutes les vertus ; & l'impiété, mére de tous les vices.

La volonté de l'homme influë sur la providence, & c'est ce qu'il va prouver.

& de l'ordre de cet univers, & de la volonté de l'homme. Car s'il n'y avoit point de providence, il n'y auroit point d'ordre dans le monde, & c'est cet ordre qu'on peut appeller la destinée, & n'y ayant ni providence ni ordre, il n'y auroit ni jugement ni justice; Il n'y auroit mesme ni récompenses ni honneurs pour les gens de bien. Mais y ayant une providence & un ordre certain, il faudroit que tous les hommes qui naissent dans ce monde eussent tous les mesmes biens en partage, s'ils ne contribuoient de leur part à ce qui fait l'inégalité. Or on voit bien manifestement qu'ils ne sont pas tous également partagez, & par consequent il est visible que l'inégalité de leurs volontez étant soumise au jugement de la providence ne souffre pas qu'ils ayent tous le mesme partage, le mesme sort, puisque ce sort doit estre nécessairement proportionné au mérite.

Hierocles refute icy ceux qui se servoient de ce qui arrive aux animaux,

Au reste si nous voyons la mesme inégalité régner tant dans les animaux, dans les plantes, & dans les choses inanimées, que dans les hommes, que cela ne vous trouble point : car comme de ce que le hazard domine sur toutes ces choses si inferieures à l'homme, on ne doit pas tirer de là cette consequence, que la providence ne veille pas sur nous ; il ne faut pas non plus, de ce que tout ce qui nous regarde est exactement réglé & compassé, en conclure que la justice & le jugement que Dieu déploye sur toutes ces choses inferieures, est aussi en elles une marque & une suite de leur vice ou de leur vertu. Car prémiérement les choses purement inanimées sont comme la matiére commune aux animaux & aux plantes, & de plus les plantes servent de nourriture aux hommes & aux animaux, & une partie des animaux est destinée à nourrir les animaux & les hommes ; c'est pourquoy il est évident que cela ne se fait par aucun rapport à ce que les uns & les autres ont mérité, mais parce qu'ils cherchent à assouvir leur faim, ou à guérir leurs maladies, en un mot, à subvenir à leurs nécessitez comme ils peuvent ; de sorte que la source du malheur pour les animaux, ce sont nos

& aux plantes pour nier la providence. V. les remarques.

besoins, ausquels ils fournissent; & au contraire la cause de ce qu'on appelle leur bonheur, c'est l'affection dont nous nous laissons quelquefois prévénir pour eux.

Qu'il n'y a au dessus de nous aucun estre qui se serve de nous, comme nous nous servons des animaux. V. les remarques.

Que si en poussant plus loin les objections, on nous opposoit qu'il y a au dessus de nous des estres qui se servent de nous pour appaiser leur faim, comme nous nous servons des animaux, il faudroit en mesme temps avoüer que ces estres seroient mortels, & faire voir que les corps des hommes seroient destinez à leur servir de pâture: mais s'il n'y a au dessus de l'homme aucun estre mortel, puisqu'étant luy-mesme le dernier des estres raisonnables, & par là immortel, il vient par nécessité dans un corps mortel, & prenant un instrument qui est de mesme nature que les animaux, il vit sur la terre, il n'y peut avoir au dessus de nous d'estre qui se serve de notre miserable corps pour assouvir sa faim, ni qui en abuse en aucune maniére contre l'ordre par l'envie de se remplir. Les bornes du pouvoir que la justice & l'ordre donnent sur

Les estres supérieurs n'ont que le pouvoir

ſur nous aux eſtres ſupérieurs, c'eſt de faire pour nous tout ce qui peut diminuer nos vices en cette vie, & nous rappeller à eux ; car ils ont ſoin de nous comme de leurs parents, quand nous venons à tomber. De-là vient qu'on dit avec raiſon que la pudeur, la punition, & la honte qui détournent du mal, n'en détournent, & ne convertiſſent que les hommes ſeuls ; car l'animal raiſonnable eſt le ſeul qui ſente la juſtice. Puiſqu'il y a donc une ſi grande différence de nous aux animaux ſans raiſon, il doit y en avoir une auſſi grande de notre maniére de vivre à la leur ; car la Loy de la Providence eſt proportionnée à la nature de toutes choſes, & chacune a l'honneur d'y avoir part à proportion de ce qu'elle eſt, & que Dieu l'a faite. Pour ce qui eſt des ames des hommes, il paroiſt que c'eſt Dieu luy-meſme qui les a créées, & que les eſtres ſans raiſon, il les a laiſſé faire à la nature ſeule qui les a formez, & c'eſt le ſentiment de Platon & de Timée le Pythagoricien, qui tenoient qu'aucun eſtre mortel n'étoit digne de ſortir des

de nous faire du bien.

Une erreur groſſière V. les remarques.

mains de Dieu mesme, & que les ames des hommes étoient toutes tirées du mesme *tonneau*, que les Dieux du monde, les Demons & les Heros; c'est pourquoy la providence s'étend sur tous les hommes, & sur chacun en particulier. Leur éloignement de leur véritable patrie, leur penchant vers les choses d'icy bas, leur vie policée dans cette terre d'éxil, & leur retour au lieu de leur origine, tout cela est régle par la providence, qui ne devoit pas avoir les mesmes soins de ce qui n'a qu'une vie animale; car ce qui n'est qu'animal n'est point descendu icy pour n'avoir pû suivre Dieu, il est incapable d'observer une police sur la terre, comme n'étant point une plante céleste, & il n'est pas d'une nature à estre remené à aucun estre qui luy soit conforme. Voila qui suffit pour le présent contre ceux qui se plaignent, & qui se faschent incessamment des accidents qui arrivent dans cette vie, & qui nient la providence de tout leur pouvoir; mais il est juste de leur dire encore, que de supporter doucement les choses fascheu-

Erreur. V. les Remarques.

Fruits de la patience.

ſes, non ſeulement cela s'accorde parfaitement avec la raiſon, mais auſſi qu'il les adoucit pour le preſent, & les guérit entiérement pour l'avenir. Et vous, malheureux, qui vous faſchez & qui vous emportez, que gagnez-vous par vos emportemens, que d'ajoûter à vos douleurs le plus grand de tous les maux qui eſt l'impiété, & de les aggraver par cette penſée, que vous ne les méritiez pas! car le malade qui ſe faſche de ſon état, ne fait qu'augmenter ſa maladie. c'eſt pourquoy il ne faut pas nous faſcher de cette diſtribution, ſous prétexte qu'elle n'eſt pas juſte, de peur que par cette revolte pleine de blaſphéme nous n'empirions notre condition.

Prenons encore la choſe par cet autre coſté. Si quelqu'un ayant receu la pauvreté pour ſon partage, la ſupporte avec douceur, outre que cette douceur le rend inacceſſible au chagrin & à la triſteſſe, il trouve encore par ce moyen quelque conſolation, & quelque adouciſſement; car d'un coſté ſon bon eſprit n'étant point bouleverſé & confondu par l'affliction, luy fait trouver les moyens de gagner honnestement sa vie, & de l'autre costé ses voisins frappez d'admiration pour sa patience si pleine de raison & de sagesse, contribuent tout ce qu'ils peuvent pour le soulager. Mais celuy qui se fasche & qui s'irrite, comme les femmes les plus foibles, en prémier lieu il ajouste volontairement & de son bon gré la tristesse & le chagrin à son mal, & incessamment colé à sa misére & attaché à la déplorer, il devient par là incapable de se procurer par son travail la moindre ressource, & se met hors d'état d'estre soulagé par ses voisins, à moins que quelqu'un par compassion ne luy jette quelque chose comme une aumone. Mais alors la disposition mesme de celuy qui soulage, ne fait qu'augmenter la tristesse & le chagrin de celuy qui se trouve dans cette extréme nécessité.

De tout ce qu'on vient de dire, il resulte qu'il faut supporter doucement les accidents de la vie, & autant que nos forces le permettent, tascher de les guérir, en rapportant leur cause à nos pensées corrompuës, & en nous per-

La corruption de notre cœur, la cause de tous nos maux.

ſuadant qu'y ayant certainement une providence, il n'eſt pas poſſible que celuy qui devient homme de bien ſoit négligé, quoyqu'il porte ſur ſon corps les marques de ſes anciens péchez qui ont attiré ſur luy la colére divine : car dés le moment qu'il acquiert la vertu, il diſſipe ſa douleur & ſa triſteſſe, & il trouve le reméde à tous ſes maux, en tirant de luy-meſme le ſecours contre la triſteſſe, & de la providence, la guériſon de tous ſes maux. En effet, comme nos péchez & le jugement divin qui les punit, attirent ſur nous tous ces fleaux, il eſt raiſonnable auſſi que notre vertu & la Loy de la providence, qui délivre de tous maux celuy qui s'eſt appliqué au bien, les retirent & les éloignent.

Voila combien on peut tirer de ces vers meſmes de préceptes qui contribuent à former en nous les élémens de la vertu; car ils découvrent les raiſons trés-véritables de la providence, de la deſtinée, & de notre libre arbitre, raiſons par leſquelles nous avons taſché d'adoucir dans ce diſcours la douleur, que cause d'ordinaire l'inégalité apparente de tout ce qu'on voit dans cette vie, & de démontrer que Dieu n'est point l'auteur des maux.

Que si on joint ce que nous venons de dire à ce qui a déja été dit, on tirera de tout ce traité une grande preuve de l'éternité & de l'immortalité de l'ame; car pour pratiquer la justice, pour mourir courageusement, pour estre desintéressé, & n'estre nullement ébloüi de l'éclat des richesses, on a besoin d'estre persuadé que l'ame ne meurt point avec le corps. Et pour supporter avec douceur la divine fortune, & pour pouvoir la corriger & la guérir, il paroist nécessaire que l'ame ne soit pas née avec le corps. Et de ces deux choses de l'éternité de l'ame & de son immortalité, on tire cette démonstration, que l'ame est supérieure à la naissance & à la mort, qu'elle est plus excellente que le corps, & qu'elle est d'une autre nature, étant par elle-mesme de toute éternité; car il n'est nullement possible, ni que ce qui est né depuis un certain temps existe toûjours, ni que ce qui

Cela n'est nullement nécessaire, & c'est une erreur. V. les remarq.

Il ne le peut par luy mesme, mais il le

n'a jamais commencé, périsse; par consequent, puisqu'aprés la mort du corps l'ame éxiste encore, qu'elle est jugée, & qu'elle reçoit la punition ou la récompense de la vie qu'elle a ménée; & qu'il est impossible que ce qui a commencé dans le temps subsiste toûjours, il est évident que l'ame est de toute éternité avant le corps; & par là il se trouve que l'ame est un de ces ouvrages éternels de Dieu qui l'a créée; & de là vient la ressemblance qu'elle a avec son Créateur. Mais comme nous en avons déja suffisamment parlé, il est temps d'éxaminer la suite.

peut par la volonté de Dieu. V. les remarq.

Sa ressemblance avec Dieu ne vient pas de son éternité, mais des graces qu'elle a receuës.

VERS XXI. XXII. & XXIII.

Il se fait parmi les hommes plusieurs sortes de raisonnements bons & mauvais.

Ne les admire point légérement, & ne les rejette pas non plus:

Mais si l'on avance des faussetez, céde doucement, & arme toy de patience.

D'où naissent les divers raisonnements des hommes.

LA volonté de l'homme ne persistant pas toûjours dans la vertu ni dans le vice, produit ces deux ſortes de diſcours ou de raiſonnements, qui tiennent de ces deux états, & qui portent les marques de ces deux diſpoſitions contraires, où il ſe trouve ſucceſſivement. De là vient que de ces raiſonnements, les uns ſont vrais, & les autres ſont faux ; les uns bons, les autres mauvais: & cette différence demande de notre part un diſcernement juſte, qui eſt le fruit de la ſcience, afin que nous choiſiſſions les bons, & que nous rejettions les mauvais; & encore afin que nous ne tombions pas dans la *miſologie*, ou la haine des raiſonnements, parce qu'il y en a de mauvais que nous condamnons ; & que nous ne les recevions pas auſſi tous ſans diſtinction ſous prétexte qu'il y en a de bons que nous recevons. Car par la haine des raiſonnements en général, nous nous privons nous-meſmes de ceux qui ſont bons; & par un enteſtement ſans diſtinction, nous nous expoſons à eſtre bleſſez par les mauvais, ſans que nous y prénions garde. Apprennons donc à aimer les raiſonnements, mais avec un diſcernement juste, afin que l'amour que nous aurons pour eux, les fasse naistre, & que notre discernement nous fasse rejetter ceux qui seront mauvais. De cette maniére nous accomplirons le précepte de Pythagore, nous n'admirerons point les raisonnements qui sont mauvais, & nous ne les recevrons point sans examen, sous prétexte que ce sont des raisonnements, & nous ne nous priverons pas non plus de ceux qui sont bons, sous prétexte qu'ils sont des raisonnements tout comme les mauvais. Car prémiérement ni ces derniers ne doivent estre recherchez comme raisonnements, mais comme vrais, ni les autres ne doivent estre rejettez non plus comme raisonnements, mais comme faux. En second lieu nous pouvons dire hardiment, qu'il n'y a que les raisonnements vrais qui soient des raisonnements; car ils sont les seuls qui conservent la dignité de l'essence raisonnable, ils sont les productions de l'ame qui est soumise à ce qu'il y a de trés-bon, & qui a récouvré tout son éclat & tout son lustre: au lieu que les

Les raisonnements vrais, sont les seuls qui méritent ce nom.

raiſonnements faux ne ſont pas meſme effectivement des raiſonnements; car portant au vice & à la fauſſeté ou à l'erreur, ils ont renoncé à leur dignité & à leur nobleſſe, & ne ſont proprement que des cris d'une ame deſtituée de raiſon, & que ſes paſſions aveuglent & confondent. Ne les reçois donc pas tous, dit le Poëte, de peur que tu n'en reçoives auſſi de mauvais, & ne les rejette pas tous non plus, de peur que tu n'en rejettes de bons, & l'un & l'autre eſt abſurde & indigne de l'homme de haïr & rejetter les bons raiſonnements, à cauſe des mauvais, & d'aimer & recevoir les mauvais, à cauſe des bons. Il faut donc loüer les bons, & aprés les avoir receus, les méditer & chercher juſqu'où ils pouſſent la vérité qu'ils demontrent; & pour les mauvais, il faut déployer contre eux toutes les forces que la ſcience de la Logique peut fournir pour diſcerner la vérité & le menſonge. Et quand nous ſommes en état de confondre la fauſſeté & l'erreur, il ne faut le faire ni avec véhémence, ni avec inſulte, & avec des airs

Faux raiſonnements ne ſont que des cris & des aboys de l'ame inſenſée & corrompuë.

Modération & douceur qu'il faut gar-

méprisants : mais il faut démesler la vérité, & avec des réponses pleines de douceur, réfuter le mensonge. Et comme dit le Vers, *Si l'on avance des faussetez, céde doucement ;* non pas en accordant ce qui est faux, mais en l'écoutant sans emportement & sans aigreur ; car ce mot, *céde doucement*, ne marque pas qu'il faille accorder ce qui est faux, & y donner son consentement ; mais il exhorte à l'écouter avec patience, & sans s'étonner qu'il y ait des hommes qui se privent malheureusement de la vérité ; car l'homme est naturellement fécond en opinions étranges & erronnées, quand il ne suit pas les notions communes selon la droite raison. Ce n'est donc pas, dit ce Vers, une chose bien surprénante & bien merveilleuse qu'un homme qui n'a jamais appris des autres la vérité, & qui ne l'a pas trouvée de luy-mesme, tombe dans la démence & dans l'orgueil, & avance des opinions contraires à la vérité. Au contraire ce seroit un miracle trés-surprénant, si n'ayant jamais voulu rien apprendre, ni rien chercher, il rencon-

der dans les disputes.

L'homme produis naturellement des opinions étranges & erronnées.

Car pour sçavoir, il n'y a que ces deux

moyens, apprendre des autres, ou trouve de soy mesme; & pour trouver, il faut chercher.

troit fortuitement la vérité, comme quelque Dieu qui luy apparoistroit tout d'un coup de mesme que dans les tragedies. Il faut donc écouter avec quelque sorte de compassion & d'indulgence ceux qui avancent des faussetez, & apprendre par cette expérience de quels maux nous nous sommes délivrez, nous qui étant de mesme nature que ces malheureux, & par consequent sujets aux mesmes passions & aux mesmes foiblesses, avons heureusement pris pour contrepoison la science, qui a guéri cette infirmité. Et ce qui contribuë le plus à nous donner cette douceur nécessaire dans les disputes, c'est la confiance qui se trouve dans la science; car une ame bien préparée & bien dressée à combattre contre les renversemeuts de la vérité, supportera les fausses opinions sans émotion & sans trouble, comme ayant prémédité tout ce qui peut estre avancé contre la vérité, en s'instruisant de la vérité-mesme. Qu'est-ce donc qui pourra troubler un homme si bien instruit? qu'est-ce qui pourra luy paroistre inextricable & indissoluble!

Ecouter avec compassion & indulgence ceux qui avancent les faussetez.

Et par consequent l'aigreur ne vient ordinairement que de défiance & de foiblesse.

En s'instruisant de la vérité, on apprend à refuter tout ce qui la combat.

Toutes les difficultez qu'on luy oppo-ſera ne ſerviront au contraire, s'il eſt véritablement fort, qu'à luy fournir les idées qui ont déja ſouvent triomphé de tout ce qui eſt faux. Ce n'eſt donc point de la ſeule vertu morale que l'homme ſçavant tirera ſa tranquillité & ſa fermeté; mais auſſi de la confiance qu'il a en ſes forces pour ces ſortes de combats. Voilà ce qu'on peut dire ſur le juſte diſcernement des raiſonnements, qui eſt le fruit de la ſcience, & pour ce qui concerne l'habitude que l'homme ſçavant doit acquérir de ne ſe laiſſer jamais tromper en quoy que ce puiſſe eſtre, le Poëte ajoûte immediatement ce qui ſuit.

VERS XXIV. XXV. & XXVI.

Observe bien en toute occasion ce que je vais te dire :

Que personne, ni par ses paroles, ni par ses actions ne te séduise jamais,

Et ne te porte à faire ou à dire ce qui n'est pas utile pour toy.

CE précepte s'étend sur tout, & il signifie la mesme chose que celuy qu'il a déja donné dans l'onziéme & le douziéme Vers :

Ne commets jamais aucune action honteuse, ni avec les autres, ni en ton particulièr, & respecte-toy sur tout toy-mesme ; car celuy qui a appris à se respecter soy-mesme, & qui ni seul ni avec les autres, n'oseroit commettre la moindre action honteuse, mais qui en éloigne de luy la pensée mesme à cause de la raison qu'il a au dedans de luy, & à laquelle il s'est donné en garde, celuy-là seul est en état d'obéïr à ce précepte, *Que personne, ni par ses paroles, ni par ses actions ne te seduise ;*

car celuy-là ſeul eſt incapable de ſe laiſſer tromper & ſéduire, qui connoiſſant ſa nobleſſe & ſa dignité, ne ſe laiſſe ni adoucir par des flatteries, ni intimider par des ménaces, quelques efforts que faſſent pour cela ſes amis ou ſes ennemis; car ce mot *perſonne*, comprend tous les hommes quels qu'ils ſoient, un pére, un tyran, un ami, un ennemi. Et les différentes maniéres de tromperie viennent ou des paroles ou des actions; des paroles de ceux qui flattent ou qui ménacent, & des actions de ceux qui offrent des préſents, ou qui étalent des peines & des ſupplices. Il faut donc avoir ſon ame bien munie & bien fortifiée par la droite raiſon contre toutes ces choſes afin qu'elle ne puiſſe jamais eſtre ni amolie ni aſſujettie par aucun de tous les accidents qui peuvent arriver du dehors, agréables ou triſtes. Car la droite raiſon ayant établi dans l'ame la tempérance & la force, comme deux gardes vigilants & incorruptibles, nous conſervera en état de n'eſtre jamais ſéduits ni par les attraits des choſes agréables, ni par les

Celuy qui connoiſt bien ſa dignité eſt incapable d'eſtre ſéduit.

La tempérance & la force, les deux gardes de l'ame.

Ce qui produit l'exacte justice.

horreurs des choses terribles; & c'est ce qui produit cette exacte justice que le Poëte nous a déja ordonné de pratiquer dans nos actions & dans nos paroles. Ainsi personne, qui que ce puisse estre, ne nous persuadera jamais de commettre la moindre action, ni de proférer la moindre parole qui ne s'accorde avec la droite raison; car si nous nous respectons sur tout nous-mesmes, il est évident que personne ne nous paroistra plus respectable ni plus redoutable que nous, pour nous porter à faire ou à dire ce qu'il ne faut pas; l'un & l'autre sont nuisibles à l'ame: & tout ce qui luy est nuisible nous est nuisible, puisque l'ame c'est nous. C'est pourquoy il faut bien entendre ce mot, *ce qui n'est pas utile pour toy*, en rapportant ce pronom, *toy*, à ce que tu es véritablement; car si tu entends bien ce précepte, *que personne ni par ses parolles, ni par ses actions, ne te séduise jamais, & ne te porte à faire ou à dire ce qui n'est pas utile pour toy*, & que tu sois proprement l'ame raisonnable, tu ne souffriras jamais, si tu es sage, aucune des choſes qui pourroient te bleſſer, toy qui es l'eſſence raiſonnable; car tu es proprement l'ame. Ton corps, ce n'eſt pas toy, il eſt à toy; & toutes les choſes extérieures ne ſont ni toy, ni à toy, mais à ce qui eſt à toy, c'eſt à dire à ton corps.

Toute cette doctrine eſt priſe du prémier Alcibiade de Platon, où elle eſt admirablement expliquée.

En diſtinguant & en ſéparant ainſi toutes ces natures, tu ne les confondras jamais; tu trouveras véritablement ce que c'eſt que l'eſſence de l'homme; & en ne prénant pour elle, ni le corps, ni ce qui eſt hors du corps, tu ne te mettras point en peine pour ce corps, ni pour ce qui appartient au corps, comme pour toy-meſme; afin que ce ſoin mal entendu ne t'entraiſne point dans l'amour du corps & dans l'amour des richeſſes; car pendant que nous ignorerons abſolument ce que nous ſommes, nous ignorerons auſſi les choſes dont nous avons ſoin; & nous aurons pluſtoſt ſoin de toute autre choſe que de nous-meſmes, dont nous ſommes cependant obligez de prendre le prémier ſoin.

En effet ſi l'ame eſt ce qui ſe ſert du corps, ſi le corps tient lieu d'inſtrument à l'ame, & si toutes les autres choses ont été inventées en faveur de cet instrument, & pour soutenir sa nature, qui s'écoule & qui depérit, il est évident que le principal & le premier soin doit être pour ce qui est le premier & le principal ; & le second, pour ce qui tient le second rang. C'est pourquoy le sage ne négligera pas sa santé ; non qu'il donne le premier rang au corps, & qu'il le prenne pour son principal : mais pour le tenir en état de fournir à tous les besoins de l'ame, afin qu'il obéïsse à tous ses ordres sans aucun empeschement. Et enfin son troisiéme soin sera pour tout ce qui n'est que le troisiéme ; & il gouvernera avec prudence & œconomie les choses extérieures pour la conservation de l'instrument, qui est son corps. Son premier, ou pour mieux dire, son unique soin sera donc pour son ame, puisque le soin qu'on a aprés elle des autres choses, n'est que pour elle, & ne tend qu'à sa conservation, & à son utilité. Or tout ce qui est hors de la vertu, c'est ce que le Vers exprime icy par ces

Ordre des soins que nous devons avoir.

Ce qu'on doit se proposer dans le soin de sa santé.

Ce qu'on doit se proposer dans le soin des choses extérieures.

Tous nos soins doivent se raporter à l'ame.

mots, *ce qui n'est pas utile pour toy.* Si la vertu t'est utile, tout ce qui n'est point vertu te sera inutile & pernicieux. Celuy-la donc nous conseille de faire autour de nous comme un rempart, pour conserver les vertus, & les défendre, qui nous dit que nous ne devons jamais obéïr à ceux qui font tous leurs efforts pour nous éloigner de la vertu, de quelques actions, ou de quelques paroles qu'ils accompagnent leurs persuasions & leurs instances. Par exemple qu'un tyran, soit qu'il fasse de grandes promesses, ou qu'il les effectuë, soit qu'il tache de nous ébranler par des ménaces, ou de nous forcer par des supplices; qu'une personne amie, cachant son mauvais dessein sous les apparences & les démonstrations de la plus tendre amitié, ne nous éloignent jamais de ce qui est utile à l'ame. Or les seules choses qui luy soient utiles ce sont la verité & la vertu. Tu seras donc hors d'atteinte à toutes les fraudes, & à toutes les tromperies, si connoissant ta propre essence, ce qu'elle est, & à qui elle ressemble, tu as toujours tout le

Les seules choses utiles à l'ame c'est la verité & la vertu.

soin possible d'entretenir cette ressemblance, & si tu régardes comme le plus grand malheur qui puisse t'arriver, & la plus grande perte que tu puisses faire, tout ce qui pourra l'effacer ou l'alterer. Et il n'y a que ce qui n'est pas utile pour toy qui puisse te faire perdre cette ressemblance divine. Puis donc que tout ce qui peut entretenir en nous cette ressemblance, nous est utile; que pourra-t-on nous offrir qui soit assez fort pour nous faire rénoncer à cet avantage tout divin. Sera-ce les richesses qu'on promettra de nous donner, ou qu'on ménacera de nous oster! mais nous avons appris de la droite raison à les recevoir, & à les rendre. D'ailleurs nous connoissons l'inconstance, & l'incertitude de tous ces biens passagers. Car quoy, quand mesme je ne les perdray pas d'une certaine maniére, & que je les défendray courageusement contre l'usurpation, & l'injustice, un voleur ne me les enlevera-t-il point! ne les perdray-je point par un naufrage! & quand je les garentiray des voleurs, & des perils de

La plus grande perte que l'homme puisse faire, c'est de perdre la ressemblance qu'il a avec Dieu.

Que rien dans le monde n'est digne de nous faire renoncer à la ressemblance divine.

la mer, combien d'autres voyes ouvertes à la perte des biens! Imaginons en donc nous-mesmes une bien raisonnable pour l'amour de la vertu; c'est de faire un échange de toutes nos richesses contre une pauvreté volontaire, accompagnée de l'honnesteté, en nous dépouillant de tous nos biens par des motifs trés-justes, & en achetant la vertu à un prix beaucoup plus haut que celuy qu'on nous offre pour nous obliger d'y rénoncer.

Perte des biens volontaire est raisonnable.

Mais on étalera à nos yeux les tortures & la mort; il est bien aysé de répondre à ces ménaces, que si nous sçavons bien nous garder nous-mesmes, ces supplices ne tomberont point sur nous, & qu'ils ne regardent que notre corps. Or le corps en mourant ne souffre rien qui soit contre la nature; car naturellement il est sujet à la mort, il peut estre brûlé, coupé, & il est exposé à mille gehennes, & à mille tortures, qu'une maladie peut encore plus luy faire souffrir qu'un tyran. Pourquoy fuyons-nous donc ce qu'il n'est pas en notre pouvoir de fuir, & que ne conſervons-nous pluſtoſt ce qu'il eſt en notre pouvoir de conſerver ? Ce qui eſt mortel, quoyque nous faſſions, nous ne le garentirons jamais de la mort à laquelle la nature l'a condamné ; & ce qui eſt immortel en nous, c'eſt-à-dire, notre ame, & nous-meſmes, nous pouvons l'orner, & l'embellir par la vertu, ſi nous ne nous laiſſons pas effrayer, & amolir par la mort dont on nous ménace. Que ſi nous la ſouffrons pour une bonne cauſe, alors nous ornerons, & nous illuſtrerons la néceſſité de la nature par la fermeté, & la droiture de notre volonté, & de notre choix. Voila les plus grandes choſes qu'un homme puiſſe préſenter à un autre, pour le ſéduire, & pour l'effrayer : mais ce qui eſt au dedans de nous, eſt libre, & ne ſe laiſſe jamais aſſujetir par perſonne, ſi nous ne le voulons, & à moins que par un amour déréglé pour le corps, & pour les choſes extérieures, nous ne trahiſſions, & n'engagions notre liberté, en vendant les biens de l'ame pour le vil prix d'une vie momentanée, & de

Mort ſoufferte pour une bonne cauſe eſt éclatante & illuſtre.

quelques biens qui doivent certainement périr. Ce précepte nous exhorte donc à faire en toutes rencontres les choses qui peuvent seules asseurer en nous la vertu, & la sceller de maniére, qu'elle ne puisse nous estre ravie, ni par la violence, ni par la fraude. Passons présentement aux autres préceptes, qui ont une liaison sensible avec le précepte précédent.

VERS XXVII. XXVIII. XXIX.

Consulte & délibere avant que d'agir afin que tu ne fasses pas des actions folles.

Car c'est d'un miserable de parler, & d'agir sans raison, & sans réflexion.

Mais fais tout ce qui dans la suite ne t'affligera point, & ne t'obligera point à te répentir.

LA consultation sage & prudente produit les vertus, les perfectionne, & les conserve; de sorte qu'elle est la mére, la nourrice, & la garde des ver- *Consultation sage & prudente, mére, nourrice, & garde des vertus.*

tus : car lorsque nous consultons tranquillement en nous mesmes quelle vie nous devons suivre, la vertu se fait choisir par sa propre beauté. Aprés ce choix, l'ame bien affermie par cette mesme consultation, soutient toutes sortes de combats & de travaux pour la vertu ; & déja accoûtumée à la possession des choses belles, & honnêtes, elle conserve son jugement sain & entier, dans les troubles mesme des calamitez les plus fâcheuses, sans que tout ce qui vient du déhors pour la troubler, & l'effrayer, puisse l'obliger à se démentir, & à changer d'opinion, jusqu'à se persuader qu'il y a une autre vie heureuse que celle qu'elle a choisie de son mouvement, aprés l'avoir jugé la meilleure, & la plus excellente. De là vient qu'il y a trois effets sensibles de la sage consultation. Le premier, c'est le choix de la meilleure vie ; le second, la pratique de cette vie qu'on a choisie ; & le troisiéme, la garde sûre & exacte de tout ce qui a été sagement déliberé. De ces trois effets le prémier est la raison, qui précéde l'éxécution de ce que nous voulons

Trois beaux effets de la consultation sage & sensible.

faire,

faire, & qui pose, pour ainsi dire, les principes des actions. Le second est la raison, qui accompagne l'éxécution, & qui accommode & ajuste par avance chaque action avec les principes qui la précédent. Et le troisiéme c'est la raison, qui suit l'éxécution, & qui éxaminant chaque action qu'on vient de faire, juge si elle a été faite à propos, & comme il faut : car en toutes choses on voit briller la beauté de la consultation sage & prudente. Tantost elle enfante les vertus, tantost elle les nourrit & les perfectionne, & enfin elle veille à leur conservation : de sorte qu'elle est elle-mesme le commencement, le milieu, & la fin de tous les biens ; & que c'est en elle que se trouve la délivrance de tous les maux ; & que ce n'est que par elle seule que nous pouvons perfectionner les vertus. Car notre nature étant raisonnable, & par consequent capable de délibérer & de consulter, & se portant par sa volonté, & par son choix à prendre un bon, ou un mauvais conseil ; si elle choisit bien, alors la bonne vie, qu'elle embrasse, conserve son essence : au lieu qu'un choix fait sans raison, la corrompt autant qu'il est en luy. Or la corruption de ce qui est immortel c'est le vice, dont la mére est la *témérité*, que ce Vers nous ordonne de fuir ; *afin que nous ne fassions pas des actions folles*. Et les actions folles ce sont les actions malheureuses & mauvaises ; car *de parler ou d'agir* sans raison, & sans réflexion, *c'est d'un misérable*, c'est à dire, c'est le propre d'un malheureux. Que si tu consultes avant que d'agir, tu ne commettras jamais de ces actions insensées qui ne peuvent qu'affliger ensuite ceux qui ont agi témérairement, & sans consulter : car le répentir montre évidemment le vice du choix, dont l'expérience a fait sentir le dommage. Comme au contraire les suites de la bonne consultation montrent la bonté & la sûreté du choix, en montrant par les actions mesme l'utilité qui en résulte. Je dis l'utilité, non du corps ni des choses extérieures, mais de nous-mesmes, l'utilité qui ne regarde que nous, à qui on ordonne icy *de consulter a-*

La témérité ou le défaut de consultation engendre le vice.

vant que d'agir, & de ne faire *que les actions qui ne nous affligeront point dans la suite;* c'est à dire, *qui n'affligeront point notre ame*. Car que sert-il à l'homme d'amasser de grandes richesses par des parjures, par des meurtres, & par toutes sortes d'autres mauvaises actions? que luy sert-il d'estre riche au déhors, lorsqu'il laisse son ame dans la pauvreté, & dans la disette des seuls biens qui luy sont utiles! & d'estre encore sur cet état si malheureux d'une insensibilité qui augmente son mal; ou si la conscience le raméne au sentiment de ses crimes, de souffrir dans l'ame des tortures infinies par les rémords qu'elle y cause, de craindre nuit & jour avec des frayeurs mortelles les supplices des enfers, & de ne trouver d'autre reméde à ses maux que de recourir au néant! Car voila le funeste estat où il s'est réduit. Il tâche de guérir un mal par un autre mal, en cherchant dans la mort de l'ame la consolation de ses crimes, & il se condamne luy-mesme à n'estre rien aprés la mort, pour se dérober aux peines que l'idée du der-

Le méchant cherche dans la mort de l'ame la consolation de ses crimes, & la cessation de ses frayeurs.

nier jugement luy fait envisager. Car le méchant ne veut point que l'ame soit immortelle, de peur de ne vivre dans l'autre vie que pour y souffrir. Et dans cette pensée il prévient la sentence de son juge, & se condamne luy-mesme à la mort, comme étant juste que l'ame criminelle n'existe plus. Et en cela ce malheureux précipité dans le vice par sa témérité, & par sa folie, rend contre luy-mesme une sentence conforme à ses excés & à ses crimes.

Le méchant en condamnant son ame à la mort, conserve quelque idée de la justice.

Mais il n'en est pas de mesme des juges des enfers; comme ils forment leur jugement sur les régles de la vérité, ils ne prononcent pas que l'ame doit n'estre plus, mais qu'elle doit n'estre plus vicieuse; & ils travaillent à la corriger, & à la guérir, en ordonnant des peines pour le salut de la nature, de mesme que les Medecins, qui par des incisions, & par des cautéres, guérissent les ulcéres les plus malins. Ces juges punissent les crimes pour chasser le vice par le repentir; & ils n'anéantissent pas l'essence de l'ame, & ne la réduisent pas à n'estre plus, au contrai-

Car les Pythagoriciens croyoient que les peines de l'enfer n'étoient que pour un temps.

re ils la reménent à estre véritablement par la purgation de toutes les passions qui la corrompent. Car l'ame est en danger de se perdre, & d'anéantir son essence, lors qu'en s'éloignant de son bien, elle se précipite dans ce qui est contre sa nature; & lors qu'elle retourne à ce qui est selon sa nature, elle retrouve toute son essence, & recouvre cet estre pur qu'elle avoit alteré, & corrompu par le mélange des passions. C'est pourquoy il faut tâcher sur toutes choses de ne pas pecher; & quand on a peché il faut courir au devant de la peine, comme au seul rémede de nos pechez, en corrigeant notre témérité, & nostre folie par le secours salutaire de la prudence & de la raison. Car aprés que nous sommes déchûs de notre innocence par le peché, nous la récouvrons par le répentir, & par le bon usage que nous faisons des punitions dont Dieu nous châtie pour nous relever.

Innocence perduë par le peché, & recouvrée par le répentir, & par le bon usage des châtimens de Dieu.

Le répentir est le commencement de la Philosophie, la fuite des paroles, & des actions insensées, & la prémiére

Le répentir est le commencement de la sagesse.

démarche d'une vie qui ne sera plus sujette au répentir; car celuy qui consulte sagement avant que d'agir, ne tombe point dans des malheurs & dans des chagrins inpréveus & involontaires, & il ne commet point sans y penser, de ces actions dont il craint les suites & les issuës; mais il dispose du présent, & se prépare à tout ce qui peut arriver contre son attente; c'est pourquoy ni l'espérance de ce qu'on appelle des biens ne le fait renoncer à son véritable bien, ni la crainte des maux ne le porte à commettre le mal; mais ayant son esprit toûjours attaché aux régles que Dieu prescrit, il régle sur elles toute sa vie.

Mais afin que tu connoisses bien certainement que c'est d'un misérable de parler & d'agir sans raison, voy Médee qui déplore ses malheurs sur nos théatres. La violence d'un amour insensé l'a poussée à trahir ses parents, & à suivre un étranger; ensuite méprisée par cet étranger, elle trouve ses maux insupportables; & dans cette pensée, elle s'écrie.

Que les foudres du Ciel viennent frapper ma teste.

Aprés quoy elle se porte aux actions les plus atroces. En prémier lieu, c'est follement & sans raison qu'elle prie que ce qui est fait ne soit pas fait ; & ensuite, en véritable insensée & furieuse, elle tasche de guérir ses maux par d'autres maux ; car elle croit effacer le commencement de ses malheurs par une fin encore plus malheureuse, en couvrant par le meurtre insensé de ses enfans, son mariage fait sans réflexion, & avec une précipitation aveugle.

Si tu veux encore, regarde l'Agamemnon d'Homére. Ce Prince châtié & puni de n'avoir sceu donner un frein à sa colére, s'écrie en pleurant,

Hélas ! je suis perdu, mes forces m'abandonnent.

C'est un Vers du 10. liv. de l'Iliad.

Et dans le mauvais état de ses affaires, il éteint par un torrent de larmes, le feu de ses yeux que la colére avoit allumé dans sa prospérité.

Telle est la vie de tout insensé. Il est poussé & balotté çà & là par des passions contraires ; insupportable dans ses joyes, misérable dans ses tristesses, fougueux & hautain quand il espére, lâche & rempant quand il craint; en un mot, comme il n'a point la genereuſe aſſeurance que donne la ſage conſultation, il change de ſentiment avec la fortune.

Afin donc de ne pas donner au public de ces ſortes de ſcénes, prénons la droite raiſon pour guide dans toutes nos actions, en imitant Socrate qui dit en quelque endroit, *Vous ſçavez que ce n'eſt pas d'aujourd'huy que j'ay accouſtumé de n'obéir à aucun des miens qu'à la raiſon qui me paroiſt la plus droite & la plus juſte, aprés que je l'ay bien éxaminée.* Par ce mot, *aucun des miens*, il entend tous ſes ſens. En effet, toutes ces choſes qui nous ſont données pour ſervir à la raiſon, comme la colére, le deſir, le ſentiment, le corps meſme, qui eſt pour ſervir d'inſtrument à toutes ces facultez, toutes ces choſes ſont à nous, & non pas nous : & il ne faut obéïr à aucune, qu'à la ſeule droite raiſon, comme le dit Socrate, c'eſt à dire à la partie raiſonnable qui eſt diſpoſée ſelon ſa nature. Car c'eſt la ſeule qui puiſſe voir & connoiſtre ce qu'il faut dire & faire. Or obéir à la droite

C'eſt dans le Criton. Il a fallu traduire icy le paſſage à la lettre, à cauſe de l'explication d'Hierocles, qui autrement ne ſeroit pas dans ſon jour.

Les paſſions données pour ſervir à la raiſon.

raison, & obéir à Dieu, c'est la mesme chose; car la partie raisonnable éclairée de l'irradiation qui luy est propre & naturelle, ne veut que ce que veut la loy de Dieu: & l'ame bien disposée selon Dieu, est toûjours d'accord avec Dieu; & tout ce qu'elle fait elle le fait en regardant toûjours la divinité & la lumiére éclatante qui l'environnent. Au lieu que l'ame qui est disposée d'une maniére toute contraire, & qui regarde à ce qui est sans Dieu, & plein de ténébres, emportée çà & là à l'avanture, elle erre sans tenir de route certaine, destituée qu'elle est d'entendement, & décheuë de Dieu, qui sont la seule véritable régle de tout ce qui est beau & honneste.

Hierocles a icy en veuë ce que Socrate dit dans le prémier Alcibiade.

Dieu & l'entendement, la seule régle de tout ce qui est beau & honneste.

Voilà les grands biens, & les biens infinis que produit la consultation sage & prudente, & les grands maux qui viennent nécessairement de la témérité & du défaut de réflexion. Mais *consulter avant que d'agir*, outre tous ces grands biens, dont nous venons de parler, en produit encore un trés-considérable; c'est qu'il reprime tous les mou-

La sage con-

sultation exclut l'opinion, & raméne à la science.

vements de l'opinion, & nous raméne à la véritable ſcience, & nous fait mener une vie qui ne peut manquer d'eſtre trés-delicieuſe, puiſqu'elle eſt trés-bonne & trés-juſte. C'eſt ce que la ſuite va faire voir.

VERS XXX. & XXXI.

Ne fais jamais aucune des choſes que tu ne ſçais point;

Mais apprends tout ce qu'il faut ſçavoir, & par ce moyen tu méneras une vie trés-délicieuſe.

DE ne point entreprendre les choſes que nous ne ſçavons pas, cela nous empeſche ſeulement de faire des fautes : mais d'apprendre ce qui méne à la bonne vie, outre que cela nous empeſche auſſi de faire des fautes, il nous dirige & nous fait réuſſir dans tout ce que nous entreprenons. La connoiſſance de notre propre ignorance reprime la témérité qu'éxcite l'opinion ; & l'acquiſition de la ſcience aſſeure le ſuccés de toutes nos entrepriſes. Ces deux choſes ſont tres-belles, *Connoiſtre que nous ne ſçavons pas*, & *apprendre ce que nous ignorons*; & elles ſont ſuivies d'une vie trés-bonne & tres-délicieuſe : & cette vie trés-délicieuſe n'eſt que pour celuy qui eſt vuide d'opinion & plein de ſcience, qui ne s'enorgueillit d'aucune des choſes qu'il ſçait, & qui veut apprendre tout ce qui mérite d'eſtre appris. Or rien ne mérite d'eſtre appris que ce qui nous raméne à la reſſemblance divine; que ce qui nous porte à conſulter avant que d'agir, afin que nous ne faſſions pas des actions folles; que ce qui nous met hors d'état d'eſtre ſéduits & trompez par qui que ce ſoit, ni par ſes paroles, ni par ſes actions; que ce qui nous rend capables de faire la différence des raiſonnements qu'on entend; que ce qui nous fait ſupporter la divine fortune, & qui nous donne le moyen de la corriger; que ce qui nous enſeigne à ne craindre ni la mort, ni la pauvreté, & à pratiquer la juſtice; que ce qui nous rend tempérants ſur tout ce qu'on appelle les plaiſirs; que ce qui nous inſtruit des loix de l'amitié & du

Ces quinze ou vingt lignes ſont une recapitulation ſommaire de tous les préceptes qu'on a déja vûs.

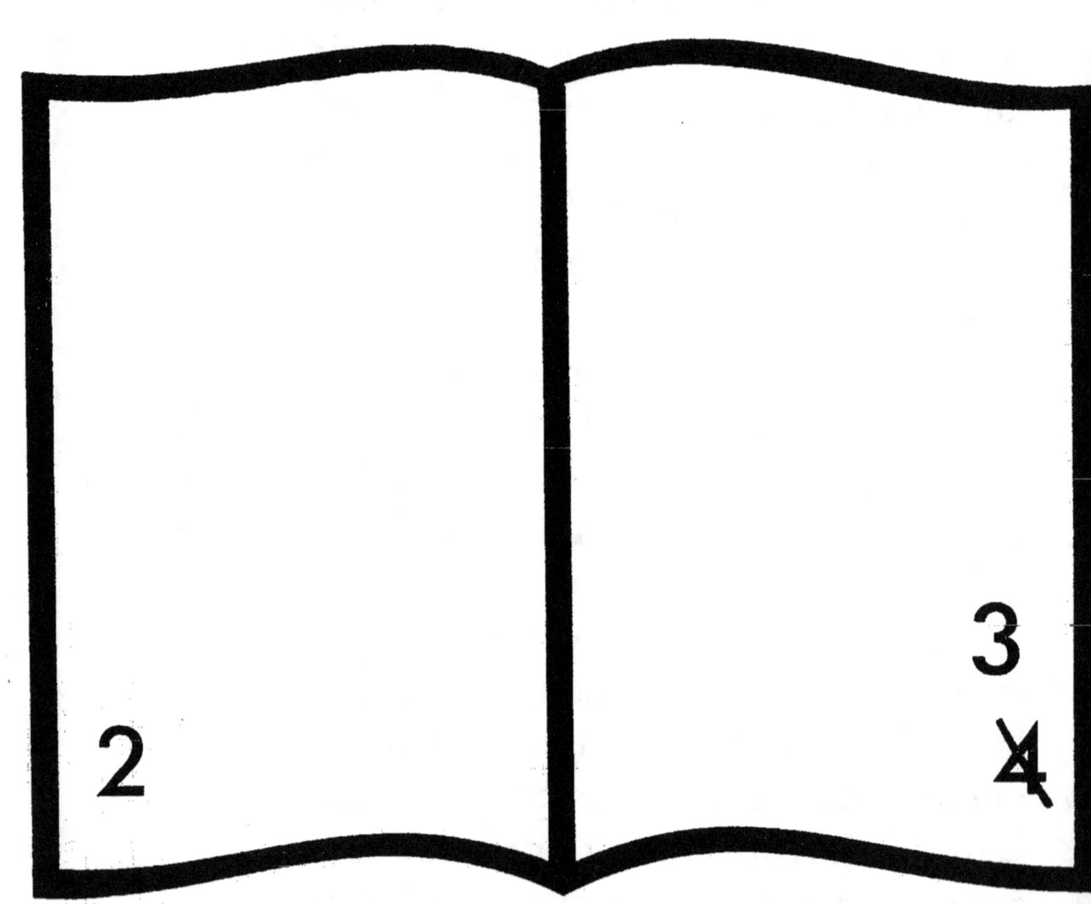
2
3
4

respect que nous devons à ceux qui nous ont donné la vie ; que ce qui nous montre l'honneur & le culte que nous devons rendre aux estres supérieurs.

Voila quelles sont les choses que ce Vers nous dit, qu'il faut apprendre, & qui sont suivies d'une vie trés-delicieuse ; car celuy qui se distingue par sa vertu, joüit de voluptez qui ne sont jamais suivies du répentir, & qui imitent la constance & la stabilité de la vertu qui les procure ; car toute volupté est naturellement la suite d'une action quelle qu'elle soit. La volupté ne subsiste point par elle-mesme ; mais elle arrive quand nous faisons telle ou telle action. Voila pourquoy la volupté suit toûjours la nature de l'action. Les actions les plus mauvaises produisent les plus mauvaises voluptez ; & les meilleures actions produisent aussi les voluptez les meilleures ; de sorte que le vertueux n'est pas seulement au dessus du vicieux par la beauté de l'action ; mais il le surpasse encore par le genre de la volupté, pour laquelle seule il semble que le vicieux s'est précipité dans le vice.

Voluptez de la vertu, stables comme la vertu mesme.

La volupté est toûjours l'effet d'une action.

La volupté suit toûjours la nature de l'action qui la produit.

En effet, autant qu'une diſpoſition eſt meilleure qu'une autre diſpoſition, autant une volupté eſt préférable à une autre volupté; ainſi, puiſque la vie vertueuſe dans laquelle reluit la reſſemblance avec Dieu, eſt véritablement divine; & que la vie vicieuſe eſt brutale & ſans Dieu, il eſt évident que la volupté du vertueux imite la volupté divine, en ſuivant l'entendement, & Dieu meſme: & que la volupté du vicieux (je veux bien employer pour luy le meſme terme) n'imite que des mouvements emportez & brutaux; car les voluptez & les triſteſſes nous changent & nous tirent de notre état. Celuy donc qui puiſe où il faut, quand il faut, & autant qu'il faut, eſt heureux; & celuy qui ignore ces juſtes bornes eſt malheureux. Ainſi donc la vie vuide d'opinion eſt ſeulement exempte de faute; & celle qui eſt pleine de ſcience eſt toûjours heureuſe & parfaite, & par conſequent elle eſt trés-délicieuſe en meſme temps, & trés-bonne.

La volupté du vertueux approche de la volupté divine.

Ne faiſons donc jamais ce que nous ne ſçavons pas faire, & ce que nous ſçavons, faiſons-le quand il faut. L'ignorance produit les fautes ; & la connoiſſance cherche l'opportunité ; car pluſieurs choſes trés-bonnes d'elles-meſmes deviennent mauvaiſes quand on les fait mal à propos. Ecoutons donc ce précepte avec ordre ; en ce qu'il nous ordonne de réprimer & de retenir nos actions, il travaille à nous rendre éxempts de faute, & en ce qu'il nous commande d'apprendre, non pas tout, mais ce qui mérite d'eſtre ſceu, il nous excite aux actions honneſtes & vertueuſes ; car ce n'eſt pas à eſtre éxempt de faute que conſiſte le bien vivre, mais à faire tout ce qu'il faut. Pour l'un il ſuffit de purger l'opinion ; mais l'autre ne peut eſtre que le fruit de la ſcience.

L'éxemption de faute ne fait pas la bonne vie.

Or de l'un & de l'autre, c'eſt à dire de vivre exempt de faute, & de bien vivre, voicy l'avantage qui t'en reviendra, *tu méneras une vie trés-délicieuſe.* Quelle eſt cette vie délicieuſe! Elle n'eſt autre que la vie qui joüit de toute la volupté qui vient de la vertu, & dans laquelle ſe rencontrent & le bon & l'agréable. Si nous deſirons donc ce qui est beau, & en mesme temps ce qui est agréable, quel sera le composé que ce que dit le Vers, *une vie trés-délicieuse!* Car celuy qui choisit l'agréable avec le honteux, quoyque pour un peu de temps il soit chatoüillé par l'appast du plaisir, ce qu'il y a de honteux le jette bientost dans un repentir trés-amer. Au lieu que celuy qui choisit le beau avec le pénible, quoyque d'abord il soit rébuté par le travail, le beau adoucit & diminuë bientost sa peine; & enfin, avec la vertu, il joüit de tous les fruits de la volupté pure. En effet, qu'on fasse avec plaisir quelque chose de honteux, le plaisir passe, & le honteux demeure. Qu'on fasse quelque chose de beau, avec mille peines & mille travaux, les peines passent, & le beau reste seul. D'où il s'ensuit nécessairement que la mauvaise vie est trés-triste & trés-amére, & que la bonne vie au contraire, est trés-délicieuse.

Belle démonstration pour prouver que le beau accompagné de peine, est préférable au honteux accompagné de plaisir.

Cela suffit pour l'intelligence de ces Vers: mais comme le soin du corps n'est pas indifférent pour la perfection de l'âme, voyons ce que le Poëte ajoute.

Le soin du corps n'est pas indifférent pour la perfection de l'ame.

VERS XXXII. XXXIII. & XXIV.

Il ne faut nullement négliger la ſanté du corps ;

Mais on doit luy donner avec méſure le boire & le manger, & les exercices dont il a beſoin.

Or j'appelle méſure ce qui ne t'incommodera point.

Quel eſt le ſoin que nous devons avoir du corps.

CE corps mortel nous ayant été donné comme un inſtrument pour la vie que nous devons méner icy-bas, il ne faut ni l'engraiſſer par un traitement trop indulgent, ni l'amaigrir par une diéte trop rigoureuſe; car l'un & l'autre excés produiſent les meſmes obſtacles, & empeſchent l'uſage qu'on en doit tirer. C'eſt pourquoy on nous exhorte icy d'en avoir un ſoin modéré, & de ne le négliger, ni lorſqu'il s'emporte par l'excés de l'embonpoint, ni lorſqu'il eſt matté par les maladies, afin que conſervé dans l'état où il doit eſtre naturellement, il puiſſe fournir à toutes les fonctions que l'ame qui le conduit éxigera de luy, & se porter par tout où elle ordonnera; car l'ame est ce qui se sert du corps, & le corps est ce qui sert à l'ame. L'artisan est donc obligé d'avoir soin de l'instrument dont il se sert; car il ne faut pas vouloir seulement se servir de luy, mais il faut aussi en prendre tout le soin raisonnable & nécessaire pour le tenir toûjours en état d'executer nos ordres. Et parce que par sa nature il est toûjours dans la génération & dans la corruption, & que la réplétion & l'évacuation l'entretiennent & le nourrissent, tantost la nourriture remplaçant ce qui depérit en luy, & tantost les exercices évacuant & emportant ce qui y abonde, il faut régler la juste mesure, & des aliments qui font la repletion, & des éxercices qui font l'évacuation. Et cette juste mesure, c'est la raison qui accorde l'habitude du corps, avec les opérations intellectuelles de l'ame, & qui par ce moyen a soin de la santé convenable & séante au Philosophe.

La juste mesure des alimens & des exercices, doit estre réglée par la raison.

Santé convenable & séante au Philosophe.

Cette raison choisira donc les exercices & les aliments qui n'engraiſſent point trop le corps, & qui auſſi ne l'empeſchent point de ſuivre les mouvements intellectuels; car elle n'a pas ſoin d'un corps ſimplement, mais d'un corps qui ſert aux penſées de l'ame. C'eſt pourquoy elle rejette le regime athlétique, parce qu'il n'a ſoin que du corps ſans l'ame, & elle fuit tout ſoin ſuperflu du corps, comme entiérement contraire à la lumiére intelligente de l'ame. Mais le regime qui, par la bonne habitude qu'il procure au corps, peut le plus contribuer aux diſpoſitions néceſſaires pour apprendre les ſciences, & pour fournir à toutes les actions belles & honneſtes, c'eſt celuy que choiſira l'homme qui veut embraſſer la vie de la raiſon: car c'eſt à celuy-là qu'on dit icy; *Or j'appelle meſure ce qui ne t'incommodera point.*

Que la meſure du ſoin que tu auras de ton corps ne t'incommode donc point, toy, qui es une ame raiſonnable. Tu es obligé, toy, qui es le gardien de tous les préceptes qu'on vient de te donner, tu es obligé de choiſir le boire & le manger, & les exercices qui rendent le corps obéïssant aux ordres de la vertu, & qui ne portent point la partie brutale à regimber & à se cabrer contre la raison qui la conduit; mais cette mesure du soin qu'il faut avoir du corps, doit estre réglée avec beaucoup d'attention & de prudence, comme la prémiére cause de tous ses mouvemens dereglez; car le cheval ne devient vicieux, & ne se rend le maistre, que lorsqu'il est trop nourri, & mal dressé par l'Ecuyer.

Soin outré du corps, la prémiere cause de tous ses mouvemens déréglez.

En parlant de la mesure qu'il faut suivre pour le corps, le Poëte a mis le boire avant le manger, parce qu'il est plus difficile de s'en deffendre, qu'on est plus porté à en abuser, & que le boire trouble davantage la bonne habitude du corps : car un homme sans y prendre garde passera infiniment cette juste mesure, plustost en buvant, qu'en mangeant ; & il met au troisiéme rang les exercices, parce qu'ils corrigent la replétion que la nourriture a causée, & préparent le corps à se nourrir plus sainement; car ces deux cho-

Excés plus aisé à commettre dans le boire, que dans le manger.

ses ne font qu'un cercle entr'elles, & se succédent naturellement; la nourriture & l'exercice; l'exercice & la nourriture. La bonne nourriture donne lieu au bon exercice, & le bon exercice, à la bonne nourriture. Or la mesure de l'un & de l'autre n'est pas la mesme pour celuy-cy & pour celuy-là, chacun ayant soin de son corps selon ses veuës particuliéres, & selon l'usage qu'il en veut tirer : car tout homme tasche d'accommoder son corps à la profession qu'il a embrassée. Le luteur le dresse à tous les mouvements de la lutte; le laboureur, aux travaux des champs; & un autre le forme à un autre sorte de service. Que fera donc le Philosophe? Dans quelle veuë, & à quel dessein aura-t-il soin de son corps, & de quel art voudra-t-il le rendre l'instrument? Il est visible que c'est de la Philosophie, & de toutes ses œuvres. Il ne le nourrira donc, & ne l'éxercera en tout & par tout, qu'autant qu'il est possible à ce corps de devenir un instrument de prudence & de sagesse, ayant toûjours soin principalement & préalablement de l'a-

Il faut rendre son corps un instrument de prudence & de sagesse.

me, & pour l'amour d'elle seulement, du corps; car il ne préférera jamais la partie qui sert à celle qui s'en sert, comme il ne négligera pas nonplus absolument la prémiére, à cause de l'autre, mais il aura soin du corps dans l'ordre & le rang convenable, comme d'un instrument dont il rapporte la santé & le bon état à la perfection de la vertu de celle qui s'en sert. Voila pourquoy il ne le nourrira pas de toutes sortes d'aliments, mais seulement de ceux dont il faut le nourrir; car il y en a qui ne doivent point luy estre présentez, parce qu'ils appésantissent le corps, & entraissent l'ame dans toutes sortes d'affections terrestres & charnelles: & c'est de ces aliments dont le Poëte parle à la fin, quand il dit; *Mais abstiens-toy de tous les aliments que nous avons nommez, en traitant des expiations & de la délivrance de l'ame, & sers-toy pour cela de ton jugement.* Vers 67. & 68.

Il rejettera donc entiérement tous ces aliments; & pour ceux dont il peut se nourrir, il en réglera la quantité & le temps; & comme dit Hippocrate, il éxaminera la saison, le lieu, l'âge & autres choses semblables, ne luy permettant point de se remplir sans éxamen & sans reflexion de tout ce dont il peut se nourrir; & n'ordonnant pas le mesme regime indifféremment au jeune & au vieux, au sain & au malade, à celuy qui ne vient que d'entrer dans l'étude de la Philosophie, & à celuy qui y a déja fait un trés-grand progrés, ou qui est parvenu à la perfection. La mesure Pythagorique comprend toutes ces choses dans ces mots que le Poëte ajoute, *ce qui ne t'incommodera point;* car par ce peu de mots, il rapporte au soin du corps tout ce qui tend & qui contribuë à la félicité philosophique, & aprés ce qu'il a dit de la santé de l'ame, il ajoute qu'il ne faut nullement négliger la santé du corps; de sorte que là il nous enseigne ce qui fait la vertu de l'ame qui se sert du corps; & icy ce qui fait la santé & qui procure la conservation du corps, qui sert d'instrument à l'ame. Joins donc ces deux choses, & tu trouveras qui que tu sois, toy, à qui ce précepte s'adres-

Mesure Pythagorique.

se, qu'il faut prendre la pour juste mesure du soin qu'on prend du corps, *ce qui ne t'incommodera point ;* c'est à dire, ce qui n'empeschera pas l'intention Philosophique, & qui pourra aider l'ame à marcher dans le chemin de la vertu.

En disant la mesure du boire & du manger, il bannit également le defaut & l'excés, & il ne reçoit & n'embrasse que ce qui tient le milieu, & qui est modéré: & ce n'est que par cette modération qu'on parvient à maistriser la gourmandise, la paresse, la luxure, & la colére. Car la mesure dont on parle icy reprime tout excés en ces sortes de choses, & exclut tout ce qui incommode & qui rabaisse, & entraisne l'ame qui se porte vers l'intelligence, c'est à dire vers Dieu; car il faut que l'ame qui s'éléve vers l'intelligence joüisse d'une entiére tranquillité, qu'elle ne soit point agitée par la violence des passions, & que toutes les choses inférieures luy soient soumises; afin que sans trouble elle puisse méditer les choses d'enhaut. *Voila la mesure qui ne t'incommodera point;* C'est elle qui te rendra maiſtre de tes paſſions, qui conſervera ton corps, qui te decouvrira la vertu de l'ame, & qui ne détruira ni n'altérera la bonne habitude de l'inſtrument dont elle ſe ſert; car c'eſt une partie de la vertu que de ſçavoir conſerver ſon corps, & le rendre propre à tous les uſages que la Philoſophie en doit tirer.

La conſervation du corps eſt une partie de la vertu.

Mais parce que le ſoin du corps ne conſiſte pas ſeulement dans le boire & dans le manger; & qu'il a beſoin de beaucoup d'autres choſes, comme d'habits, de ſouliers, de meubles, & de logement; & que dans toutes ces choſes il faut auſſi garder la juſte meſure qui bannit également & le luxe & la malpropreté, le Poëte ajoute avec raiſon.

VERS

VERS XXXV. XXXVI. XXXVII. & XXXVIII.

Accouſtume-toy à une maniére de vivre propre & ſans luxe.

Evite de faire ce qui attire l'envie.

Et ne dépenſe point mal à propos, comme celuy qui ne connoiſt point ce qui eſt beau & honneſte:

Mais ne ſois pas non plus avare & meſquin. La juſte meſure eſt excellente en toutes choſes.

CE n'eſt pas ſeulement dans le boire & dans le manger que la meſure eſt bonne, dit l'auteur de ces Vers; mais auſſi dans toutes les autres choſes; comme également éloignée & du défaut & de l'excés; car en tout on peut paſſer doublement cette juſte meſure, ſoit du coſté de la magnificence, ſoit du coſté de la meſquinerie; & l'une & l'autre ſont blaſmables, indignes des mœurs du Philoſophe, & fort eloignées de cette médiocrité qu'il faut garder dans tout ce qui regarde le corps. Car la pro-

Propreté outrée, devient luxe & molleſſe ; & la ſimplicité dégénére en meſquinerie & en ſaleté.

prété pouſſée à un cerrain point devient luxe & molleſſe, & la ſimplicité outrée dégénére en meſquinerie & en ſaleté.

Pour ne point tomber donc dans le prémier defaut par la propreté, ni dans le dernier par la ſimplicité, tenons le milieu, en évitant les vices voiſins de ces deux vertus, & en les prénant toutes deux pour le correctif l'une de l'autre. Embraſſons la vie ſimple, qui ne ſoit point malpropre, & la vie propre, qui ne tienne point du luxe. Par là nous garderons la juſte meſure dans tout ce qui concerne le corps ; nous aurons des habits propres, mais ſans magnificence ; une maiſon propre, mais ſans luxe ; de meſme dans nos ameublemens & dans tout le reſte : car l'ame raiſonnable commandant au corps, il eſt de la juſtice & de la bienſéance que tout ce qui concerne le corps, ſoit réglé par la raiſon, qui perſuadée que tout doit répondre à ſa dignité, ne ſouffre ni la malpropreté ni le luxe. Pour s'éloigner donc de la magnificence, elle a recours à la ſimplicité, & elle ſe jette dans la propreté pour éviter ce qui eſt vilain & difforme.

Par éxemple, elle veut qu'on ait des habits qui ne ſoient pas d'une étoffe trés-fine, mais propre ; de la vaiſſelle qui ne ſoit ni d'or ni d'argent, mais d'une matiére commune & propre; une maiſon qui ne ſoit ni embellie de marbre & d'autres pierres de grand prix, ni d'une grandeur & d'une beauté ſuperfluë, mais proportionnée à ſon uſage. En un mot la propreté dans toute la maniére de vivre exclut le luxe, comme de nul uſage, & reçoit la ſimplicité, comme ſuffiſant ſeule à tous les beſoins.

En effet, les habits, la maiſon, les meubles ſont principalement à notre uſage, lorſqu'ils ſont propres & qu'ils nous ſont proportionnez; car pourquoy un grand plat pour une petite portion? & pourquoy auſſi un plat malpropre qui gaſte cette portion, & qui nous en dégouſte? Qu'eſt-il beſoin d'une grande maiſon pour un homme qui n'en remplit qu'un petit coin? & à quoy ſert auſſi une maiſon malpropre, qu'on ne ſçauroit habiter? De meſme en toutes chotu trouveras toûjours des deux costez que tout est inutile & de nul usage, hors ce qui joint la simplicité à la propreté; car dés que tu passes la mesure du besoin, tu te jettes dans l'immensité du desir.

Il n'y a plus de bornes dés qu'on passe la mesure du besoin.

C'est pourquoy, mesure si bien toutes les choses nécessaires pour la vie, que tu les renfermes dans ce juste milieu, qui est également éloigné des deux excés contraires. *Accoustume-toy donc,* dit le Poëte, *à une maniére de vivre, propre.* Mais ensuite voyant que cette propreté pouvoit nous jetter dans le luxe, il ajoûte, *& sans luxe.* Il auroit dit simplement, accoustume-toy *à une maniére de vivre qui soit sans luxe.* Mais il a vû que cette simplicité pourroit nous faire tomber dans le sordide: c'est pourquoy il a joint les deux, *propre, & sans luxe;* en prévenant la chute d'un & d'autre costé, par le contrepoids de l'un & de l'autre, afin que des deux il en resulte un genre de vie masle & digne de l'animal raisonnable.

En réglant ainsi notre vie, nous tirerons de là encore un trés-grand bien, c'eſt que nous éviterons l'envie qui ſuit toûjours ce qui eſt outré, ſi par rien de trop nous n'excitons pas contre nous nos propres Citoyens, de ſorte que tantoſt ils s'irritent de notre luxe, & tantoſt ils ſe plaignent de notre malpropreté ; & que tantoſt ils nous accuſent d'eſtre prodigues, & tantoſt ils nous reprochent d'eſtre ſordides & vilains ; car ces deux excés attirent également le blaſme de la part de ceux avec qui nous vivons. Et c'eſt ce que ſignifie icy proprement le mot d'*envie ;* car en nous diſant, *Evite de faire ce qui attire l'envie*, il veut dire, ce qui attire un blaſme raiſonnable de la part des hommes. Or la raiſon & le ſentiment général des hommes blaſment dans la maniére de vivre, le luxe & la ſaleté ; & dans la dépenſe, la prodigalité & la meſquinerie : c'eſt pourquoy que l'honneſteté & la médiocrité dans toutes les choſes extérieures montrent la bonne diſpoſition de notre ame, & faſſent voir que la juſte meſure eſt en tout ce qu'il y a de meilleur ; car il faut autant qu'il eſt poſſible que celuy qui aime le re-

Envie, *pour* blame.

pos, s'abstienne de tout ce qui est sujet à l'envie, & qu'il n'irrite pas cette envie comme une beste féroce, afin que sans aucun trouble il puisse s'avancer dans l'étude de la vertu.

Maux qui resultent de l'ignorance de ce qui est séant & honneste.

Nous vivrons à couvert de l'envie, en embrassant un genre de vie *simple & propre;* & en évitant le faste de ceux qui ignorent en quoy consistent l'honnesteté & la bienséance : d'où il resulte deux grands maux, une dépense & une épargne hors de saison, dont l'une est blasmée, comme orgueil, & l'autre, comme bassesse. Ces deux extrémes sont évitez par la libéralité, vertu qui consiste à donner & à recevoir, qui trouve toûjours, & dans la recepte & dans la dépense ce qui est honneste & séant, & qui accorde toutes les choses extérieures avec la droite raison.

En quoy consiste la libéralité.

Voila les reflexions profondes que ce Philosophe nous donne dans ces Vers sur l'usage que nous devons faire de notre corps & de toutes les choses extérieures, afin que par leur moyen on voye briller dans toute notre conduite la beauté de la vertu.

Le précepte ſuivant n'eſt qu'un ſommaire de tout ce qu'il vient de dire.

VERS XXXIX.

Ne fais que les choſes qui ne pourront te nuire, & raiſonne avant que de les faire.

C'Eſt un précepte qu'il nous a déja ſouvent donné, tantoſt en nous diſant; *Mais fais tout ce qui dans la ſuite ne t'affligera point;* tantoſt; *Or j'appelle meſure ce qui ne t'incommodera point*; en un autre endroit; *Que perſonne ni par ſes paroles ni par ſes actions ne te ſeduiſe jamais, & ne te porte à faire, ou à dire ce qui n'eſt pas utile pour toy.* Et icy il nous remet devant les yeux tous ces préceptes par cette recapitulation ſommaire, en nous conſeillant de nous abſtenir de tout ce qui peut nous nuire, & de faire tout ce qui peut nous ſervir.

Vers 29.

Vers 34.

Vers 25. & 26.

Or on fait facilement la diſtinction de ces deux ſortes d'actions, quand on raiſonne avant que d'agir, & que l'on conſidére ce qui eſt faiſable, & ce qui n̄e l'est pas ; & il est temps de raisonner & de consulter quand tout est encore en son entier, & qu'on n'a pas encore mis la main à l'œuvre : & quand il dit icy, *les choses qui ne pourront te nuire*, nous l'expliquerons comme nous avons expliqué plus haut le précepte qu'il a déja donné, quand il a dit *ce qui ne t'affligera point :* en expliquant ce *toy*, ce qui est véritablement l'homme, l'essence raisonnable, c'est à dire l'homme qui a embrassé la sagesse, & qui fait tous ses efforts pour se rendre semblable à Dieu ; car cet homme intérieur est blessé par tout ce qui est contre la droite raison, par tout ce qui est contre la Loy divine, par tout ce qui empesche la ressemblance avec Dieu, & qui détruit en nous son image. Et toutes ces choses viennent ordinairement du commerce de ceux avec qui nous vivons, & du soin que nous avons du corps, auquel nous sommes liez, & de l'usage que nous faisons des richesses qui n'ont été inventées que comme un secours pour le corps, & qu'on a appellées par cette raison d'un

Les choses qui blessent l'homme intérieur, c'est à dire, l'ame ; & d'où elles viennent.

Car elles sont appellées, χρήματα.

mot qui marque qu'elles doivent ſervir aux beſoins du corps.

choſes pour ſervir aux beſoins.

Il faut donc, dit le Poëte, que celuy qui eſt embraſé de l'amour des biens divins, prenne bien garde de ne ſe laiſſer jamais perſuader de faire ce qui ne luy eſt pas utile, qu'il n'accorde jamais à ſon corps ce qui luy ſera nuiſible à luy-meſme, & qu'il ne reçoive & n'admette rien qui puiſſe le détourner de l'étude de la ſageſſe, & dont il ait bientoſt à ſe répentir. Nous devons prévénir toutes ces choſes par le raiſonnement qui précéde l'action, afin que l'éxamen que nous ferons de toutes nos actions, aprés les avoir faites, puiſſe nous procurer un agréable reſſouvenir; & c'eſt à quoy il travaille dans les Vers ſuivans.

VERS XL. XLI. XLII. XLIII. & XLIV.

Ne laiſſe jamais fermer tes paupiéres au ſommeil aprés ton coucher,

Que tu n'ayes éxaminé, par ta raiſon, toutes tes actions de la journée.

En quoy ay-je manqué? qu'ay-je fait? qu'ay-je obmis de ce que je devois faire?

Commençant par la prémiére de tes actions, continuë ainſi de ſuite.

Si dans cet éxamen tu trouves que tu ayes fait des fautes, gronde-t'en ſévérement toy-meſme; & ſi tu as bien fait, réjouis-t'en.

Avant que d'éxaminer ſa conſcience, il faut repaſſer toutes les Loix divines; autrement cet éxamen ſera vain.

QUand tu es parvenu en cet endroit, raſſemble dans ta mémoire tous les préceptes qu'on vient de te donner; afin que dans le tribunal intérieur de ton ame, les régardant comme des Loix divines, tu puiſſes faire ſeurement l'éxamen de tout ce que tu as bien ou mal fait; car comment l'éxamen de nos actions passées pourroit-il nous mettre en état de nous gronder ou de nous loüer, si le raisonnement qui les précéde ne nous avoit remis devant les yeux certaines loix & certaines régles selon lesquelles nous devons regler notre vie, & qui doivent estre pour nous comme un but divin, auquel nous dirigions tout le secret de notre conscience. Pythagore nous ordonne de faire cet éxamen tous les jours, sans y manquer; afin que l'assiduité du souvenir le rende plus seur & plus infaillible. Et il veut que nous le fassions le soir avant que de nous endormir; afin que tous les soirs aprés toutes les actions de la journée, nous nous rendions un compte éxact devant le tribunal de la conscience, & que cet éxamen sévére de nos dispositions, soit comme un cantique que nous chantions à Dieu à notre coucher. *En quoy ay-je manqué? qu'ay-je fait? qu'ay-je obmis de ce que je devois faire?* Par ce moyen nous réglerons toute notre vie sur les régles qui nous ont été prescrites; & nous conformerons notre raison qui juge, à

L'éxamen de nos dispositions est comme un cantique chanté à Dieu à notre coucher.

l'entendement divin qui a fait la Loy.

Pour épargner la peine au lecteur de faire cette recapitulation de toutes ces Loix, Hierocles la fait luy-mesme.

Car, que dit le Legislateur ? Que nous devons honorer les estres supérieurs selon l'ordre & le rang de leur essence ; qu'il faut avoir beaucoup de considération & de respect pour nos péres & nos méres, & pour tous nos parents ; rechercher & aimer les gens de bien ; dominer nos passions & nos affections terrestres ; nous respecter nous-mesmes en tout & par tout ; pratiquer la justice ; reconnoistre la brièveté de cette vie, & l'instabilité des richesses ; recevoir avec soumission le sort que le jugement divin nous envoye ; ne nous plaire que dans les pensées dignes de Dieu ; & ramener incessamment notre esprit à ce qu'il y a de meilleur ; n'aimer & n'embrasser que les raisonnements qui méritent véritablement ce nom ; nous mettre hors d'état d'estre surpris & subjuguez, pour conserver le précieux depost de la vertu ; consulter avant que d'agir, afin que le repentir ne soit pas le fruit de toutes nos démarches ; nous purger de toute opinion, rechercher la vie de la science, & accorder notre corps, & toutes les choſes extérieures aux fonctions de la vertu.

Voila les Loix que l'entendement divin impoſe aux ames. Dés que la raiſon les a receuës, elle devient pour elle-meſme un garde trés-vigilant. *En quoy ay-je manqué? qu'ay-je fait?* dit elle, tous les jours, en rappellant par ordre toutes ſes actions bonnes & mauvaiſes. Et à la fin de cet éxamen, ſi elle trouve qu'elle ait paſſé la journée ſans violer aucune de ces Loix, elle ſe fait une couronne des fruits de la joye divine. Et ſi elle ſe ſurprend dans quelque faute, alors elle ſe chaſtie par les ſévéres corrections du repentir, comme par des remédes aſtringents. Voila pourquoy, dit le Poëte, il faut chaſſer le ſommeil pour donner le temps à la raiſon de faire cet éxamen. Le corps ſupportera facilement ces veilles, n'étant point entraiſné dans la néceſſité de dormir, à cauſe de ſon regime tempérant & ſage qui fait que les paſſions les plus néceſſaires ſont ſoumiſes à l'empire de ſa raiſon.

Ne laiſſe donc jamais fermer tes pau-

piéres au sommeil aprés ton coucher, que tu n'ayes éxaminé par ta raison toutes tes actions de la journée. Et quel est cet éxamen? *En quoy ay-je manqué? qu'ay-je fait? qu'ay-je obmis de ce que je devois faire?* car nous péchons en deux maniéres, ou en *faisant ce que nous ne devons pas faire*, ce qui est exprimé par ce mot, *en quoy ay-je manqué? qu'ay-je fait?* ou *en ne faisant pas ce que nous devons*; ce qui est exprimé mot à mot dans ce Vers, *Qu'ay-je obmis de ce que je devois faire?* Car autre chose est obmettre le bien, & autre chose commettre le mal; l'un est une faute d'omission, & l'autre une faute de commission. Par exemple, *Il faut toûjours prier, & il ne faut jamais blasphémer. Il faut nourrir son pére & sa mére, & il ne faut pas les maltraiter.* Celuy qui ne fait pas les deux prémiers points de ces deux préceptes; il ne fait pas ce qu'il faut; & celuy qui commet les deux derniers, il fait ce qu'il ne faut pas; quoy qu'on puisse dire que ces deux péchez sont en quelque maniére égaux, en ce qu'ils précipitent dans la transgression de la mesme loy.

Fautes d'omission, & fautes de commission.

En quoy on peut dire que les péchez sont égaux.

Le Poëte nous exhorte donc à faire un éxamen de toutes les actions de la journée, depuis la prémiére jusqu'à la derniére, par ordre, sans oublier celles du milieu. Ce qui est exprimé par ce mot *continuë ainsi de suite :* car souvent il arrive qu'une transposition seduit le jugement, & rend excusable par le derangement de la mémoire, ce qui seroit sans excuse s'il étoit dans son rang. D'ailleurs cette recapitulation de la vie que nous avons ménée pendant le jour, nous rafraichit la mémoire de toutes nos actions passées, & réveille en nous le sentiment de nostre immortalité.

A cause des circonstances qui aggravent les pechez.

L'éxamen de notre conscience reveille le souvenir de l'immortalité.

Et ce qu'il y a icy d'admirable, c'est que le Poëte en nous ordonnant d'éxaminer chaque action, n'ajoute point à cet éxamen, *En quoy ay-je bien fait ? qu'ay-je fait de ce que je devois faire ?* Mais il porte tout d'un coup notre memoire à ce qui peut le plus humilier notre orgueil, en faisant luy-mesme l'éxamen de nos fautes. *En quoy ay-je manqué ? qu'ay-je fait, &c.* Et il nous a donné un juge trés-juste & trés-naturel, qui est notre conscience & la droite

Notre Juge trés-juste & trés-naturel,

c'est notre conscience guidée par la droite raison.

raison, en nous établissant nous-mesmes pour juges de nous-mesmes, nous-mesmes, dis-je, que nous avons appris à respecter particuliérement; car qui est-ce qui peut reprendre quelqu'un, comme chacun peut se reprendre soy-mesme! Ce qui est libre, se servant de sa liberté, rejette les avertissements & les corrections des autres, lorsqu'il ne veut pas obéïr; mais la conscience, qui agit au dedans de nous, est nécessairement forcée de s'écouter elle-mesme. Voila le gouveneur que Dieu nous a donné; voila nostre précepteur, notre pedagogue; voila celuy que la raison nous donne pour juge de toutes les actions de notre journée. Ce n'est que de luy qu'elle reçoit les informations & la sentence, afin que prononçant luy-mesme sur luy-mesme, il se condamne ou s'absolve par son suffrage selon qu'il mérite d'estre condamné ou absous; car aprés que dans sa mémoire, comme dans un écrit il a leu tout ce qu'il a fait, alors regardant la Loy comme l'éxemplaire qu'il devoit suivre, il prononce & se declare luy-mesme par son jugement, digne de loüange ou de blasme : & cette pratique journaliére fait de celuy qui l'observe la véritable image de Dieu, en adjoutant, & en retranchant tous les jours quelque chose, jusqu'à ce qu'elle soit portée à sa perfection, & qu'on y voye éclater toute la beauté de la vertu. C'est elle qui acheve & qui perfectionne l'homme de bien autant qu'il est possible. Et c'est là que finit la prémiére partie de ce petit traité, le Poëte se hastant de passer aux préceptes qui tendent à faire de l'homme un Dieu.

Comment nous devenons la véritable image de Dieu.

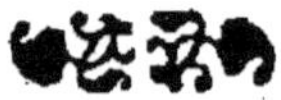

VERS XLV. XLVI. XLVII. & XLVIII.

Pratique bien toutes ces choses, médite-les bien ; il faut que tu les aimes de tout ton cœur.

Ce sont elles qui te mettront dans la voye de la vertu divine.

J'en jure par celuy qui a transmis dans notre ame le sacré quaternaire,

Source de la nature dont le cours est éternel.

VOicy ce que j'ay déja dit dans la préface, que la Philosophie pratique fait l'homme de bien par l'acquisition des vertus ; que la Philosophie contemplative fait l'homme semblable à Dieu, par l'irradiation de l'entendement & de la vérité ; & qu'au moins dans ce qui nous regarde, les pétites choses doivent nécessairement précéder les grandes ; car il est plus aisé de conformer la vie humaine aux régles de la raison, qu'il ne l'est de la porter à

C'est à dire, par les rayons de lumiére, dont l'entendement divin & la vérité éclairent notre esprit.

ce qu'il y a de plus divin & de plus ſublime ; ce qui ne ſe peut qu'en la rappellant toute entiére à ſa contemplation.

D'ailleurs il eſt impoſſible que nous poſſédions la vérité ſans trouble, ſi nos facultez animales ne ſont entiérement ſoumiſes aux vertus morales ſelon la loy de l'entendement ; car l'ame raiſonnable tenant le milieu entre l'entendement & ce qui eſt privé de raiſon, elle ne peut eſtre invinciblement attachée à cet entendement, qui eſt au deſſus d'elle, que lorſque pure & dépoüillée de toute affection pour les choſes qui ſont au deſſous, elle s'en ſert avec pureté ; & elle ſera pure ſi elle ne ſe laiſſe point emporter par ce qui eſt ſans raiſon, & par ce corps mortel, & ſi elle n'en a ſoin que comme de choſes qui luy ſont étrangéres, en ne s'y appliquant, & en ne s'y attachant qu'autant que le permet la Loy de Dieu, qui nous défend de taſcher en aucune maniére de la délier, & qui nous ordonne d'attendre que Dieu vienne luy-meſme nous tirer de cette captivité.

Pythagore enſeignoit qu'il n'étoit jamais permis de ſe tuer. V. les remarques.

Une telle ame a donc beſoin de deux

ſortes de vertu ; de la veru politique ou pratique qui régle & modére la fureur qui la porte vers les choſes d'icy bas ; & de la vertu contemplative qui la porte & l'éléve vers les choſes d'enhaut, & qui l'uniſſe avec les eſtres ſupérieurs. Entre ces deux vertus, le Poëte a mis deux vers qui ſont comme deux bornes qui les ſeparent. Le prémier, *Pratique bien toutes ces choſes, médite-les bien; il faut que tu les aimes de tout ton cœur,* eſt comme la fin & la concluſion trés-propre de la vertu politique. Et le dernier, *Ce ſont elles qui te mettront dans la voye de la vertu divine,* eſt comme le commencent, & une trés-belle entrée de la ſcience contemplative; car ce commencement promet à celuy qui s'eſt délivré de la vie brutale, & qui s'eſt purgé, autant qu'il eſt poſſible, de l'excés des paſſions ; & qui par là, de beſte qu'il étoit, eſt devenu homme ; il luy promet, dis-je, que la ſuite d'homme qu'il eſt, le fera devenir Dieu, autant qu'il eſt poſſible à la nature humaine de participer à l'eſſence divine.

Pourquoy l'ame a beſoin de la vertu pratique, & de la vertu contemplative.

Seconde partie de ce traité ; le commencement des préceptes de la vie contemplative.

Or, que celà nous déifie, & que ce

ſoit la fin de la vérité contemplative; c'eſt ce qui eſt évident par ces vers qu'il met à la fin de ce traité, comme une concluſion admirable qui ne laiſſe plus rien à deſirer : *Et quand aprés avoir depoüillé ton corps, tu ſeras receu dans l'air pur & libre, tu ſeras un Dieu immortel, incorruptible, & que la mort ne dominera plus* ; car c'eſt une néceſſité que nous obtenions cet heureux rétabliſſement, c'eſt à dire, cette glorieuſe apotheoſe par la pratique conſtante des vertus, & par la connoiſſance de la vérité ; & c'eſt ce que ce livre ſacré nous montre clairement, comme nous le verrons dans la ſuite.

Dans ſon commentaire ſur le dernier Vers.

Pour le preſent, retournons aux Vers que nous devons expliquer ; & éxaminons ſi ces mots *pratiquer*, *méditer* & *aimer*, en parlant des préceptes déja donnez, ſignifient autre choſe qu'appliquer ſon ame toute entiére à la pratique des vertus ; car notre ame étant une ſubſtance raiſonnable a néceſſairement trois facultez ; la prémiére, celle par laquelle nous apprenons, & c'eſt à celle-là qu'on ordonne *de méditer* ;

Mediter, pratiquer, aimer.

Trois facultez de l'ame.

la seconde, celle par laquelle nous nous rendons maistres de ce que nous avons appris, & le mettons en pratique ; c'est à celle-là qu'on ordonne *d'exercer & de pratiquer ;* & la troisiéme, celle par laquelle nous aimons ce que nous avons appris, & ce que nous pratiquons ; & c'est celle-là qu'on exhorte à aimer toutes ces choses.

Toutes les facultez de notre ame doivent estre appliquées a la pratique de ces préceptes.

Afin donc que nous ayons toutes les facultez de notre ame raisonnable tenduës & appliquées à ces préceptes des vertus, on demande icy de la faculté intelligente, la méditation ; de la faculté active, la pratique & l'éxercice ; & de la faculté qui embrasse & qui aime, on en éxige l'amour, afin que par leur moyen nous acquérions les véritables biens, que nous les conservions par l'éxercice ; & que nous ayons toûjours pour eux l'amour inné dans nos cœurs.

L'amour de la vertu inné dans nos cœurs.

L'amour produit l'espérance, & l'espérance la vérité.

Et cette disposition ne manque pas d'estre suivie de l'espérance divine qui fait resplendir dans nos ames la lumiére de la vérité, comme il nous le promet luy-mesme, en nous disant, *Elles te mettront dans la voye de la vertu divine ;*

c'eſt-à-dire, elles te rendront ſemblable à Dieu par la connoiſſance certaine des eſtres : car la connoiſſance des cauſes des eſtres, des cauſes dis-je, qui ſont prémiérement dans l'intelligence de Dieu leur créateur, *comme les éxemplaires éternels,* mene au degré le plus ſublime de la connoiſſance de Dieu, qui eſt ſuivie de la parfaite reſſemblance avec luy. Et c'eſt cette reſſemblance qu'on appelle icy *vertu divine,* comme fort ſuperieure à la vertu humaine, qui la précéde, & qui en eſt comme le fondement.

La prémiére partie de ces Vers ſe termine donc par l'amour de la Philoſophie, & de tout ce qui eſt beau & honneſte ; cet amour marchant le prémier, eſt ſuivi de la connoiſſance de la vérité ; & cette connoiſſance nous méne à la parfaite reſſemblance avec la vertu divine, comme on le fera voir dans la ſuite. La néceſſité de l'union, ou de l'alliance de toutes ces choſes eſt confirmée icy par ſermens. Car le Poëte jure avec beaucoup de ferveur, que la vertu humaine étant parfaitement acquiſe, nous conduit à la reſſemblance avec Dieu. Et quant au précepte qu'il nous a donné dés l'entrée, *réſpecte le ſerment*, il nous ordonne par là de nous abſtenir du ſerment dans les choſes caſuelles, & dont l'évenement eſt incertain : car ces ſortes de choſes ſont petites, & ſujettes au changement, c'eſt pourquoy il n'eſt ni juſte, ni ſeur de jurer ſur elles ; car il ne dépend pas de nous de les faire réuſſir. Mais ſur les choſes dont on parle ici, qui ſont néceſſairement liées enſemble, & d'une trés grande conſequence, on peut jurer ſeurement, & avec toute ſorte de bienſéance & de juſtice : car ni leur inſtabilité ne nous trompera, puiſqu'étant liées par la loy de la néceſſité, elles ne peuvent ne pas arriver; ni leur obſcurité & leur baſſeſſe ne les rendent indignes d'eſtre ſcellées par le témoignage & l'intervention de la divinité. Et ſi la vertu & la vérité ſe trouvent dans les hommes, encore plus ſe trouvent - elles dans les Dieux.

Le Poëte juſtifié d'avoir juré, aprés avoir défendu le ſerment.

D'ailleurs ce ſerment devient icy un précepte, qu'il faut honorer celuy qui

qui nous enſeigne la vérité, juſqu'à jurer par luy, s'il eſt néceſſaire, pour confirmer ſes dogmes, & à ne pas dire ſeulement de luy, *il l'a dit;* mais à aſſeurer avec confiance, *les choſes ſont ainſi, j'en jure par luy-meſme.* Et en jurant ſur l'union néceſſaire de ces habitudes trés-parfaites, il entre dans le fond de la Théologie, & fait voir manifeſtement que le quaternaire, qui eſt la ſource de l'arrangement éternel du monde, n'eſt autre que Dieu meſme, qui a tout créé. Mais comment Dieu eſt-il le quaternaire? c'eſt ce que tu apprendras du livre ſacré que l'on attribuë à Pythagore, & dans lequel Dieu eſt celebré comme le nombre des nombres. Car ſi toutes choſes exiſtent par ſes décrets éternels, il eſt évident que dans chaque eſpéce d'eſtres le nombre dépend de la cauſe qui les a produits. C'eſt là que ſe trouve le prémier nombre, & de là il eſt venu à nous. Or l'intervalle fini du nombre c'eſt le dix, car celuy qui veut compter davantage, aprés le dix revient à un, deux, trois, & compte ainſi la ſecon-

C'eſt une erreur. On peut jurer par l'auteur de la verité, mais non par l'homme qui l'annonce, & qui l'enſeigne.

Ce livre eſt perdu.

Car Dieu eſt unité, & l'unité produit tous les nombres.

Car les Grecs aprés dix reviennent à un. C'eſt la meſme choſe en Latin &

en François ; car undecim *& onze n'eſt que dix & un.*

de dixaine juſqu'à vingt, & la troſiéme dixaine de meſme juſqu'à trente ; & ainſi à toutes les dixaines juſqu'à cent. Aprés cent il revient encore de meſme à un, deux, trois ; & ainſi l'intervalle du dix toujours repeté, va juſqu'à l'infini. Or la puiſſance du dix c'eſt le quatre ; car avant qu'on parvienne juſqu'au dix accompli & parfait, on découvre toute la vertu & toute la perfection du dix dans le quatre.

1
2
3
4
———
10

En effet, en aſſemblant les nombres depuis un juſqu'à quatre, cette addition fait dix ; puiſqu'un, deux, trois, quatre font dix : & le quatre eſt un milieu arithmetique entre l'un & le ſept, parce qu'il ſurpaſſe l'un du même nombre dont il eſt ſurpaſſé par le ſept ; & ce nombre c'eſt le trois, quatre eſtant au deſſus d'un, comme ſept au deſſus de quatre. Or les vertus & proprietez de l'un & du ſept ſont trés-belles & trés-excellentes : car l'unité, comme principe de tout nombre, renferme en elle la puiſſance de tous les nombres ; & le ſept, comme vierge & ſans mére, a en ſecond la vertu & la perfection de l'unité, puiſqu'il n'eſt engendré par aucun nombre contenu dans l'intervalle du dix, comme le quatre eſt produit par deux fois deux, le ſix par deux fois trois, & le huit par deux fois quatre, le neuf par trois fois trois, & le dix par deux fois cinq ; & qu'il n'en engendre non plus aucun dans cet intervalle, comme le deux produit le quatre, le trois le neuf, & le cinq le dix; & le quatre tenant le milieu entre l'unité increéée, & le ſept ſans mére, a ſeul receu les vertus & puiſſances des nombres produiſans & produits, qui ſont renfermez dans le dix, étant produit par un certain nombre, & en produiſant auſſi un autre : car le deux repeté produit le quatre, & le quatre repeté produit le huit.

Ajoutez que la prémiére figure ſolide ſe trouve dans le quatre, car le point répond à l'unité, & la ligne au deux, parce qu'en effet d'un point on va juſqu'à tel autre point, ce qui fait la ligne ; & la ſuperficie répond au trois, car le triangle eſt la plus ſimple des figures rectilignes : mais la ſolidité eſt le propre du quatre, car c'eſt dans le quatre que ſe voit la prémiére pyramide, dont le trois fait la baſe triangulaire, & l'unité fait la pointe ou le ſommet.

D'ailleurs il y a quatre facultez pour juger des choſes, l'entendement, la ſcience, l'opinion, & le ſentiment; car toutes choſes ſe jugent par l'une de ces quatre facultez. En un mot le quatre embraſſe & lie tous les eſtres, les élemens, les nombres, les ſaiſons, les âges, les ſocietez ou confréries : & l'on ne ſauroit nommer une ſeule choſe qui ne dépende du quaternaire comme de ſa racine. Car, comme nous l'avons deja dit, le quatre eſt le créateur & la cauſe de toutes choſes. Le Dieu intelligible eſt la cauſe du Dieu céleſte & ſenſible. La connoiſſance de ce Dieu a été tranſmiſe aux Pythagoriciens par Pythagore meſme, par lequel l'auteur de ces Vers jure icy, que la perfection de la vertu nous menera à la lumiére de la vérité : de ſorte qu'on peut fort bien dire que ce précepte, *reſpecte le ſerment*, eſt particuliérement obſervé

Par ce Dieu céleſte & ſenſible il entend le ciel, l'univers.

à l'égard des Dieux éternels, & qui sont toujours les mesmes; & qu'icy on jure par celuy qui nous a enseigné le nombre quaternaire, qui veritablement n'étoit pas du nombre de ces Dieux, ni des héros par leur nature, mais seulement un homme orné de la ressemblance avec Dieu, & qui conservoit dans l'esprit de ses disciples toute la majesté de cette image divine. C'est pourquoy ce Poëte sur de choses si grandes jure par luy, pour marquer tacitement par là l'extréme véneration qu'avoient pour luy ses disciples, & la grande distinction que ce Philosophe s'étoit acquise par les sciences qu'il leur avoit enseignées.

Bel éloge de Pythagore.

La plus grande de ces sciences c'est la connoissance du quaternaire qui a tout créé. Mais parce que la prémiére partie de ces Vers a été briévement expliquée; que la seconde consiste dans une promesse ferme & stable, que le sacré nom du quaternaire est connu par une esperance qui ne peut tromper; & que ce divin quaternaire a été expliqué, autant que le permettoient les bornes que nous nous sommes préscrites, passons aux autres choses ausquelles ces Vers nous appellent : mais faisons voir auparavant avec quelle ardeur & quelle préparation nous devons nous y porter, & quel bésoin nous avons en cela du secours des estres supérieurs.

VERS XLVIII. XLIX.

Mais ne commence à mettre la main à l'œuvre,

Qu'aprés avoir prié les Dieux d'achever ce que tu vas commencer.

Les deux choses necessaires à nous faire obtenir les véritables biens.

L'Auteur de ces Vers décrit en peu de mots les deux choses qui concourent absolument à nous faire obtenir les véritables biens. Ces deux choses sont le mouvement volontaire de nostre ame, & le secours du ciel ; car quoy que le choix du bien soit libre, & dépende de nous, cependant comme nous tenons de Dieu cette liberté, & ce pouvoir, nous avons continuellement besoin que Dieu nous aide, qu'il coopere avec nous, & qu'il ache-

Dieu est l'auteur de notre liberté, & par consequent nous avons besoin de son secours.

ve ce que nous luy demandons. Car ce qui vient de notre part ressemble proprement à une main ouverte & tenduë pour recevoir les biens ; & ce que Dieu contribuë de la sienne, est comme le magasin ou la source des dons qu'il nous fait. L'un est ce qui cherche les biens, & l'autre est ce qui les montre à ce qui les cherche comme il faut : & la priére est un milieu entre notre recherche & le don de Dieu. Elle s'adresse à la cause qui nous a produits, & qui, comme elle nous a donné l'estre, nous donne aussi le bien estre.

Or comment quelqu'un recevra-t-il ce bien estre, si Dieu ne le donne ? & comment Dieu, qui seul le peut donner, le donnera-t-il à celuy, qui étant le maistre de ses mouvemens, ne daigne pas seulement le demander ? Afin donc que d'un costé nous ne fassions pas notre priére en paroles seulement, mais que nous l'appuyions de l'action ; & que de l'autre costé nous ne nous confiions pas non plus entiérement dans notre action, mais que nous demandions aussi pour elle le secours du

On travaille en vain, si on ne prie, & on prie inutilement, si on ne travaille.

L'action doit estre animée par la priére, & la priére par l'action.

Ciel, & que nous joignions ainsi la priére à l'action, comme la forme à la matiére, ce Poëte, pour nour porter à demander ce que nous faisons, & à faire ce que nous demandons, a dit en ne faisant qu'une seule chose des deux, *mais ne commence à mettre la main à l'œuvre, qu'aprés avoir prié les Dieux d'achever ce que tu vas commencer.*

En effet il ne faut ni entreprendre les belles choses, comme s'il dépendoit de nous d'y réussir, sans le secours de Dieu, ni nous contenter non plus des simples mots de la priére, sans employer de notre part le moindre effort pour obtenir ce que nous demandons; car en ce faisant ou nous n'embrasserons qu'une vertu impie, & sans Dieu, s'il est permis de parler ainsi, ou nous ne profererons qu'une priére denüée d'action. Or ce qu'il y a d'impie dans le prémier parti ruïnera entiérement l'essence de la vertu; & l'inaction du dernier détruira absolument l'efficace de la priére. Eh comment peut-il y avoir rien de beau dans tout ce qui n'est point fait selon la régle de Dieu? Et

Agir sans prier, c'est une vertu impie, & sans Dieu.

Rien n'est beau, que ce qui est fait selon la régle de Dieu.

comment ce qui se fait selon cette régle, n'a-t-il pas besoin du secours de ce mesme Dieu, pour s'accomplir & pour exister? Car la vertu est l'image de Dieu dans l'ame raisonnable. Or toute image a besoin de l'original pour exister : mais c'est inutilement que nous possedons cette image, si nous n'avons continuellement les yeux atachez sur cet original, dont la ressemblance fait seule le bon & le beau.

Si nous voulons donc acquerir la vertu active, il faut prier; mais en priant il faut agir; & voila ce qui fait que nous regardons toujours la divinité & la lumiére qui l'environne, & ce qui nous excite à la Philosophie, que d'agir toujours en adressant toujours nos priéres à la prémiére cause de tous les biens. Car *la source de la nature dont le cours est éternel*, le sacré quaternaire, est la cause prémiére, non seulement de l'estre de toutes choses, mais de leur bien estre, ayant répandu, & semé dans cet univers le bien qui luy est propre, comme une lumiére incorruptible & intelligente. L'ame qui s'atache à cette cause, & qui s'est purgée elle-mesme comme l'œil, pour rendre sa veuë plus claire & plus subtile, est excitée à la priére par son application aux bonnes œuvres ; & par la plenitude des biens qui resultent de la priére elle augmente son application, en joignant aux paroles les bonnes actions, & en asseurant & fortifiant ces bonnes actions par cet entretien divin. Partie trouvant, & s'ingerant par elle-mesme, & partie éclairée d'enhaut, & comme illuminée, elle fait ce qu'elle demande par des priéres, & elle demande par des priéres ce qu'elle fait. Et voila quelle est cette union si necessaire de la priére & de l'action.

L'application aux bonnes œuvres porte à la priére.

Mais quels sont les avantages qui nous reviennent de ces deux moyens unis? C'est ce que nous allons voir dans la suite.

VERS XLIX. L. LI.

Quand tu te ſeras rendu cette habitude familiére,

Tu connoiſtras la conſtitution des Dieux immortels, & celle des hommes,

Juſqu'où s'étendent les differens eſtres, & ce qui les renferme, & qui les lie.

LA prémiére choſe que l'auteur promet à ceux qui pratiqueront le précepte qu'il vient de donner, c'eſt la connoiſſance des Dieux, la ſcience theologique, & le diſcernement juſte de tous les eſtres qui découſent de ce ſacré quaternaire, avec leur difference ſelon leurs genres, & leur union pour la conſtitution de cet univers; car leur ordre & leur rang eſt exprimé icy par ce mot de *conſtitution*. *Juſqu'où ils s'étendent*, c'eſt leur difference ſpéciale; & *ce qui les renferme & les lie*, marque ce qui les unit ſelon le genre. Car les genres des ſubſtances raiſonnables,

Avantages qui reviennent de l'union de l'action & de la priére.

quoyque separées par leur nature, se réünissent par le mesme intervalle qui les sépare. Et de ce que les unes sont prémiéres, les autres moyennes, & les autres derniéres, c'est ce qui les sépare en mesme temps & qui les unit; car par ce moyen ni les prémiéres ne deviendront moyennes ou derniéres; ni les moyennes, prémiéres, ou derniéres; ni les derniéres ne deviendront moyennes ou prémiéres: mais elles demeurent éternellement distinguées & séparées selon leur genre, par les bornes que leur créateur leur a données. Et par là nous entendons ce mot, *jusqu'où s'étendent les differens estres:* & pour entendre de mesme celuy qui suit, *& ce qui les renferme, & qui les lie,* examinons-le de cette maniére:

Car ces Anges estant un milieu entre Dieu, & l'homme, l'homme remonte à Dieu par cet estre moyen.

Les natures ne se confondront jamais.

Cet univers ne seroit point parfait, s'il ne renfermoit en luy-mesme les prémiéres, les moyennes, & les derniéres parties, comme le commencement, le milieu, & la fin de tout cet assemblage, & de cette composition. Ni les prémiéres parties ne seroient prémiéres, si elles n'étoient suivies des moyennes & des derniéres ; ni les moyennes ne ſeroient moyennes, ſi elles n'avoient aux deux coſtez les deux extrêmes ; ni les derniéres enfin ne ſeroient ce qu'elles ſont, ſi elles n'étoient précédées par les moyennes, & par les prémiéres.

Tous ces differens eſtres ſervent enſemble à la perfection du tout : & c'eſt ce qu'on veut marquer icy en diſant, *& ce qui les renferme, & les lie les uns avec les autres.* Comme differens par leur eſpéce, ils ſont ſéparez ; mais comme membres d'un ſeul, & meſme tout, ils ſe réüniſſent, & ſe raſſemblent ; & par cette ſéparation, & par cette union raſſemblées, ils rempliſſent & achevent toute la conſtitution & tout l'arrangement de cet ouvrage divin : Conſtitution que tu connoiſtras, ſi tu viens à te rendre familiers les biens dont il a deja parlé. On ne peut faire mention des deux extrêmes, que les moyens ne ſe préſentent à l'eſprit tout auſſitoſt, c'eſt pourquoy il ſe contente de dire, *la conſtitution des Dieux immortels & celle des hommes.* Car les prémiers eſtres ſont liez aux derniers par les eſtres

C'eſt à dire, la priere & les œuvres par la pratique des vertus.

Pourquoy il ne parle point des eſtres moyens, qui ſont les héros

moyens ; & les derniers remontent aux prémiers par la médiation des *héros pleins de bonté & de lumiére* ; car voila le nombre & le rang des estres raisonnables, comme nous l'avons dit au commencement, en faisant voir que les prémiers dans cet univers ce sont les Dieux immortels, aprés eux les Heros bienfaisants, & les derniers, les demons terrestres, qu'il appelle icy *hommes mortels.* Or comment il faut connoistre chacun de ces genres, c'est ce qui a deja été dit dés l'entrée ; c'est d'avoir une connoissance de science de tous ces estres que la tradition nous a appris à honorer ; & cette connoissance de science ne se forme que dans ceux qui ont orné la vertu pratique par la vertu contemplative, ou que la bonté de leur nature a fait passer des vertus humaines aux vertus divines ; car de connoistre ainsi les estres comme ils ont été établis & constituez par Dieu mesme, c'est s'élever à la ressemblance divine. Mais parce qu'aprés l'arrangement de ces estres incorporels ou immateriels vient la nature corporelle, qui remplit ce monde

pleins de bonté & de lumiére, c'est à dire, les Anges.

Il n'y a que les Philosophes & les Saints, qui ayent la connoissance de science.

visible, & qui est soumise à la conduite de ces substances raisonnables, ce Poëte montre tout de suite que le bien de la science naturelle ou Physique sera le fruit de ces connoissances que l'on aura apprises avec ordre.

Connoissance de la nature, une suite & une dépendance de la connoissance de Dieu.

VERS LII. LIII.

Tu connoistras encore selon la justice, que la nature de cet univers est par tout semblable;

De sorte que tu n'espéreras point ce qu'on ne doit point espérer, & que rien ne te sera caché dans ce monde.

LA nature en formant cet univers sur la mesure & proportion divine, l'a rendu par tout semblable à soy-mesme proportionnellement en différentes maniéres, & de toutes les différentes espéces qui y sont repanduës, il en a fait comme une image de la beauté divine, en communiquant diversement à la copie, les perfections de l'original; car elle a donné au ciel le mouvement perpétuel; & à la terre, la stabilité. Or ces

La nature icy n'est autre que Dieu.

Comment l'univers est une image de la beauté divine.

deux qualitez sont autant de traits de la ressemblance divine. Il a donné au corps céleste, d'environner l'univers ; & au corps terrestre, de luy servir de centre. Or dans une sphere, le centre & la circonférence peuvent estre regardez à différents égards, comme son commencement & son principe. De là vient que la circonférence est variée d'une infinité d'astres & d'estres intelligents ; & que la terre est ornée de plantes & d'animaux qui n'ont en partage que le sentiment seul. Entre ces deux sortes d'estres si éloignez l'un de l'autre, l'homme tient le milieu, comme un animal amphibie, étant le dernier des estres supérieurs, & le prémier des inférieurs ; c'est pourquoy tantost il s'unit aux immortels, & par son retour vers l'entendement & la vertu, il recouvre le sort qui luy est propre ; & tantost il se replonge dans les espéces mortelles, & par la transgression des Loix divines, il se trouve décheu de sa dignité. En effet comme le dernier des substances raisonnables, il ne peut ni penser & connoistre toûjours de mesme ; car ainsi il ne seroit pas homme,

Le mot Grec νοεῖν, *signifie* user de l'intelligence.

mais Dieu par sa nature; ni connoistre toûjours, quand mesme il connoistroit différemment quelquefois; car cela le mettroit au rang des anges : au lieu que c'est un homme qui par la ressemblanblance peut s'élever à ce qu'il y a de meilleur, & qui par sa nature est inférieur aux Dieux immortels, & aux heros pleins de bonté & de lumiére, c'est à dire, aux deux genres qui occupent le prémier & le second rang. Comme il est inférieur à ces estres par ne connoistre pas toûjours, & par estre quelquefois dans l'ignorance & dans l'oubli de son essence, & de la lumiére qui descend de Dieu sur luy; de mesme par n'estre pas toûjours dans cet oubli & dans cette ignorance, il est au dessus des animaux sans raison, & des plantes, & il surpasse par son essence toute la nature terrestre & mortelle, comme pouvant par sa nature retourner vers son Dieu, effacer son oubli par la reminiscence, recouvrer par l'instruction ce qu'il a perdu, & guérir sa fuite & son éloignement du ciel, par une fuite, & par un éloignement tout opposé.

Comment l'homme est au dessous de Dieu & des Anges, & au dessus de tous les animaux sans raison.

L'homme au dessus de toute la nature terrestre & mortelle.

L'essence humaine étant donc telle, il luy convient de connoistre la constitution des Dieux immortels, & celles des hommes mortels, c'est à dire, l'ordre & le rang des estres raisonnables, de connoistre que la nature de cet univers est semblable ; c'est à dire, que la substance corporelle, depuis le haut jusqu'au bas, est honorée d'une ressemblance analogique avec Dieu ; & enfin de connoistre toutes ces choses, *selon la justice*, c'est à dire, comme elles sont établies par la Loy, comme Dieu les a créées, & de la maniére qu'elles sont réglées & rangées par ses Loix, tant les corporelles que les incorporelles ; car c'est de l'un & de l'autre de ces deux ouvrages de Dieu qu'il faut entendre en commun ce précepte qui ordonne de *les connoistre selon la justice*.

Tous les ouvrages de Dieu doivent estre connus selon la justice. *Explication de ce mot.*

En effet il ne faut pas que par un zéle aveugle & insensé, nous nous ingérions de transporter des uns aux autres la dignité des estres comme il nous plaist ; mais en suivant les bornes de la vérité, il faut *les connoistre tous selon la justice*, & comme la Loy de leur création les a établis & diſtinguez. Et de ces deux connoiſſances, je veux dire, de celle de l'ouvrage incorporel de Dieu, & de celle de l'ouvrage corporel & viſible, il nous en revient un avantage trés-précieux, c'eſt *que nous n'eſpérerons point ce qu'il ne faut pas eſpérer, & qu'il n'y aura rien de caché pour nous dans ce monde;* car de ce que l'eſſence des eſtres nous eſt cachée, de là vient *que nous eſpérons ce qu'il ne faut pas eſpérer;* & que nous n'avons que des penſées vaines, qui ne peuvent s'éxecuter. Comme ſi un homme eſpére de devenir un des Dieux immortels, ou un des Heros pleins de bonté & de lumiére, il ne connoiſt nullement les bornes de la nature, & ne met aucune différence entre les eſtres prémiers, ſeconds, & derniers. D'un autre coſté, ſi par une honteuſe ignorance de l'immottalité adhérente à notre ame, il ſe perſuade que ſon ame mourra avec ſon corps, il attend ce qu'il ne faut point attendre, & ce qui ne peut arriver; tout de meſme celuy qui s'attend qu'aprés ſa mort, il ſe revétira du

Avantage qui revient de la connoiſſance des ouvrages de Dieu, c'eſt à dire de la Theologie & de la Phyſique.

L'ame ne peut mourir avec le corps.

corps d'une beſte, & qu'il deviendra animal ſans raiſon, à cauſe de ſes vices; ou plante, à cauſe de ſa peſanteur & de ſa ſtupidité, celuy-là prénant un chemin tout contraire à ceux qui transforment l'eſſence de l'homme en quelqu'un des eſtres ſupérieurs, & la précipitant dans quelqu'une des ſubſtances inférieures, ſe trompe infiniment, & ignore abſolument la forme eſſentielle de notre ame qui ne peut jamais changer; car étant & demeurant toûjours l'homme, elle eſt dite devenir Dieu ou beſte par le vice, ou par la vertu, quoyqu'elle ne puiſſe eſtre ni l'un ni l'autre par ſa nature, mais ſeulement par ſa reſſemblance avec l'un ou l'autre. En un mot, celuy qui ne connoiſt pas la dignité de chacun des eſtres; mais qui y ajoute ou en diminuë, celuy-là fait de ſon ignorance un fonds d'opinions vaines, & d'eſpérances, ou de craintes frivoles; au lieu que tout homme qui diſtingue les eſtres ſelon les bornes que leur a donné leur Créateur, & qui les connoiſt comme ils ont été créez, & qui meſure Dieu, s'il eſt permis de parler

Notre ame ne peut jamais changer.

Ce que c'étoit que la metempſychoſe de Pythagore.

Ignorance, fonds d'opinions vaines, & d'eſpérances frivoles.

ainsi, par la connoissance de soy-mesme, celuy-là observe exactement le précepte qui ordonne de suivre Dieu, il connoist la plus excellente mesure, & se met en état de ne pouvoir jamais estre trompé ni surpris.

VERS LIV. LV. LVI. LVII. LVIII. & LIX.

Tu connoiſtras auſſi que les hommes s'attirent leurs malheurs volontairement, & par leur propre choix.

Miſerables qu'ils ſont! Ils ne voyent ni n'entendent que les biens ſont prés d'eux.

Il y en a trés-peu qui ſachent ſe delivrer de leurs maux.

Tel eſt le ſort qui aveugle les hommes, & leur oſte l'eſprit. Semblables à des cylindres,

Ils roulent çà & là, toûjours accablez de maux ſans nombre;

Car la funeſte contention née avec eux, & qui les ſuit par tout, les agite ſans qu'ils s'en apperçoivent.

Au lieu de la provoquer & de l'irriter, ils devroient la fuir en cédant.

L'Ordre des eſtres corporels & incorporels étant bien connu, l'eſſence de l'homme eſt auſſi trés-éxactement connuë; on connoiſt ce qu'elle eſt, &

à quelles passions elle est sujette; & l'on sçait qu'elle tient le milieu entre les estres qui ne tombent jamais dans le vice, & ceux qui ne peuvent jamais s'élever à la vertu. Voila pourquoy elle a les deux penchants que ces deux liaisons luy inspirent, tantost vivant là d'une vie intelligente, & tantost prenant icy des affections toutes charnelles: ce qui a fait dire avec beaucoup de raison par Heraclite, que notre vie est la mort, & notre mort, la vie; car l'homme tombe & se précipite de la region des bienheureux, comme dit Empedocle le Pythagoricien,

Vivre au monde, c'est mourir. Mourir au monde, c'est vivre.

Mort de l'homme.

—— Banni du celeste sejour,
Errant & vagabond, agité des furies
De la discorde en feu.

Mais il y remonte & recouvre son ancienne habitude, s'il fuit les choses d'icy bas, & cet affreux sejour où demeurent comme dit le mesme Poëte,

Renaissance de l'homme.

Le meurtre, la colére, & mille essaims de maux:

Et dans lequel ceux qui y tombent,

Cette description du monde s'accorde admirablement avec ce que dit saint Jean, que

tout le monde est plongé dans le mal,

Errent à l'abandon dans les noires campagnes,
De l'injure & du deuïl.

Prairie de la vérité.

Celuy qui fuit ces tristes campagnes de l'injure, est conduit par ce bon desir dans la prairie de la vérité ; & s'il la quitte, la chute de ses aisles le précipite dans un corps terrestre,

Où il boit à longs traits l'oubli de son bonheur.

Dans le Phedre, p. 248. tom. 3.

Et c'est à quoy s'accorde le sentiment de Platon, qui en parlant de cette chute de l'ame, dit, *Mais lorsque n'ayant plus la force de suivre Dieu, elle ne voit point ce champ de la vérité ; que par quelque malheur, remplie de vice & d'oubli, elle s'appesantit ; & qu'appesantie, elle vient à perdre ses aisles & à tomber dans cette terre, alors la Loy l'envoye animer un animal mortel.* Et sur le retour de l'ame dans le lieu d'où elle est descenduë, le mesme Platon dit, *l'homme qui a surmonté par sa raison le desordre & le trouble qui luy viennent du mélange de la terre, de l'eau, de l'air, &*

& du feu, reprend sa prémiére forme, & recouvre sa prémiére habitude; parce qu'il retourne sain & entier à l'astre qui luy avoit été assigné. Il y retourne sain, parce qu'il est délivré des passions qui sont autant de maladies; & cette guérison ne luy vient que par le moyen de la vertu pratique: & il y retourne entier, parce qu'il recouvre l'entendement & la science comme ses parties essentielles; ce qui ne luy arrive que par le moyen de la vertu contemplative.

D'un autre costé le mesme Platon enseigne positivement que c'est par la fuite des choses de ce monde, que nous pouvons guérir & corriger l'apostasie qui nous éloigne de Dieu; & il établit que cette fuite des maux d'icy-bas n'est que la Philosophie, marquant par là que ces sortes de passions ne se trouvent que dans les hommes seuls, & qu'il n'est pas possible, que les maux soient bannis de cette terre, ni qu'ils puissent approcher de la divinité, mais qu'ils sont toûjours autour de la terre que nous habitons, & s'attachent à la nature mortelle, comme venant de la néceſsité seule; car les

C'est un passage de Platon dans le Theetete, tom. 1. pag. 176. Voyez la vie de Platon,

estres qui sont dans la génération & dans la corruption, peuvent estre affectez contre la nature: & c'est là le principe de tous les maux; & pour enseigner comment il faut les fuir, Platon ajoûte; *c'est pourquoy il faut s'enfuir d'icy bas au plus viste: or s'enfuir, c'est travailler à ressembler à Dieu autant qu'il est possible à l'homme; & ressembler à Dieu, c'est devenir juste & saint avec prudence.* Car celuy qui veut éviter ces maux, doit commencer par dépoüiller cette nature mortelle, n'étant pas possible que ceux qui y sont engagez & embourbez ne soient remplis de tous les maux que la nécessité y fait germer.

Le principe de tous les maux, c'est de pouvoir estre affecté contre sa nature.

Au mesme endroit déja cité.

C'est ce que saint Paul appelle le corps de péché.

Comme donc notre éloignement de Dieu, & la perte des aisles, qui nous élevoient vers les choses d'enhaut, nous ont précipitez dans cette region de mort où tous les maux habitent; de mesme le dépoüillement de toute affection terrestre, & le renouvellement des vertus, comme une renaissance de nos aisles pour nous guinder au sejour de la vie, où se trouvent les véritables biens, sans aucun mélange de maux, nous reme-

Ce monde est une region de mort.

Le Ciel, sejour de la vie.

nera à la félicité divine ; car l'essence de l'homme tenant le milieu entre les estres qui contemplent toûjours Dieu, & ceux qui sont incapables de le contempler, peut s'élever vers les uns & se rabaisser vers les autres, étant à cause de cette nature amphibie, également portée à prendre la ressemblance divine ou la ressemblance brutale, selon qu'elle reçoit ou rejette l'entendement & le bon esprit.

C'est à dire, l'esprit de Dieu.

Celuy donc qui connoist cette liberté, & ce double pouvoir dans la nature humaine, connoist aussi comment les hommes s'attirent tous leurs maux volontairement ; & comment ils sont malheureux, & miserables par leur propre choix ; car tantost pouvant demeurer dans leur véritable patrie, ils se laissent entraisner à la naissance par le déréglement de leurs desirs ; & tantost pouvant se détacher promptement de ce misérable corps, ils s'enfoncent volontairement dans tous les embarras, & dans tous les desordres des passions. Et c'est ce que le Poëte veut faire entendre, quand il dit, *ils ne voyent ni n'en-*

Il appelle naissance, lorsque l'ame quitte le ciel pour venir animer un corps mortel. Il a été assez parlé de cette opinion de la création de l'ame avant le corps.

tendent que les biens ſont prés d'eux.

Les biens qui ſont prés de nous, la vertu & la vérité.

Ces biens ſont icy *la vertu* & *la vérité. Ne pas voir qu'ils ſont prés d'eux*, c'eſt n'eſtre point portez par eux-mêmes à les chercher: & *ne pas entendre qu'ils ſont prés d'eux*; c'eſt ne pas écouter les avertiſſements, & ne pas abéïr aux préceptes que les autres leur donnent; car il y a deux moyens pour recouvrer la ſcience, l'un par l'inſtruction, comme par l'oüie; & l'autre par la recherche, comme par la veuë. Les hommes ſont donc dits s'attirer leurs maux par leur propre choix, lorſqu'ils ne veulent ni apprendre des autres, ni trouver d'eux-meſmes, comme entiérement privez de ſentiment pour les véritables biens, & par là entiérement inutiles; car tout homme qui ne voit point par luy-meſme, & qui n'entend point celuy qui l'avertit, eſt entiérement inutile & deſeſpéré: mais ceux qui travaillent à trouver d'eux-meſmes, ou à apprendre des autres les véritables biens, ce ſont ceux-là dont le Poëte dit *qu'ils ſçavent ſe delivrer de leurs maux*, & qui par la fuite des travaux & des peines qu'on trouve

Deux moyens pour recouvrer la ſcience.

icy bas, se transportent dans un air pur & libre. Le nombre en est trés petit; car la plusspart sont méchants, soumis à leurs passions, & comme forcenez par le penchant qu'ils ont vers la terre, & ils s'attirent eux-mesmes ce mal, par avoir voulu s'éloigner de Dieu, & se priver eux-mesmes de sa présence, & si on l'ose dire, de sa familiarité, dont ils avoient le bonheur de joüir pendant qu'ils habitoient une lumiére pure. Cet éloignement de Dieu est designé par le sort qui aveugle les hommes, & qui leur oste l'esprit.

Ceux qui fuyent la corruption du siécle sont en petit nombre.

En effet, il est également impossible que celuy qui est vuide de Dieu ne soit pas insensé, & que l'insensé ne soit pas vuide de Dieu; car c'est une nécessité que le fou soit sans Dieu, & que celuy qui est sans Dieu soit fou; & l'un & l'autre, comme n'étant point excitez à l'amour des véritables biens, sont *accablez de maux sans nombre*, poussez d'un malheur dans un autre malheur, comme des cylindres, par le poids de leurs actions impies; ne sçachant que faire, ni que devenir, parce qu'ils se gouver-

Le fou est sans Dieu; & l'homme sans Dieu est fou.

Le fou se perd dans tous les les états de la fortune.

nent sans raison & sans reflexion dans tous les états de la fortune ; insolents dans les richesses, fourbes & perfides dans la pauvreté, brigands s'ils ont la force du corps, blasphémateurs s'ils sont valetudinaires & infirmes ; ils pleurent & lamentent s'ils n'ont point d'enfants, & s'ils en ont, ils tirent de là des prétextes de guerres, de procés, & de gains injustes & deshonnestes. Pour tout dire en un mot, il n'y a rien dans la vie qui ne porte au mal les insensez ; car ils sont pressez de tous costez & reduits à l'étroit par le vice qu'ils ont embrassé volontairement, & par le refus qu'ils font de voir la lumiére divine, & d'entendre ce qu'on leur dit des véritables biens, & abysmez dans les affections charnelles, ils se laissent emporter dans cette vie comme par une violente tempeste.

Tout tourne en mal au vicieux, comme tout tourne en bien au sage.

La seule délivrance de nos maux, c'est le retour à Dieu.

La seule délivrance de tous ces maux c'est le retour à Dieu ; & ce retour n'est que pour ceux qui ont les yeux & les oreilles de l'ame toûjours ouverts & attentifs, pour recouvrer les véritables biens ; & qui, par la faculté qu'ils ont de se relever, ont guéri le mal attaché à notre nature. Or ce mal attaché à notre nature & qui est en mesme temps un mal acquis, c'est l'abus que nous faisons de notre liberté; car pour user de cette liberté, nous taschons toûjours de disputer contre Dieu, & d'aller teste baissée contre ses loix, sans prendre garde aux grands maux que nous nous faisons nous-mesmes, par cette malheureuse opinion de croire pouvoir resister à Dieu, mais voyant seulement d'une veuë trouble & confuse que nous pouvons secouer le joug des loix divines; car voila ce qu'on appelle user d'une liberté pleine & sans bornes, que d'oser s'éloigner de Dieu, & entrer avec luy dans une funeste contention, en disputant opiniatrement contre luy, & en refusant de luy céder. S'il nous dit, *tu ne feras point cela*, c'est cela mesme que nous voulons faire: & s'il nous dit, *fais cela*; c'est ce que nous ne voulons pas; comblant ainsi la mesure de nos iniquitez, & nous précipitant des deux costez dans une misere infinie par cette double transgression de la Loy de Dieu, en ne faisant pas ce qu'elle or-

Les hommes ne croyent avoir de liberté, qu'autant qu'ils secouent le joug des loix divines, & qu'ils combattent contre Dieu.

Loy de Dieu transgressée en deux manieres.

donne, & en faisant ce qu'elle deffend.

Quel reméde trouverons-nous donc à cette funeste contention qui est dite icy, & *notre compagne*, & *née avec nous*! & qui est excitée par ce malheureux germe qui est en nous, toûjours opposé à la nature; & qui par cette raison, comme un mal domestique, nous blesse & nous tuë sans que nous nous en appercevions! Que faut-il luy opposer!

Funeste contention née avec nous, & le fruit du corps de péché.

Comment arrester sa furie!

Certainement il n'y a d'autre digue à opposer à cette faculté qui nous précipite en bas, que de pratiquer, de méditer, & d'aimer, tous les préceptes *qui nous mettront sur les voyes de la vertu divine*; car voila *la delivrance de nos maux, qui est connuë de si peu de gens.* Voila ce *qui nous fait voir & entendre les biens qui sont prés de nous*: Voila ce qui nous delivre des malheurs que nous nous attirons volontairement; voila ce qui retranche cette infinité de troubles & de passions qui nous accablent; & par consequent voila le seul chemin pour éviter cette contention impie, voila le salut de l'ame, & la purgation de cette discorde effrénée, & le retour à Dieu ; car le seul moyen de corriger par la faculté qui nous releve, le penchant qui nous rabaisse, c'est de ne point augmenter ce penchant, & de ne point ajouter maux sur maux; mais devenus obéïssans & soumis à la droite raison, de fuir cette mauvaise contention, en nous jettant dans la contention toute bonne, c'est à dire, en ne combattant plus pour désobéir à Dieu, mais en combattant pour luy obéir de toutes nos forces. Et ce combat ne doit pas estre appellé *contention*, mais acquiescement à la volonté de Dieu, retour à sa loy divine, & soumission volontaire & parfaite, qui retranche tout prétexte à la folle désobéïssance, & à l'incrédulité : car je croy que toutes ces choses sont signifiées par ces Vers.

Contention toute bonne.

Quelle doit estre notre soumission à Dieu.

En effet, pour marquer que les hommes embrassent le vice par leur propre choix, le Poëte dit, *tu connoistras que les hommes s'attirent leurs malheurs volontairement*. Voila pourquoy il faut les appeller *malheureux* & *misérables*;

puiſqu'ils ſe précipitent dans le vice par le choix de leur volonté. Pour faire entendre, qu'ils refuſent opiniâtrément d'écouter les bons préceptes qu'on leur donne, il dit qu'ils *ne voyent, ni n'entendent que les biens ſont prés d'eux.* Et pour marquer qu'il eſt poſſible de ſe délivrer de ces maux, où l'on s'eſt jetté volontairement, il inſere cette réflexion, *il y en a trés-peu qui ſçachent ſe délivrer de leurs maux;* faiſant voir par là, que puiſque cette délivrance eſt l'effet de notre volonté, l'eſclavage du peché l'eſt auſſi par conſequent. Aprés quoy il ajoute la cauſe de l'aveuglement, & de la ſurdité de ces ames qui ſe précipitent volontairement dans le vice. *Tel eſt le ſort,* dit-il, *qui aveugle les hommes, & leur oſte l'eſprit;* car l'éloignement de Dieu nous jette néceſſairement dans la folie, & dans le choix témeraire & ſans réflexion. Et c'eſt cet éloignement qu'il déſigne icy par ce mot de *ſort,* qui nous bannit du chœur des eſprits divins par le malheureux penchant vers cet animal particulier & mortel. Il nous mon-

L'eſclavage du peché eſt volontaire.

Il l'appelle, ſort, parce que c'eſt l'ame elle-meſme qui l'a choiſi, comme on l'a déja expliqué.

tre encore les suites funestes de ce choix témeraire & inconsideré; & il nous enseigne comment nos pechez sont en mesme temps volontaires & involontaires; en comparant la vie du fou au mouvement du cylindre, qui se meut en mesme temps & en rond & en droite ligne, en rond par luy-mesme, & en droite ligne par sa chûte. Car, comme le cylindre n'est plus capable du mouvement circulaire autour de son axe, dés qu'il est gauchi, & qu'il s'éloigne de la ligne droite; de mesme, l'ame ne conserve plus les veritables biens, dés qu'elle est déchûë de la droite raison, & de l'union avec Dieu: mais elle erre autour des biens apparens, & est emportée hors du droit fil, balottée par ses affections charnelles; ce qu'il explique par ces mots, *ils roulent çà & là, toujours accablez de maux sans nombre.*

V. les remarques.

Et parce que la cause de ce sort qui oste l'esprit aux hommes, & de leur éloignement de Dieu, c'est l'abus qu'ils font de leur liberté, il enseigne dans les deux Vers suivans, comment il faut réformer cet abus, & se servir de cette mesme liberté pour retourner à Dieu : car pour insinuer que nous ne nous attirons nos malheurs que parce que nous le voulons, il dit, *la funeste contention née avec eux, & qui les suit par tout, les agite sans qu'ils s'en aperçoivent.* Et immédiatement aprés, pour faire voir que le reméde est en notre puissance, il ajouste : *au lieu de la provoquer, & de l'irriter, ils devroient la fuir en cédant.* Mais s'appercevant en mesme temps, que nous avons préalablement besoin du secours de Dieu, pour éviter les maux, & pour acquerir les biens, il ajoute tout d'un coup une espéce de priére, & fait vers Dieu un retour & un élan, seul moyen d'attirer son secours.

Secours de Dieu necessaire avant tout.

VERS LXI. LXII. LXIII. LXIV. LXV. LXVI.

Grand Jupiter, pére des hommes, vous les délivreriez tous des maux qui les accablent,

Si vous leur montriez quel est le démon dont ils se servent.

Mais prends courage, la race des hommes est divine.

La sacrée nature leur découvre les mystéres les plus cachez.

Si elle t'a fait part de ses secrets, tu viendras aisément à bout de toutes les choses que je t'ay ordonnées.

Et guérissant ton ame, tu la délivreras de toutes ces peines, & de tous ces travaux.

LEs Pythagoriciens ont accoutumé de désigner Dieu, pére & créateur de cet univers, par le nom de *Jupiter*, qui dans la langue originale est tiré d'un mot qui signifie *la vie*. Car celuy

Car le mot, Ζεὺς, qui signifie Jupiter, vient du mot, ζῆν, qui signifie vivre.

qui a donné l'estre & la vie à toutes choses, doit estre appellé d'un nom tiré de ses facultez. Et le nom de Dieu, celuy qui luy est véritablement propre, c'est celuy qui convient le plus à ses operations, & qui marque le plus évidemment ses œuvres. Aujourd'huy parmi nous les noms qui nous paroissent les plus propres, le hazard & la convention des hommes les produisent bien plustost que la proprieté de leur nature ne les fait trouver, comme cela paroist par une infinité de noms imposez contre la nature des estres, à qui on les donne, & à qui ils conviennent aussi peu que si on appelloit un méchant homme, homme de bien; ou un impie, homme pieux. Car ces sortes de noms n'ont point la convenance que les noms doivent avoir, en ce qu'ils ne marquent ni l'essence, ni les vertus des choses auxquelles on les impose. Mais cette convenance, & cette proprieté de noms doit estre recherchée sur tout dans les choses éternelles; & parmi les éternelles, dans les divines; & parmi les divines, dans les plus excellentes.

Mais c'est de celles-là que les noms ne sçauroient exprimer l'essence.

Voila pourquoy le nom de *Jupiter* est dans le son mesme un symbole & une image de l'essence qui a tout créé : car ceux qui les prémiers ont imposé les noms, ont fait par la sublimité de leur sagesse, comme les excellents Statuaires ; par les noms mesmes ils ont exprimé, comme par des images animées, les vertus de ceux à qui ils les ont donnés ; car ils ont rendu les noms dans leur son mesme le symbole de leurs pensées, & ils ont rendu leurs pensées les images trés-ressemblantes, & trés-instructives des sujets sur lesquels ils ont pensé. Ζεύς.

En effet ces grandes ames, par leur application continuelle aux choses intelligibles, comme abysmées dans la contemplation, & devenuës, pour ainsi dire, grosses de ce commerce, quand les douleurs les ont prises pour enfanter leurs pensées, elles se sont escriées en des termes, & ont donné aux choses des noms qui par le son mesme, & par les lettres employées pour les former, ont exprimé parfaitement les espéces des choses nommées, & ont

Comment les véritables noms des choses ont été inventez.

conduit à la connoissance de leur nature ceux qui les ont bien entendus: de sorte que la fin de leur contemplation a été pour nous le commencement de l'intelligence. C'est ainsi que le créateur de toutes choses a été appellé par ces grands genies, tantost du nom de *quaternaire*, & tantost du nom de *Jupiter*, par les raisons que nous avons marquées.

Or ce qu'on luy demande icy par cette priére, c'est ce qu'il répand sur tous les hommes, à cause de sa bonté infinie: mais il dépend de nous de recevoir ce qu'il donne sans cesse. Il a été

Vers 41.

dit plus haut: *Ne commence à mettre la main à l'œuvre, qu'aprés avoir prié les Dieux,* pour faire entendre que les Dieux sont toujours prests à donner les biens, mais que nous ne les recevons que lors que nous les demandons, & que nous tendons la main à cette distribution divine. Car ce qui est libre ne reçoit point les véritables biens, s'il

La vérité & la vertu découlent toujours de l'essence de Dieu.

ne le veut; & ces véritables biens sont la vérité & la vertu, qui découlant toujours de l'essence du créateur, éclatent toujours, & de la mesme maniére, aux yeux de tous les hommes. Et icy ces Vers pour la délivrance de nos maux, demandent, comme une chose necessaire, que nous connoissions notre propre essence : car c'est ce que signifie ce Vers, *quel est le démon dont ils se servent* ; c'est à dire, *quelle est leur ame.* Car de ce retour vers nous-mesmes, de cette connoissance de nous-mesmes, dépendent nécessairement la délivrance de nos maux, & la manifestation des biens que Dieu nous offre pour nous rendre heureux. Ce vers suppose donc, que si tous les hommes connoissoient qui ils sont, & *quel est le démon dont ils se servent,* ils seroient tous délivrez de leurs maux : mais cela est impossible ; car il ne se peut qu'ils s'appliquent tous à la Philosophie, & qu'ils reçoivent tous ensemble tous les biens que Dieu offre incessamment pour la perfection de la felicité.

Il faut connoistre son essence, pour pouvoir se délivrer de ses maux.

Cela est impossible, à cause de la corruption de l'homme.

Que reste-t-il donc, sinon qu'il faut que ceux-la seuls prennent courage, qui s'appliquent à la science qui seule nous découvre nos véritables biens, les biens qui nous sont propres; car ce sont les seuls qui seront delivrez des maux attachez à cette nature mortelle, parce qu'ils sont les séuls qui se sont addonnez à la contemplation de ces biens. C'est pourquoy ils méritent d'estre mis au nombre des estres divins, comme étant instruits par la sacrée nature, c'est à dire, par la Philosophie, & comme mettant en pratique toutes les régles du devoir.

La sacrée nature, c'est la Philosophie; avec qui toute sagesse & toute lumiére vient de Dieu.

Que si nous avons quelque commerce avec ces hommes divins, nous le ferons connoistre en nous appliquant sans relasche aux bonnes œuvres, & aux connoissances intellectuelles, par lesquelles seules l'ame est guérie de ses passions, & delivrée de tous les travaux d'icy bas, transportée dans un ordre, & dans un état tout divin.

Comment on fait connoistre le commerce qu'on a avec les hommes divins.

Pour abreger, voicy quel est le sens de ces Vers. Ceux qui se connoissent eux-mesmes sont delivrez de toute affection mortelle. Mais pourquoy tous les hommes n'en sont-ils pas delivrez, puisqu'ils ont tous le pouvoir inné de connoistre leur essence? C'est parce que la pluſpart, comme on l'a déja dit, s'attirent leurs malheurs volontairement, en refuſant de voir & d'entendre que les biens ſont prés d'eux. Le petit nombre eſt de ceux qui connoiſſent la delivrance de leurs maux, en connoiſſant quel eſt le Démon dont ils ſe ſervent : & ce ſont juſtement ceux qui par la Philoſophie ont purgé toute la folie des paſſions, & qui ſe ſont retirez de ces lieux terreſtres, comme d'une priſon étroite où ils croupiſſoient.

Comment donc le Poëte dit-il à Jupiter, *Pére des hommes, vous les delivreriez tous des maux qui les accablent, ſi vous leur montriez quel eſt le Démon dont ils ſe ſervent!* Eſt-ce pour faire entendre qu'il depend de luy de ramener tous les hommes à la vérité, meſme malgré eux, & qu'il refuſe de le faire, ou par négligence, ou à deſſein, afin qu'ils demeurerent éternellement dans l'eſclavage! Mais c'eſt ce qu'on ne peut entendre meſme ſans impiété. Le Poëte veut pluſtoſt enſeigner par là que celuy qui veut parvenir à la félicité, doit recourir à Dieu comme à ſon pére; car Dieu eſt le Créateur de tous les eſtres, & le pére des bons. Celuy donc qui ſçait en quoy conſiſte la délivrance des maux, qui ſe delivre des malheurs que les hommes s'attirent volontairement, & qui évite la funeſte contention par une fuite volontaire, celuy-là en implorant le ſecours de Dieu, s'écrie *Jupiter, pére des hommes !* Il a déja fait l'action d'un fils, en appellant Dieu ſon pére, & il fait cette reflexion, que ſi ce qu'il fait de luy-meſme, tous les hommes le faiſoient comme luy, ils ſeroient delivrez comme luy de tous leurs maux : mais trouvant enſuite que cela n'arrive point, non par la faute de Dieu, s'il eſt permis de parler ainſi, mais par la faute des hommes, qui s'attirent volontairement leurs malheurs, il ſe dit à ſoy-meſme, *mais prends courage*, toy qui as trouvé le véritable chemin pour te delivrer de tes maux : & ce chemin, c'eſt le retour que la ſacrée Philoſophie nous fait faire vers les biens que Dieu nous préſente ſans ceſſe, & que la pluſpart des hommes ne voyent point ; parce qu'ils ſé ſervent mal des notions communes

Notions communes naturelles à tout eſtre raiſonnable.

que Dieu a comme plantées dans tout estre raisonnable, afin qu'il se connoisse luy-mesme.

Mais parce que pour montrer quelque chose à quelqu'un, il faut que les actions de deux personnes concourent nécessairement ; car comment montreriez-vous quelque chose à un aveugle, quand vous luy présenteriez mille fois ce que vous voudriez luy montrer ? ou comment le montreriez-vous à celuy qui a des yeux, si vous ne luy présentiez ce que vous voudriez qu'il vist ? Ces deux choses sont donc necessaires. De la part de celuy qui montre, il faut un bien presenté ; & de la part de celuy à qui on montre, il faut des yeux capables de voir ; afin que d'un costé l'objet, & de l'autre la veue concourent ensemble, & que rien ne manque pour bien montrer.

Car le mot, montrer, suppose necessairement ces deux choses.

Cela étant, faisons cette hypothese, que tous les hommes seroient delivrez de leurs maux, si Dieu, qui les a créez, leur montroit & leur enseignoit à se connoistre eux-mesmes, & à connoistre quel est le Démon dont ils se servent ; mais nous voyons cependant que tous les hommes ne sont pas delivrez de leurs maux. Dieu ne montre donc pas à tous les hommes également, mais à ceux-là seulement qui concourent de leur part à cette delivrance, & qui veulent bien ouvrir les yeux pour voir & contempler ce que Dieu leur montre, & pour le recevoir. Et par consequent Dieu n'est pas la cause de ce qu'il ne montre pas à tous les hommes; mais ce sont ceux qui ne voyent ni n'entendent que les biens sont prés d'eux, & voila pourquoy nous disons qu'ils s'attirent leurs malheurs volontairement. La faute en est à celuy qui choisit, & Dieu n'en est nullement coupable, exposant sans cesse les biens aux yeux de tous les hommes autant qu'il est en luy; mais ne les montrant pas toûjours à tous, parce que dans la plus part les yeux de l'ame, seuls capables de voir ces biens offerts sans cesse, sont fermez, & toûjours baissez vers la terre par la malheureuse habitude qu'ils ont contractée de s'attacher toûjours a ce qu'il y a de mauvais. Et cette explication que nous donnons à

Dieu présente le bien à tous les hommes ; mais il ne le montre pas à tous, parce qu'ils n'ont pas tous les yeux ouverts.

ces vers, s'accorde avec la vérité, & confirme le sens des Vers qui précédent.

En effet, s'il depend de Dieu d'attirer tous les hommes à la vérité, mesme malgré eux, pourquoy les accusons-nous de s'attirer leurs malheurs volontairement, & par leur faute? Pourquoy leur conseillons-nous de ne pas exciter la contention, mais de la fuir en cédant? Pourquoy leur ordonnons-nous de supporter doucement les accidents qui leur arrivent, & de faire leurs efforts pour les corriger, & pour les guérir? Car tout chemin à la vertu par l'instruction, est entiérement fermé si on oste le libre arbitre. Nous ne devons ni pratiquer, ni méditer, ni aimer le bien, si c'est à Dieu seul à nous delivrer du vice & à nous remplir de la vertu, sans que nous y contribuions de notre part.

Il n'y a plus de vertu, si on oste le libre arbitre.

Mais de cette maniére la cause des vices des hommes retomberoit sur Dieu mesme. Que si Dieu n'est nullement l'auteur des maux, comme on l'a déja démontré, il est évident que notre éloignement des biens vient uniquement de nous-mesmes, qui ne voyons

Notre éloignement du bien ne vient que de nous-mesmes.

ni n'entendons qu'ils sont prés de nous, & en nous selon les notions que la nature nous a communiquées en nous créant : & la seule cause de cet aveuglement & de cette surdité, c'est la triste contention, mal que nous embrassons volontairement; mais au lieu de l'augmenter & de la laisser croistre, nous devons la fuir en cédant, apprendre à nous délivrer de nos maux, & trouver le chemin pour retourner à Dieu ; car par ce moyen la lumiére de Dieu, & notre veuë concourant ensemble, font cette parfaite maniére de montrer, qui opére la liberté de l'ame, sa delivrance de tous les travaux d'icy bas, le sentiment vif des biens célestes, & le rappel dans sa véritable patrie.

Il faut que la lumiére de Dieu & notre veuë concourent ensemble.

Ce Poëte ayant donc ainsi traité de la vérité & de la vertu, & ayant terminé les préceptes de la vertu par l'éxamen qu'il veut qu'on fasse la nuit, & poussé les espérances de la vérité jusqu'à la liberté de l'ame, & à la delivrance de tous ses maux, il parle dans la suite de la pureté qui donne des aisles au corps lumineux ; & il ajoute ainsi une troisiéme

Il va expliquer ce que c'est que ce corps lumineux.

troisiéme ſorte de Philoſophie aux deux prémiéres.

VERS LXVII. LXVIII. & LXIX.

Mais abſtiens-toy des viandes que nous avons deffenduës dans les purifications,

Et dans la délivrance de l'ame, fais en le juſte diſcernement, & examine bien toutes choſes,

En te laiſſant toûjours guider & conduire par l'entendement qui vient d'en-haut, & qui doit tenir les reſnes.

L'Eſſence raiſonnable, ayant receu de Dieu ſon Créateur, un corps conforme à ſa nature, eſt deſcendue icy bas, de maniére qu'elle n'eſt ni corps, ni ſans corps; mais étant incorporelle elle a pourtant ſa forme determinée & finie par le corps. Comme dans les aſtres, leur partie ſupérieure eſt une eſſence incorporelle, & l'inférieure une eſſence corporelle: le Soleil meſme,

Autre erreur des Pythagoriciens qui donnoient à l'ame un corps ſpirituel. V. la remarq.

eſt un tout composé de corporel & d'incorporel, non pas comme de deux parties, qui ayant été ſeparées, ſe ſoient unies enſuite ; car par là elles ſe ſepareroient encore : mais comme de deux parties créées enſemble, & nées enſemble avec ſubordination, de maniére que l'une guide, & que l'autre ſuit. Il en eſt de meſme de tous les autres eſtres raiſonnables, tant des héros que des hommes, car le héros eſt une ame raiſonnable avec un corps lumineux, & l'homme pareillement eſt une ame raiſonnable avec un corps immortel créé avec elle. Et voila quel étoit le dogme de Pythagore, que Platon a expliqué longtemps aprés luy, en comparant l'ame divine, & l'ame humaine à un char aiſlé qui a deux chevaux & un cocher qui le conduit.

C'eſt dans le Phedre tom. 3. pag. 246.

Pour la perfection de l'ame, nous avons donc beſoin de la vérité & de la vertu, & pour la purgation de notre corps lumineux nous avons beſoin de nous netoyer de toutes les ſoüillures de la matiére, de recourir aux ſaintes purifications, & de nous ſervir de la force que Dieu nous a donnée pour nous exciter à fuir ces lieux. Et c'eſt ce que les vers précédents nous enſeignent. Ils retranchent les ſouilleures de la matiére par ce précepte, *abſtiens-toy de toutes les viandes que nous avons déffenduës.* Ils nous ordonnent de joindre à cette abſtinence, la ſacrée purification & la force divinement inſpirée, ce qu'ils font entendre un peu obſcurement par ces termes, *& dans les purifications & dans la delivrance de l'ame, &c.* & enfin ils travaillent à rendre la forme de l'eſſence humaine, entiére & parfaite, en ajoutant, *en te laiſſant toûjours guider & conduire par l'entendement qui vient d'enhaut, & qui doit tenir les reſnes.* Car par là le Poëte rémet devant les yeux toute l'eſſence humaine, & diſtingue l'ordre & le rang des parties qui la compoſent. Ce qui mene, eſt comme le cocher ; & ce qui ſuit & obéït, eſt comme le char. Ces Vers apprenent donc à ceux qui veulent entendre les ſymboles de Pythagore, & leur obéïr, que c'eſt en pratiquant la vertu, & en embraſſant la vérité & la pureté qu'il faut avoir soin de notre ame & de notre corps lumineux, que les oracles appellent *le char subtil de l'ame.*

Corps lumineux, le char subtil de l'ame.

Or la pureté dont il parle icy, s'étend jusqu'aux viandes, aux breuvages, & à tout le regime de notre corps mortel, dans lequel est le corps lumineux qui inspire la vie au corps inanimé, & contient & renferme toute son harmonie; car le corps immateriel est la vie, c'est luy qui produit la vie du corps materiel, par laquelle notre corps mortel est complet, étant composé de la vie immaterielle, & du corps materiel; & l'image de l'*homme,* qui est proprement le composé de l'essence raisonnable & du corps immatériel.

Vie animale produite par le corps lumineux de l'ame. Voyez les remarques.

Puisque nous sommes donc l'homme, & que l'homme est composé de ces deux parties, il est évident qu'il doit estre purgé & perfectionné dans ses deux parties, & pour cet effet, il faut suivre les voyes convenables à chacune de ses deux natures; car il faut pour chacune une purgation différente. Par exemple, pour l'ame raisonnable, par

C'est à dire, l'ame raisonnable revêtuë d'un corps spirituel.

Purgation de l'ame, quelle.

rapport à sa faculté de raisonner, & de juger, sa purgation, c'est la vérité qui produit la science; & par rapport à sa faculté de délibérer & d'opiner, c'est la consultation: car étant nez pour contempler les choses d'enhaut, & pour régler celles d'icy bas, pour les prémiéres nous avons besoin de la vérité, & pour les derniéres nous avons besoin de la vertu civile, afin de nous appliquer entiérement à la contemplation des choses éternelles, & à la pratique de tous nos devoirs. Et dans les deux nous éviterons les orages qu'excite la folie, si nous obéissons exactement aux Loix divines, qui nous ont été données; car c'est justement de cette folie que nous devons purger notre essence raisonnable, parce que c'est par cette mesme folie qu'elle a eu du penchant pour les choses d'icy bas. Mais parce qu'à notre corps lumineux, s'est attaché un corps mortel, il faut aussi le purger de ce corps corruptible, & le delivrer de ces sympathies qu'il a contractées avec luy. Il ne reste donc que la purgation du corps spirituel, & il faut la faire en

La science est le fruit de la vérité.

Pourquoy nous avons besoin de la vérité & de la vertu.

C'est à dire, qu'elle est venuë icy-bas se revétir d'un corps mortel & corruptible.

Purgation du corps spirituel.

suivant les oracles sacrez, & la sainte méthode que l'art enseigne. Mais cette purgation est en quelque façon plus corporelle, voila pourquoy elle employe toutes sortes de matiéres pour guérir en toutes façons ce corps vivifiant, & pour l'obliger par cette opération à se separer de la matiére, & à s'envoler vers les lieux heureux où sa prémiére félicité luy avoit donné place, & tout ce qui se fait pour la purgation de ce corps, si on le fait d'une maniére digne de Dieu, & sans aucuns prestiges, se trouve conforme aux régles de la vérité & de la vertu; car les purgations de l'ame raisonnable, & du char lumineux, se font afin que ce char devenu aislé par leur moyen, ne retarde plus son vol vers les lieux célestes.

Il l'appelle, vivifiant, parce qu'ils prétendoient que ce corps spirituel donnoit la vie au corps matériel.

Prestiges doivent estre bannis des expiations & des purgations.

C'est à dire, du corps spirituel.

Or ce qui contribuë le plus à faire naistre ces aisles, c'est la méditation, par laquelle on aprend peu à peu à fuir les choses terrestres; c'est l'habitude des choses immatérielles & intelligibles; c'est le dépouillement de toutes les souillures qu'il a contractées par son union avec ce corps terrestre & mortel.

Ces aisles que l'ame a perduës par son penchant vers les choses terrestres.

En effet, par ces trois choſes il revit en quelque façon, il ſe receuille, il eſt rempli de la force divine, & il ſe réunit à la perfection intelligente de l'ame.

C'eſt à dire, Dieu.

Mais, dira-t-on, en quoy, & comment l'abſtinence de certaines viandes contribuë-t-elle à de ſi grandes choſes ! Certainement pour ceux qui ſont accouſtumez à ſe ſéparer de toutes les choſes mortelles, s'ils s'abſtiennent encore abſolument de certaines viandes, & ſur tout de celles qui rélâchent l'eſprit, & qui portent ce corps mortel à la generation, il ne faut pas douter que ce ne ſoit un grand ſecours, & une grande avance pour leur purgation. Voila pourquoy dans les préceptes ſymboliques on ordonne cette abſtinence, qui dans le fond & dans le ſens myſtique a véritablement un ſens principal, & plus étendu, mais qui à la lettre ne laiſſe pas d'avoir le ſens qu'elle préſente, & de défendre poſitivement ce qui eſt nommé dans le précepte. Comme lors qu'on dit, *tu ne mangeras point la matrice de l'animal,* cela pris à la lettre, nous défend de manger une certaine

Le ſens myſtique n'exclud pas le ſens litteral.

partie, qui eſt trés-petite : mais ſi nous pénétrons le grand ſens caché dans cette profondeur Pythagorique, par cette image palpable & ſenſible, nous apprendrons à renoncer entiérement à tout ce qui regarde la naiſſance & la géneration. Et comme nous nous abſtiendrons véritablement, & à la lettre de manger cette partie, nous pratiquerons avec le meſme ſoin tout ce que ce précepte renferme de plus caché pour la purgation du corps lumineux.

Semblablement dans ce précepte, *tu ne mangeras point le cœur*, le ſens principal eſt que nous évitions la colére; mais le ſens litteral, & ſubordonné, c'eſt que nous nous empeſchions de manger cette partie défenduë.

Nous expliquerons de meſme le précepte qui nous ordonne *de nous abſtenir de la chair des beſtes mortes*; & nous entendrons que ce précepte veut nous éloigner généralement de toute nature mortelle, & nous empeſcher de participer à toutes les chairs profanes, & qui ne ſont pas propres aux ſacrifices : car dans les préceptes ſymboliques il est juste d'obéïr & au sens litteral, & au sens caché. Et ce n'est que par la pratique du sens litteral que l'on parvient à celle du sens mystique, qui est le plus important.

Dans tous les préceptes symboliques il faut suivre le sens litteral, & le sens mystique.

De mesme nous devons entendre icy que ce Vers nous donne dans ces deux mots les semences & les principes des meilleures œuvres. *Abstiens-toy,* dit-il, *des viandes :* ce qui est la mesme chose que s'il disoit, *abstiens-toy des corps mortels & corruptibles.* Mais parce qu'il n'est pas possible qu'on s'abstienne de tous, il ajoute, *que nous avons défenduës*, & il indique les lieux où il en a parlé, c'est *dans les purifications, & dans la délivrance de l'ame;* afin que par l'abstinence des viandes défenduës, on augmente la splendeur du char corporel, & qu'on en ait un soin qui convienne à une ame purifiée, & délivrée de toutes les souilleures de la matiére. Et le juste discernement de toutes ces choses, il le laisse à l'entendement, qui estant la seule faculté qui juge, est aussi seul capable d'avoir du corps lumineux un soin qui réponde à la pureté de l'a-

Sous ce mot de viandes, est compris tout ce qui est mortel & corruptible.

C'est à dire, du corps spirituel de l'ame.

me. Voila pourquoy il a appellé cet entendement, *le cocher, le conducteur*, qui tient les resnes, comme créé pour conduire le char. Il est appellé *entendement*, parce que c'est la faculté intelligente ; & il est appellé *conducteur* ou *cocher*, parce qu'il gouverne le corps, & qu'il le conduit. Or l'œil de l'amour est ce qui guide le cocher : car quoyque ce soit une ame intelligente, ce n'est pourtant que par cet œil de l'amour qu'elle voit le champ de la vérité ; & par la faculté, qui luy tient lieu de main, elle retient le corps qui luy est attaché ; & le conduisant avec sagesse, elle s'en rend la maistresse, & le tourne vers elle : afin que toute entiére elle contemple la divinité, & qu'elle se conforme entiérement à son image.

Si l'œil de l'amour ne guide notre entendement, il ne peut que nous mal conduire, & nous éloigner de la vérité.

Voila quelle est en général l'idée de cette abstinence, dont on parle icy, & tous les grands biens auxquels elle tache de nous conduire. Toutes ces choses ont été détaillées dans les préceptes sacrez qui ont été donnez sous des ombres & des voiles. Quoyque chacun de ces préceptes ordonne une abstinence particuliére, comme des féves pour les legumes, des chairs mortes pour les animaux ; qu'on y marque l'espéce, comme, *tu ne mangeras pas le rouget,* pour les poissons, ni un tel animal pour les animaux terrestres, ni un tel oiseau pour les volatiles ; & qu'enfin on descende jusqu'à particulariser certaines parties, comme, *tu ne mangeras point la teste, tu ne mangeras point le cœur :* cependant dans chacun de ces préceptes l'auteur a renfermé toute la perfection de la purification, car il ordonne bien telle ou telle chose à la lettre, pour l'abstinence corporelle, à cause de certaines proprietez & vertus physiques ; mais dans chaque précepte il insinuë la purgation de toute affection charnelle, & accoustume toujours l'homme à se tourner vers soy-mesme, à se tirer de ce lieu de generation & de corruption, & à s'envoler dans les Champs Elysées, & dans l'air le plus pur.

Toutes ces abstinences tendent à purger l'ame de toute affection charnelle.

Et parce que les Pythagoriciens vouloient que le progrés de cette abstinence se fist avec ordre, voila d'où viens qu'on trouve dans leurs escrits des symboles qui semblent d'abord se contredire; car ce précepte, *abstiens-toy de manger le cœur*, paroist contraire à cet autre, *abstiens-toy de manger les animaux:* à moins qu'on ne dise que le prémier, *abstiens-toy de manger le cœur*, s'adresse à ceux qui commencent; & que le dernier, *abstiens-toy de manger les animaux*, est pour les parfaits: car l'abstinence d'une partie de l'animal est superfluë & inutile lors que l'animal entier est défendu.

C'est pourquoy il faut bien prendre garde à l'ordre de la gradation que l'auteur a faite. *Abstiens-toy des viandes*, dit-il: Ensuite, comme si quelqu'un luy demandoit *de quelles viandes?* il répond, *que j'ay défenduës.* Et aprés cela encore il répond comme à une seconde question: En quels endroits les Pythagoriciens ont-ils parlé de ces viandes? & dans quels traitez en ont-ils ordonné l'abstinence? C'est, dit-il, *dans les purifications, & dans la délivrance de l'ame*, insinuant adroitement par là, que les purgations précédent, & que la délivrance de l'ame suit.

Les purgations doivent précéder la délivrance de l'ame.

Or les purgations de l'ame raisonnable, ce sont les sciences Mathématiques ; & sa délivrance, qui la tire en haut, c'est la Dialectique, qui est l'inspection intime des estres. Voila pourquoy l'auteur a dit au singulier, *dans la délivrance de l'ame,* parce que cette délivrance se rapporte à une seule science; & il a dit au plurier, *dans les purifications,* parce que les Mathématiques renferment plusieurs sciences. A toutes les choses donc qui ont esté dites en particulier sur l'ame, pour sa purgation, & pour sa délivrance, il en faut joindre pour le corps lumineux de toutes semblables, & qui leur répondent analogiquement, & par proportion. Ainsi il faut necessairement que les purgations, qui se font par le moyen des sciences, soyent accompagnées des purgations mystiques des initiations, & que la délivrance, qui se fait par la Dialectique, soit suivie de l'introduction à ce qu'il y a de plus ſublime & de plus élévé. Car voila proprement les choſes qui purgent, & qui perfectionnent le char ſpirituel de l'ame raiſonnable, qui le dégagent de la ſouilleure, & du déſordre de la matiére, & qui le rendent propre à converſer avec les eſprits purs. Car il ne ſe peut que ce qui eſt impur touche à ce qui eſt pur. Et comme il faut neceſſairement orner l'ame de ſcience & de vertu, afin qu'elle puiſſe eſtre avec les eſprits toujours douez de ces qualitez ; de meſme il faut rendre pur le corps lumineux, & le dégager de la matiére, afin qu'il puiſſe ſoutenir la communication avec les corps lumineux. Car c'eſt la reſſemblance qui unit toutes choſes, au lieu que la diſſemblance deſunit & ſepare celles qui ſe trouvent les plus unies par leur ſituation.

Char de l'ame purgé par les initiations, & par l'inſpection des myſtéres.

Et voila quelle eſt la meſure que les Pythagoriciens ont donnée de la Philoſophie trés parfaite pour la perfection de l'homme entier, cette meſure propre & proportionnée : car celuy qui n'a ſoin que de l'ame, & qui neglige le corps, ne purge pas l'homme entier. Et

De l'homme entier, c'eſt à dire, de l'ame & du corps ſpirituel.

d'un autre costé celuy qui croit qu'il ne faut avoir soin que du corps, sans penser à l'ame, ou que le soin du corps servira aussi à l'ame, sans qu'elle soit purgée à part, & par elle-mesme, il fait la mesme faute. Mais celuy qui a soin des deux, se perfectionne tout entier; & de cette maniére la Philosophie se joint à l'art mystique, comme travaillant à purger le corps lumineux. Et si cet art se trouve denué de l'esprit philosophique, vous verrez qu'il n'aura plus la mesme vertu : car de toutes les choses qui achevent notre perfection, les unes ont été inventées par l'esprit philosophique, & les autres ont été introduites par l'operation mystique, qui s'est conformée à cet esprit.

L'operation mystique doit to jours estre co forme à la raison.

J'appelle operation mystique la faculté purgative du corps lumineux; afin que de toute la Philosophie la théorie précéde comme l'esprit, & que la pratique suive, comme l'acte ou la faculté. Or la pratique est de deux sortes, politique ou civile, & mystique. La prémiére nous purge de la folie par le moyen des vertus, & la seconde retran-

Les céremonies sacrées introduites pour nous purger de toutes les pensées terrestres.

che toutes les pensées terrestres par le moyen des céremonies sacrées.

Les loix publiques sont un bon échantillon de la Philosophie civile, & les sacrifices des villes le sont de la Philosophie mystique. Or ce qu'il y a de plus sublime dans toute la Philosophie, c'est l'esprit contemplatif; l'esprit politique tient le milieu, & le dernier c'est le mystique. Le prémier, par rapport aux deux autres, tient la place de l'œil; & les deux autres, par rapport au premier, tiennent lieu du pied, & de la main : mais ils sont tous trois si bien liez ensemble, que, lequel que ce soit des trois, est imparfait & presque inutile sans l'operation des deux autres. C'est pourquoy il faut toujours joindre ensemble la science qui a trouvé la verité, la faculté qui produit la vertu, & celle qui procure la pureté, afin que les actions politiques soient renduës conformes à l'intelligence qui conduit, & que les actions saintes répondent à l'une & à l'autre.

La contemplation, la vertu, & la pureté doivent toûjours marcher ensemble.

C'est à dire, les céremonies de la Religion. V. les Remar.

Voila la fin de la Philosophie Pythagoricienne, que nous devenions tout aiſlez, pour arriver aux biens divins ; afin que lors que le moment de la mort viendra, laiſſant dans cette terre ce corps mortel, & dépouillant ſa nature corruptible, nous ſoyons preſts pour le voyage celeſte, comme athletes des ſacrez combats de la Philoſophie : car alors nous retournerons dans notre ancienne patrie, & nous ſerons deïfiez, autant qu'il eſt poſſible aux hommes de devenir dieux. Or c'eſt ce que nous promettent les deux Vers ſuivans.

Erreur des Pythagoriciens ſur le corps mortel.

VERS LXX. LXXI.

Et quand aprés avoir dépouillé ton corps mortel, tu arriveras dans l'air le plus pur,

Tu ſeras un Dieu immortel, incorruptible, & que la mort ne dominera plus.

VOila la fin trés glorieuſe de tous nos travaux ; voila, comme dit Platon, le grand combat, & la grande eſperance qui nous eſt propoſée ; voila

Le salut est l'ouvrage de l'amour.

le fruit trés-parfait de la Philosophie; c'est là l'œuvre le plus grand & le plus excellent de l'art de l'amour, de cet art mystique, d'élever & d'établir dans la possession des véritables biens, de delivrer des travaux d'icy-bas, comme du cachot obscur de la vie terrestre, d'attirer à la lumiére celeste, & de placer dans les isles des bienheureux ceux qui ont marché par les voyes que nous venons de leur enseigner. C'est à ceux-là qu'est reservé le prix inestimable de la déification; car il n'est permis de parvenir au rang des Dieux, qu'à celuy qui a acquis pour l'ame la vérité & la vertu; & pour son char spirituel, la pureté.

En effet devenu par là sain & entier, il est rétabli dans son prémier état, aprés qu'il s'est recouvré luy-mesme par son union avec la droite raison, qu'il a reconnu l'ornement tout divin de cet univers, & qu'il a trouvé l'auteur & le créateur de toutes choses, autant qu'il est possible à l'homme de le trouver. Parvenu donc enfin, aprés la purification, à ce haut degré où sont toûjours les estres dont la nature n'est pas de descendre

C'est à dire, qui ne viennent point icy bas animer

dans la génération, il s'unit par ses connoissances à ce tout, & s'éléve jusquà Dieu mesme.

des corps mortels & corruptibles.

Mais parce qu'il a un corps créé avec luy, il a besoin d'un lieu où il soit placé comme dans le rang des astres; & le lieu le plus convenable à un corps de cette nature, c'est le lieu qui est immédiatement au dessous de la Lune, comme étant au dessus des corps terrestres & corruptibles; & au dessous des corps célestes, lieu que les Pythagoriciens appellent l'*æther pur. Æther*, comme immatériel, & éternel, & *pur*, comme éxempt des passions terrestres.

Erreur des Pythagoriciens.

Que sera donc celuy qui y est arrivé? Il sera ce que ces Vers luy promettent, *un Dieu immortel*, rendu semblable aux Dieux immortels, dont on a parlé au commencement; *un Dieu immortel*, dis-je, non par nature; car comment se pourroit-il que celuy qui n'a fait du progrés dans la vertu que depuis un certain temps, & dont la deification a commencé, devint égal aux Dieux de toute éternité? cela est impossible, & c'est pour faire cette exception, & pour marquer la différence qu'aprés avoir dit, *tu seras un Dieu immortel,* il ajoute, *incorruptible, & que la mort ne dominera plus,* afin qu'on entende une deification qui se fait par le seul dépoüillement de ce qui est mortel ; une deification qui n'est point un privilége attaché à notre nature & à notre essence, mais qui arrive peu à peu, & par degrez ; de maniére que c'est une troisiéme espéce de Dieux. Ils sont immortels quand ils sont montez au ciel, & mortels quand ils sont descendus sur la terre ; & en cela toûjours inférieurs aux héros ornez de bonté & de lumiére. Ceux-cy se souviennent toûjours de Dieu, & ceux-là l'oublient quelquefois ; car il ne se peut que le troisiéme genre, quoyque rendu parfait, soit jamais au dessus du second, ou égal au prémier ; mais demeurant toûjours le troisiéme, il devient semblable au prémier, bien que subordonné au second ; car la ressemblance que les hommes ont par la liaison, ou l'habitude avec les Dieux célestes, se trouve déja plus parfaite & plus naturelle dans les estres du second rang, c'est à dire, dans les héros.

C'est à dire, aux Anges.

Dans les Anges.

Ainsi il n'y a qu'une seule & mesme perfection qui est commune à tous les estres raisonnables, c'est la ressemblance avec Dieu qui les a créez ; mais voicy ce qui fait la différence ; cette perfection se trouve toûjours, & toûjours de mesme dans les célestes ; elle se trouve toûjours, mais non pas toûjours de mesme dans les étheriens qui sont fixes & permanents dans leur état ; & elle ne se trouve ni toûjours, ni toûjours de mesme dans les étheriens sujets à descendre & à venir habiter la terre. Si quelqu'un s'avisoit de dire que la premiére & la plus parfaite ressemblance avec Dieu, est l'*exemplaire & l'original des deux autres*, ou que la seconde l'est de la troisiéme, il diroit fort bien. Notre but n'est pas seulement de ressembler à Dieu, mais de luy ressembler en approchant le plus prés qu'il se peut de cet original tout parfait, ou d'arriver à la seconde ressemblance. Que si ne pouvant parvenir à cette plus parfaite ressemblance, nous acquérons celle dont nous sommes capables, nous avons, comme les estres plus parfaits,

Ressemblance avec Dieu, la perfection de tous estres raisonnables.

Qu'il a appellé Dieux immortels.

Dans les Anges.

Dans les ames des hommes.

tout ce qui eſt ſelon notre nature; & en cela meſme nous jouiſſons des fruits parfaits de la vertu, que nous connoiſſons la meſure de notre eſſence, & que nous la ſupportons ſans nous plaindre; car le comble de la vertu, c'eſt de ſe tenir dans les bornes de la création, par leſquelles toutes choſes ont été diſtinguées & rangées ſelon leur eſpéce, & de ſe ſoumettre aux Loix de la providence, qui ont diſtribué à chaque choſe le bien qui luy eſt propre ſelon ſes facultez & ſes vertus.

Voilà le commentaire que nous avons jugé à propos de faire ſur ces Vers dorez; c'eſt un ſommaire des dogmes de Pythagore, qui n'eſt ni trop étendu ni trop ſuccinct. Il ne falloit ni que notre explication imitaſt la brieveté du texte; car nous y aurions laiſſé bien des obſcuritez, & nous n'aurions pû faire ſentir la raiſon & la beauté de tous les préceptes; ni qu'elle embraſſaſt auſſi toute cette Philoſophie; car cela euſt été trop vaſte & trop étendu pour un commentaire; mais il a fallu proportionner autant qu'il a été poſſible, le commentaire au ſens que ces Vers renferment, en ne rapportant des dogmes generaux de Pythagore, que ce qui pouvoit convenir & ſervir à l'explication de ces Vers; car ces Vers dorez ne ſont proprement que le caractére trés-parfait de la Philoſophie, l'abregé de ſes principaux dogmes, & les élements de perfection que des hommes qui ont marché dans la voye de Dieu, & que leurs vertus ont élevez dans le ciel au comble de la félicité, ont laiſſez à leurs deſcendants pour les inſtruire, élements qu'on peut appeller à bon droit la plus grande & la plus belle marque de la nobleſſe de l'homme, & qui ne ſont pas le ſentiment d'un particulier, mais la doctrine de tout le ſacré corps des Pythagoriciens, & comme le cri de toutes leurs aſſemblées. C'eſt pourquoy il y avoit une Loy qui ordonnoit, que chacun tous les matins à ſon lever, & tous les ſoirs à ſon coucher ſe feroit lire ces Vers, comme les Oracles de la doctrine Pythagoricienne; afin que par la méditation continuelle de ces préceptes, il en fiſt voir en luy l'eſprit vivant &

Les ſentimens d'un corps ont plus d'autorité que ceux d'un particulier ſeul.

animé. Et c'est ce qu'il faut que nous fassions, nous aussi, pour éprouver & pour sentir enfin toute l'utilité qu'ils renferment.

REMAR-

REMARQUES SUR LES VERS DOREZ DE PYTHAGORE, ET SUR LES COMMENTAIRES D'HIEROCLES.

EN *chaſſant l'excés des paſſions.*] Il ne dit pas, *en chaſſant, en détruiſant les paſſions*; mais *en chaſſant l'excés des paſſions*; parce que les Pythagoriciens tenoient que les paſſions ſont utiles, & qu'il n'y a que l'excés de vicieux; vérité que les Platoniciens & les Peripateticiens ont reconnuë. Page 1.

Or il n'y a que la vertu & la vérité qui puiſſent opérer ces deux choſes.] Parce qu'il n'y a que la vertu qui puiſſe purifier, & que la vérité qui puiſſe éclairer, & par conſequent perfectionner & rétablir en nous la reſſemblance divine.

Page 2. *Et en redonnant la forme divine à ceux qui ſont diſpoſez à la recevoir.*] Il y avoit icy une faute conſidérable dans le texte, εὐφυῶς ἔχουσα, ce qui ne faiſoit aucun ſens, au moins que je puſſe entendre. L'excellent manuſcript de la Bibliotheque de Florence, conſulté par M. le Docteur Salvini qui a eu la bonté de m'en envoyer toutes les différentes leçons qu'il en a extraites avec un trés-grand ſoin, m'a tiré d'embarras, en me faiſant voir qu'Hierocles avoit écrit τοῖς εὐφυῶς ἔχουσι, *à ceux qui ſont bien diſpoſez*, c'eſt à dire à ceux que la pratique des vertus a rendu capables, de recevoir cette forme divine, & de reſſembler à Dieu.

Parmi toutes les régles qui renferment un précis de la Philoſophie.] Il paroiſt par ce paſſage, que du temps d'Hierocles il y avoit pluſieurs ouvrages de cette nature, où l'on travailloit à enſeigner la Philoſophie en abregé, & par aphoriſmes. Nous en connoiſſons deux excellents, celuy d'Epictete & celuy de l'Empereur Marc-Antonin : le premier plus méthodique que l'autre.

Les Vers de Pythagore.] Ces Vers ne ſont pas de Pythagore meſme, puiſqu'on y jure par Pythagore dans le XLVI. Vers.

Ils sont d'un de ses disciples; les anciens les attribuent à Lysis. Ils portent le nom de Pythagore, non seulement parce qu'on y explique ses sentimens, mais encore parce que les prémiers disciples de Pythagore ne mettoient jamais leur nom à leurs ouvrages, qu'ils attribuoient tous à leur maistre pour luy faire honneur, & pour luy marquer leur reconnoissance.

Se rendre pur.] Une seule lettre defectueuse corrompt tellement le texte de ce passage, qu'il n'est pas intelligible; car que veut dire καὶ ἑαυτὸν καθαρὸν ἀπολαύοι? ce n'est pas là l'usage du verbe ἀπολαύειν. Le manuscript de Florence lit fort bien καὶ ἑαυτὸν καθαρὸν ἀπολάβοι. *Et se ipsum purum recipiat, & qu'il se rende pur*, qu'il recouvre sa prémiére pureté.

Et comme dit le Timée de Platon;] C'est à dire le dialogue que Platon a composé, & qu'il a appellé *Timée*, parce qu'il fait expliquer par Timée la doctrine de Pythagore telle qu'elle est exposée dans le Timée de Locrés, qui est un traité de l'ame du monde, & de la nature, fait par Timée mesme disciple de Pythagore, & que Platon nous a conservé & expliqué dans son dialogue qui porte ce nom. Hierocles reconnoist icy avec justice que ce dialogue de Platon eſt une explication trés-exacte du Timée de Locrés, qui de tous les diſciples de Pythagore étoit celuy qui avoit le mieux expoſé la doctrine de ce Philoſophe. Ce Timée étoit de Locrés la mieux policée des villes d'Italie ; Socrate vante ſa naiſſance, ſes richeſſes, les grands emplois qu'il avoit eus dans ſon pays ; & il luy donne cette grande loüange, qu'il étoit parvenu à la plus ſublime perfection de toute la Philoſophie, c'eſt à dire, tant de la Philoſophie pratique, que de la Philoſophie contemplative.

Aprés avoir rétabli ſa ſanté & ſon intégrité.] On chercheroit inutilement dans le Timée de Platon ces paroles, comme elles ſont rapportées icy. Hierocles ne fait qu'un ſeul & meſme paſſage de deux paſſages de Timée ; le prémier eſt à la page 42. où Platon dit, *Et il ne mettra fin à ſes changements & à ſes travaux, que s'étant attaché à ſuivre le periode du meſme & du ſemblable qui eſt en luy pour le guider, & ayant ſurmonté par la raiſon cet amas de ſoüilleure inſenſée qu'il a contracté par la contagion des élemens (c'eſt à dire du corps) il ne ſoit retourné à ſon prémier état, &c.* εἰς τὸ τῆς πρώτης καὶ ἀρίστης ἀφίκοιτο εἶδος ἕξεως. Et l'autre eſt à la page 44. *Que ſi la bonne nourriture qui ſe fait par l'éducation, vient à ſon ſecours, alors évitant la plus dangereuſe des maladies, il devient entier & ſain*, ὁ ὁλόκληρος ὑγιὴς τε παντελῶς, τὴν μεγίστην ἀποφυγὼν νόσον, γίγνεται. On ne ſçauroit dire ſi c'eſt à deſſain qu'Hierocles a joint ces ceux paſſages, ou ſi les citant de mémoire il ne s'eſt pas trompé.

Se revoir dans ſon prémier état d'innocence & de lumiére.] Le Grec de Platon dit, *retourner à la forme de ſa prémiére & plus excellente habitude.* Ce qui n'eſt autre choſe que ſon prémier état d'innocence & de lumiére où il étoit par ſon union avec Dieu. L'innocence ſe recouvre par la pratique des vertus; & la lumiére, par la contemplation.

Ne ſçauroit attacher ſes regards.] Il manque icy un mot dans le texte, à moins qu'on ne repéte en commun le mot ὀυχ οἷόντε, du prémier membre de la comparaiſon; ce qui n'eſt pas du ſtyle d'Hierocles. Heureuſement j'ay trouvé ce mot ſuppléé à la marge d'un Hierocles, que M. l'Abbé Renaudot m'a preſté, & où on voit écrit par une main inconnuë, mais ſçavante, ἀμήχανον. Je ne doute point que ces notes marginales n'ayent été tirées de quelques bons manuſcrits; car j'y ay trouvé des leçons excellentes. Celle-cy eſt confirmée par le manuſcript de Florence, qui meſme préſente une autre leçon bien remarquable. Voicy le paſſage entier comme il eſt dans ce manuſcript, οὕτω ψυχῆ μὴ ἀρετὴν κεκτημένη τὸ τοῦ θείου ἐνοπτρίζεσθαι κάλλος ἀμήχανον. *De meſme l'ame qui ne poſſede pas encore la vertu, ne ſçauroit attacher ſes regards ſur la beauté & ſur la ſplendeur de la divinité.* Ce qui me paroiſt préférable à la leçon du texte imprimé.

Page 3. *La Philoſophie pratique, eſt la mere de la vertu; & la théoretique, eſt la mére de la vérité.*] Il n'étoit pas difficile de corriger cet endroit. La leçon que j'ay ſuivie, ἀληθείας δὲ ἡ θεωρητική, eſt confirmée par l'éxemplaire conferé ſur les manuſcrits. Le manuſcript de Florence ne paroiſt pas bien ſain dans ce paſſage; ce qu'il y a de meilleur, c'eſt qu'au lieu de ἐστι il lit ἔτι, *d'ailleurs*. Ainſi il ne faudroit pas ſeparer cette periode de celle qui la précéde, mais traduire de ſuite, *d'ailleurs la Philoſophie pratique, &c.*

Page 4. *Il faut donc premiérement eſtre homme.*] c'eſt ainſi qu'il faut lire dans le texte comme il eſt imptimé, πρῶτον οὖν ἄνθρωπον δεῖ γενέσθαι, & non pas ἀγαθὸν, *homme de bien*;

car dans le langage des Pythagoriciens, *estre homme*, c'est estre homme de bien; les méchants, les vicieux ne sont pas des hommes. Le manuscrit de Florence lit aussi ἄνθρωπον, & non pas ἀγαθόν.

Pour nous apprendre que c'est par la pratique des vertus que nous devons avancer.] Il y avoit icy une faute considerable dans le texte, παιδαγωγῶν ἡμᾶς ἀπὸ τῆς περὶ τὸν βίον μεγίστης χρήσεως, *&c.* ce mot μεγίστης ne peut avoir icy aucun sens raisonnable. Dans le manuscrit de Florence il y a ἀρετῆς, *par l'usage des vertus de la vie*, *&c.* ce qui est excellent.

Honore les Dieux immortels.] Il se présente d'abord icy une question: sçavoir, pourquoy dans ces Vers Pythagore ne parle que du culte qu'on doit rendre aux Fils de Dieu, & qu'il ne dit pas un mot de celuy qu'on doit à Dieu mesme qui les a créez. Cela vient à mon avis de ce que Pythagore suivoit les Egyptiens, & que les Egyptiens ne parloient jamais du prémier principe, qu'ils regardoient comme environné de ténébres qui le cachoient. πρώτην ἀρχὴν, dit Damascius, σκότος, ὑπὲρ πᾶσαν νόησιν, σκότος ἄγνωστον. *Le prémier principe*, c'est à dire, Dieu Pére & Créateur de tous les estres, *est élevé au dessus de*

Page 6.

toute pensée : c'est une obscurité inconnuë & impénétrable. Et on prétend que les Egyptiens avoient suivi en ce point la Theologie d'Orphée, qui disoit, *Je ne voy point le prémier estre, car il est environné d'un nuage qui le dérobe à mes yeux.*

Αὐτὸν δ' οὐχ ὁρόω, περὶ γὰρ νέφος ἐστήρικται.

Ne connoissant donc point ce prémier estre, ils ne pouvoient selon leurs principes, luy assigner un culte; mais ils enseignoient que le culte qu'on rendoit aux Dieux & aux Anges, se rapportoit & se terminoit à Dieu qui les avoit créez.

Qu'il faut honorer les Dieux de cet univers.] Par ces *Dieux*, Hierocles entend ce que les Payens appelloient les douze grands Dieux qu'ils regardoient comme les enfans, & comme les prémiers nez du Dieu Créateur de toutes choses; & ausquels ils rendoient un culte supérieur à celuy qu'ils rendoient aux Anges & aux autres esprits. Et cette erreur des Payens venoit d'une vérité dont ils avoient quelque legére idée, mais qu'ils ne developpoient pas assez. Ils entrevoyoient seulement, qu'au dessus des Anges & de tous les esprits bienheureux, il y avoit des Dieux qui procedoient du Pére.

Et que la Loy éternelle qui les a pro-

duits, leur a distribué.] *La Loy éternelle* est icy la providence, la volonté divine, Dieu mesme qui a tout créé. Mais je ne dois pas oublier icy une leçon bien remarquable, que presente le manuscrit de Florence, au lieu de δημιουργικὸς νόμος, *la Loy qui les a créez*, on y lit δημιουργικὸς λόγος, *la parole* ou *le verbe qui les a créez*: Ce qui s'accorde fort bien avec ces paroles de Platon dans l'Epinomis: *Le Verbe tres-divin a arrangé* *To. 2. p. 986.* *& rendu visible cet univers.*

En les plaçant les uns dans la prémiére Sphere.] Car les Pythagoriciens enseignoient que Dieu, aprés avoir créé les Dieux inférieurs, & les ames des hommes, les avoit distribuez les uns & les autres, dans les différentes spheres des cieux. On peut voir le Timée.

Comme aussi de ne point trop relever ni Page 7. *rabaisser.*] Ce passage étoit fort obscur dans le texte. Un petit mot ajouté à la marge de l'exemplaire conferé sur les manuscripts l'a rendu clair. Au lieu de καὶ μήτε ὑπεραίρειν τὴν ἀξίαν, il faut lire καὶ τὸ μήτε, &c. Ce second τὸ, repond au prémier τὸ γάρ. J'ay veu ensuite avec plaisir cette addition de l'article τὸ, confirmée par le manuscrit de Florence.

De leur donner le rang qu'ils ont receu,

& de rapporter tout l'honneur qu'on leur rend, au ſeul Dieu qui les a créez.] Voicy deux grandes véritez qui ont été connuës des Payens ; la prémiére, que les différents eſprits que Dieu a créez, & qui ſont entre Dieu & l'homme, doivent eſtre honorez, de maniére qu'un zéle mal entendu, & ſans connoiſſance, ne nous porte pas à les élever au deſſus de ce qu'ils ſont, & que l'ignorance & l'impiété ne nous obligent pas non plus à les rabaiſſer. Et la ſeconde, que tout l'honneur que nous leur rendons ſe rapporte à Dieu, comme à celuy à qui ils doivent comme nous leur eſtre.

Et qu'ils ont receu de luy immuablement & indiviſiblement, l'eſtre & le bien eſtre.] J'avois ajouté ces derniers mots, *& le bien eſtre.* Ce qui s'eſt trouvé enſuite à la marge de l'exemplaire de M. l'Abbé Renaudot, & confirmé par le manuſcript de Florence, qui meſme au lieu de ἀμεέιϛως a lû ἀμέμπτως, c'eſt à dire, ſans qu'on puiſſe ſe plaindre, ni leur porter envie.

Page 8. *Car il eſt digne de Dieu d'avoir produit de telles images de luy-meſme.*] Voicy un grand principe avoué par les Payens meſmes, qu'il eſt digne de Dieu d'avoir produit des images de luy meſme, ſemblables à luy, & incapables de s'alterer & de se corrompre.

Qui ne fussent pas capables de s'alterer & de se corrompre par leur pente au mal.] Les payens imaginoient ces *Dieux immortels*, enfans du Dieu suprême, comme des substances qui tenant de la pureté incorruptible de leur origine, ne pouvoient s'altérer, ni se corrompre par la pente au mal, & en cela bien au dessus des Anges & des autres esprits bienheureux, qui ont pû se corrompre. On voit là un rayon de vérité; car en effet Dieu a engendré un fils qui n'a point connu le péché; mais ce rayon de vérité est demeuré obscurci & accablé sous d'épaisses ténebres que les yeux de ces Philophes n'ont pû percer.

Et c'est pour les distinguer des hommes.] Ce passage est corrompu dans les éditions; mais le manuscrit de Florence l'a parfaitement rétabli, en corrigeant πρὸς γὰρ ἀντιδιαστολὴν, &c. au lieu de καὶ μήτε πρὸς ἀντιδιαστολῶν, qui dit tout le contraire.

Voila pourquoy les ames des hommes pourroient estre justement appellées des Dieux mortels.] Voicy une idée qui me paroist grande & noble; les ames des hommes peuvent estre appellées *des Dieux mortels : Dieux*, en ce qu'elles peuvent s'unir à Dieu ; & *mortels*, en ce qu'elles peuvent s'en éloigner. La mesme chose peut estre dite des Anges ; car les Anges ont pû aussi s'éloigner de Dieu.

Pag. 9. *C'est l'ignorance & l'impiété.*] Au lieu de ἄνοια, *folie*, j'ay corrigé ἀγνοία, *ignorance*. La suite mesme prouve la necessité de cette correction, ἐν γὰρ τῇ ἀγνοίᾳ, &c. *l'ignorance de ce qui est bon.*

Non point par la cessation de l'estre, mais par la privation du bien estre.] Telle est certainement la mort des essences raisonnables qui ont été créées ; mais cela n'empesche pas qu'elles ne soient d'une nature à pouvoir mourir absolument, & estre anéanties ; car leur immortalité ne vient que de la volonté de Dieu.

Qui se fait par la reminiscence.] Du dogme de la création des ames avant les corps, les Pythagoriciens, & aprés eux les Platoniciens tiroient celuy de la reminiscence, qui en est une suite nécessaire ; car si l'ame a existé avant le corps, elle a dû avoir toutes les notions ; & par consequent, ce que nous apprenons dans toute la vie, n'est qu'un ressouvenir de ce que nous avons oublié : mais c'est de quoy il a été assez parlé dans la vie de Platon.

C'est une nécessité qu'il y ait une essence

au deßus de l'homme, & au dessous de Dieu.] Les Anges sont donc au dessus de l'homme, selon Hierocles, & cela est vray. Ce sentiment d'Hierocles est plus conforme à la saine doctrine que celuy de Tertulien qui a crû que l'homme étoit au dessus des Anges, parce qu'il a été créé à l'image de Dieu : mais cela ne convient pas moins aux Anges qu'aux hommes. Il est si vray que l'homme est inférieur aux Anges, que Jesus-Christ luy-mesme pendant qu'il a été homme, est dit dans l'écriture, inférieur aux Anges. *Qui modico quam Angeli minoratus est.* S. Paul Heb. 2. 7. 9. Comme homme, il étoit inférieur aux Anges ; & comme Dieu, il étoit servi par ces mesmes Anges. *Et Angeli ministrabant ei.* Matt. 4. 11. Marc. 1. 13.

Qui lie les deux extrêmes les uns avec les autres.] Il y a dans le texte τὰ πρὸς ἄλληλα συνάπτων. L'exemplaire de M. l'Abbé Renaudot ajouste à la marge le mot ἄκρα, qui est trés-nécessaire, τὰ ἄκρα πρὸς ἄλληλα συνάπτον, & c'est ainsi qu'a lû le manuscrit de Florence.

De maniére que le tout de l'eßence raisonnable.] Dans le manuscrit de Florence, au lieu de λογικῆς τῆς οὐσίας, on lit τῆς λογικῆς δημιουργίας, *de la création raisonnable, de la production raisonnable*; c'est à dire, de la production des estres douez d'intelligence & de raison.

Page 10. *Mais tantost plus grande, & tantost moins grande.*] Quoyque les Anges soient des substances plus parfaites que les hommes, & qu'ils ayent plus d'intelligence, ils ne sont pas leur lumiére à eux-mesmes, & ils ne voyent que selon qu'il plaist à Dieu de les éclairer. Mais il me semble qu'on ne peut pas inférer de là que la connoissance qu'ils ont de Dieu n'est pas immuable & permanente, c'est à dire, qu'elle n'est pas toûjours la mesme, & qu'elle augmente & diminuë; car Dieu a fixé en eux cette connoissance, de maniére qu'elle peut bien augmenter, mais qu'elle ne peut diminuer. Il y a deux choses dans la connoissance; il y a la connoissance, & l'élection, ou le choix: la premiére dépend de l'intelligence, qui est toûjours la mesme dans les Anges; & l'autre dépend de la volonté, qui n'est pas toûjours la mesme dans les Anges, non plus que dans les hommes; car ayant été créez libres, ils ont pû changer, comme le prouve la chute des Anges rebelles qui ont perdu la grace par leur orgeüil. Mais cette question, si dans les Anges la connoissance a pû diminuer comme l'innocence, doit estre laissée aux Theologiens.

Il ne s'est point élevé au dessus de la condition de l'homme.] Il veut dire que cet estre moyen, (les Anges) n'a été créé ni dans la condition de l'homme, au dessus de laquelle il se soit élevé par le progrés de ses connoissances, ni dans celles des Dieux, de laquelle il soit déchû par son oubli & par la diminution de ses connoissances; mais qu'il a été créé tel, supérieur à l'homme, & inférieur à Dieu.

Ni par le vice ni par la vertu.] Il est trés-vray que les Anges ne peuvent s'élever à la nature divine par l'éminence de leur vertu; mais il n'est pas vray qu'ils tiennent de leur essence le privilége de ne pouvoir jamais décheoir, & devenir mesme inférieurs à l'homme par le vice. Hierocles a oublié la chute du prémier Ange rebelle. Et Job connoissoit mieux la nature Angelique, quand il a dit, *Ecce qui serviunt ei non sunt stabiles, & in Angelis suis reperit pravitatem.* *Job. chap. 4. 18.*

Car comme là, c'est l'ordre.] *Là*, c'est à dire, *dans les causes qui ont produit les estres*; c'est à dire en Dieu, dans les raisons qu'il a eu de créer, &c. Page 11.

De mesme dans cet univers les estres

produits par la prémière pensée de Dieu, doivent estre les prémiers.] Les Payens ont voulu pénétrer non seulement l'ordre de la création, mais encore la cause & la raison de cet ordre, & voicy ce qu'en pensoient les Pythagoriciens : comme la sagesse de Dieu est inseparable de l'ordre & de la perfection, ils concevoient que Dieu avoit créé avant toutes choses, les substances raisonnables. Que sa prémiére pensée avoit créé d'abord ce qu'il y a de plus grand parmi les substances, c'est à dire ses enfans, *les Dieux immortels* ; que sa seconde pensée avoit créé les substances moyennes, c'est à dire, les Heros, (les Anges;) & que la troisiéme pensée avoit créé les troisiémes & derniéres substances, c'est à dire les ames des hommes : Et dans ce sentiment on voit l'opinion de la plus-part des Péres Grecs & Latins qui ont tenu que les Anges & les autres esprits bienheureux ont été créez les prémiers, & avant la création du monde, ce qui a fait dire par saint Gregoire de Nazianze, πρῶτον μὲν ἐννοεῖ τὰς ἀγγελικὰς δυνάμεις καὶ οὐρανίους, καὶ τὸ ἐννόημα ἔργον ἦν. *Il pensa prémiérement les vertus angeliques & célestes ; & cette pensée fut leur production :* expression trés-conforme à celle dont se sert icy Hierocles. Le reste n'est qu'erreur; car tant s'en faut que les ames des hommes ayent été créées avant le ciel & la terre, que l'ame du prémier homme est le dernier des ouvrages de Dieu, comme nous l'apprénons de l'histoire de la création, Gen. 1. & 2. L'ordre de Dieu n'est pas toûjours l'ordre que les hommes connoissent. L'Eglise mesme n'a encore rien decidé sur le temps de la création des Anges.

Et ceux qui ressemblent à la fin des pensées.] Ce n'est pas que les Pythagoriciens conçûssent par là aucune impuissance, aucun affoiblissement dans les derniéres pensées de Dieu, car ils n'ignoroient pas que Dieu agit toûjours avec la mesme force & la mesme perfection; mais c'est qu'ils pensoient que Dieu n'étant luy-mesme qu'ordre, n'a pû que suivre l'ordre dans ses pensées, dans ses operations. Dans le Timée, on voit de mesme que la création de l'homme a été la derniere pensée de Dieu.

Car c'est tout cet arrangement raisonnable avec un corps incorruptible.] C'est à dire, que cette création des substances raisonnables & revétuës d'un corps incorruptible, faite avec cet ordre, est l'image de la divinité entiére, comme la remarque suivante va l'expliquer.

Eſt l'image entière & parfaite du Dieu qui l'a créé.] Il y a dans le Grec, *Eſt l'image du Dieu entier qui l'a créé.* Hierocles veut dire que Dieu s'eſt repreſenté tout entier dans la création de ces ſubſtances. Les prémiéres, qui ont été produites par ſa prémiére penſée, ſont l'image de ce qu'il y a en luy de plus excellent; car les fils de Dieu doivent poſſeder éminemment les perfections du pére. Les ſecondes, qui ſont l'effet de la ſeconde penſée, ſont l'image moyenne de ce qu'il y a en luy de moyen; car Dieu n'a communiqué aux ſecondes ſubſtances que des perfections modifiées, ſi on peut parler ainſi, & il ne les a pas fait égales à ſes enfans. Enfin les troiſiémes & derniéres ſubſtances, qui ſont l'ouvrage de la troiſiéme penſée, ſont l'image de ce qui tient le dernier rang dans la divinité; car il a fait les hommes moindres que les Anges. Ainſi on trouve, ſi on l'oſe dire, Dieu entier dans ces trois différentes ſubſtances, Dieu leur ayant departi avec ordre & avec meſure toutes les perfections, & les rempliſſant toutes ſelon leur nature.

Page 12. *Et qui les fait eſtre les uns les prémiers, & les autres les ſeconds.*] Voicy une erreur que les Pythagoriciens avoient prise des Chaldéens qui faisoient plusieurs ordres de Dieux; αἱ πηγαὶ, οἱ νοεροὶ, οἱ μέσοι, οἱ ὑπερκόσμιοι, οἱ ἐγκόσμιοι, & plusieurs autres qu'il falloit tous honorer selon leur ordre & leur rang, comme dit Jamblique dans son traité des mystéres, sect. 5. c. 21. πάνυ δὲ τιμητέον καθ' ἣν ἕκαστος εἴληχε τάξιν.

Car quoyque, comme étant les prémiers dans tout cet arrangement raisonnable.] J'ay ajouté au texte le mot πρῶτοι qui me paroist y manquer, εἰ γὰρ καὶ ὡς πρῶτοι ἐν παντὶ τῷ λογικῷ διακόσμῳ, sans cela le passage est inintelligible, au moins pour moy. Nous avons déja vû que par cet *arrangement raisonnable*, Hierocles entend la production des estres doüez d'intelligence & de raison, & qui est faite avec ordre, comme on l'a expliqué.

Et ils sont plus divins les uns que les autres.] C'est une erreur grossiere des Payens. Page 13. Ce plus ou ce moins ruine la Divinité. *C'est l'erreur des Gentils*, dit saint Jean Chrysostome, *d'adorer la créature, & de faire leurs Dieux plus grands, ou plus petits. Si le Fils ou le saint Esprit est moindre en quelque chose, il n'est pas Dieu.* Cela ne peut estre pensé, que des Anges & des autres esprits bienheureux, dont il y a divers degrez, & qui étant tous demesme nature, sont pourtant supérieurs les uns aux autres, & ont plus de pouvoir les uns que les autres.

Comme différentes parties, & différents membres d'un seul tout qui est le Ciel, & comme conservant leur liaison dans leur separation, &c.] Comme les Pythagoriciens prétendoient que l'univers, qu'ils appellent icy *le Ciel*, étoit un animal vivant & animé, ils concevoient que toutes ses parties, quoyque separées conservoient leur liaison, & conspiroient à former ce tout, dont la division & le deffaut d'harmonie auroit détruit l'unité. Il en étoit donc selon eux de l'univers, comme du corps de l'homme : ce corps est composé de différents membres qui sont joints & unis ensemble avec une telle proportion, que malgré leur separation, ils conservent la liaison necessaire pour recevoir l'esprit & la vie. Tout ce que dit icy Hierocles est expliqué au long dans le Timée de Platon.

Ruine qui ne peut jamais arriver pendant que la prémiére cause, qui les a produits, sera immuable.] Voila sur quels fondements les Pythagoriciens fondoient l'éternelle durée du monde : *Il n'est pas d'un estre tout bon de se porter à détruire son ou-*

vrage qui eſt trés-beau & trés-parfait ; & Platon expliquant ces paroles dans ſon Timée, dit, *tout ce qui a été lié eſt d'une nature a eſtre deſuni ; mais il n'eſt pas d'un Créateur infiniment bon, de détruire ſon ouvrage, lorſque cet ouvrage n'a rien de mauvais en luy*. Ces Payens ne concevoient pas que la fin & la ruine du monde eſt une des marques les plus ſenſibles de la bonté de Dieu, & que c'eſt au contraire cette fin qui conduit toutes choſes à leur bien & à leur felicité.

Non ſeulement dans tous les genres.] Page 15. Cela ne peut eſtre penſé que des deux derniers genres, c'eſt à dire des Anges & des hommes ; mais c'eſt une ſuite de l'erreur dont j'ay déja parlé, qui établiſſoit différents ordres de Dieux.

Mais ayant été créées differentes par la Loy qui les a produites.] C'eſt un ſujet de conteſtation entre les Theologiens. Le plus grand nombre eſt contre l'opinion d'Hierocles, & prétend que tous les Anges ont été créez de meſme nature, de meſme eſpece ; mais que la Loy qui les a créez de meſme nature, ne leur a pas donné à tous la meſme dignité. Ainſi leur dignité ne vient pas de leur eſſence, comme Hierocles le dit icy, elle vient du don de Dieu. On peut voir ce qui eſt remarqué ſur la page 27. Ce ſentiment d'Hierocles n'eſt vray que des Anges & des hommes comparez les uns aux autres, les Anges ſont plus parfaits.

Car dans chacun de ces genres il y a une quantité infinie d'eſpéces.] Quel aveuglement de concevoir dans le prémier genre, c'eſt à dire dans l'ordre divin, une quantité infinie d'eſpéces, c'eſt à dire une quantité infinie de Dieux. Cela n'eſt vray que des Anges & des hommes : l'Ecriture ſainte nous enſeigne qu'il y a un nombre infini d'Anges, Daniel 7. 10. *millia millium miniſtrabant ei, & decies millies centena millia.* On peut voir l'excellent traité du P. Petau *de angelis* liv. 1. chap. 14. dans le troiſiéme tome de ſes dogmes theologiques.

Sans qu'ils puiſſent jamais changer.] C'eſt à dire, ſans qu'ils puiſſent jamais prendre la place les uns des autres. Un homme ne peut devenir Ange, ni un Ange devenir Dieu. *Oportet enim illa eſſe quod ſunt, & quod facta ſunt,* dit Methodius dans S. Epiphane.

Page 16. *Et la reſſemblance que l'on s'efforce d'avoir avec eux.*] Il y a une faute dans le texte, καὶ ἡ πρὸς αὐτὴν κατὰ δύναμιν ἐξομοίωπς. Il faut lire, καὶ ἡ πρὸς αὐτὰ, &c. πρὸς αὐτὰ, c'est à dire, πρὸς τὰ θεῖα ζῶα, *avec ces estres divins*, avec les Dieux : & c'est ainsi qu'on lit dans le manuscrit de Florence.

Car ce que l'on aime, on l'imite.] Au lieu de ces mots, ὃ γὰρ ἀγαπᾷ τις; *car ce que l'on aime*, le manuscript de Florence presente, ὃ γὰρ ἀγαπάζει τις; *ce que l'on aime, ce que l'on honore :* & je préfere cette leçon.

Affermi dans l'amour.] Car sans l'amour tout est imparfait & inutile; c'est pourquoy Platon a dit aprés Pythagore *que l'amour est le moyen le plus seur & le plus efficace que les hommes puissent avoir pour parvenir à la félicité.* Dans le banquet. Page 17.

Le simple orge du célèbre Hermionée a été agréable à mes yeux.] C'est ce que Perse a exprimé admirablement par ces Vers, Page 19.

Compositum jus fasque animo, sanctosque recessus
Mentis, & incoctum generoso pectus honesto,
Hæc cedo admoveam templis, & farre litabo.

Que la Religion & la Justice soient bien gravées dans mon esprit; que la sainteté remplisse tous les coins de mon ame; & que la generosité & l'honneur ayent fortement imprimé dans mon cœur toutes leurs maximes. Si j'apporte toutes ces bonnes dispositions dans les temples, avec du simple orge, j'obtiendray des Dieux tout ce que je leur demanderay.

Page 17. *Et que c'étoit la coustume des anciens de nommer* serment, *d'un nom mystérieux & ineffable.*] J'ay suivi icy la correction du sçavant Anglois Jean Pearson, qui m'a paru trés certaine : il lit ὅρκον, *serment*, au lieu de ὅρκων, *avec des sermens*. Hierocles ne dit pas, comme l'a crû l'interprete Latin, *que les anciens nommoient le gardien de cette observation, avec des serments ineffables* ; car cela étoit trés-contraire à leurs maximes, & à la doctrine qu'on enseigne icy: mais il dit qu'ils nommoient ce gardien *le serment*, d'un nom tout mystérieux & ineffable, δι' ἀπορρήτων. Et la véritable explication de cet endroit d'Hierocles doit se tirer d'un passage de Diogene Laërce, qui écrit que Pythagore disoit *que le serment est tout ce qui est juste, & que par cette raison Jupiter est appellé du nom de serment* ὅρκιόν τε εἶναι τὸ δίκαιον καὶ διὰ τοῦτο Δία ὅρκιον λέγεσθαι. Jupiter étoit appellé du nom mystérieux de serment, parce qu'étant trés-juste & trés-fidéle dans ses promesses, il conserve pour l'éternité, l'ordre & l'arrangement qu'il a étaa établies par sa Loy. Voila une grande idée: la remarque suivante va l'expliquer.

Nous dirons que le serment est la cause qui conserve toutes choses.] Voicy une vérité sublime, & qui donne une trés grande idée de la majesté de Dieu, & de l'immutabilité de l'ordre qu'il a établi dans la nature. Dieu a créé toutes choses dans l'état qui étoit le meilleur pour chacune; voilà la Loy efficace qui a tout produit, & qui a placé chaque chose dans le rang qu'elle doit avoir; mais cela ne suffisoit pas, il falloit encore que chaque chose demeurast & perseverast dans ce mesme état: & qu'est-ce qui pouvoit les y maintenir? c'étoit le serment divin, qui est une suite necessaire de la Loy. Dieu a donc voulu faire un pacte avec sa créature, & s'assujettir, pour ainsi dire par ce serment, à garder de son costé, inviolablement ce pacte, & l'ordre qui en est la suite. Et tous les estres raisonnables ont fait en luy & par luy le mesme serment, & contracté une obligation d'obéir toûjours à la Loy divine, sans jamais s'en écarter. Dieu en créant, jure par luy mesme, comme parle l'Ecriture, *Dieu a juré par luy-mesme*, & la créature fait le mesme serment, en luy & par luy; car la mesme Loy qui Page 20.

crée, lie ce qui est créé. Voila pourquoy ce serment est appellé plus bas, *inné & essentiel à toutes les créatures raisonnables*, parce qu'il est né avec elles, & qu'il est de leur essence. Comme elles ont juré en luy, elles ne gardent leur serment qu'en se tenant attachées à luy. Cela est parfaitement beau, & l'on feroit un livre, si on vouloit approfondir toutes les véritez, que ce principe renferme, & les grands dogmes theologiques qu'il pourroit éclaircir. Nous allons voir qu'il n'y a que Dieu qui soit fidelle dans son serment, & que les créatures sont sujettes à le violer.

N'est que l'effet de la Loy qui les a produits, & du serment qui les maintient & qui les asseure.] J'ay ajouté ces derniers mots, *& du serment, &c.* qui paroissent trés-necessaires; car il n'est pas seulement question de la Loy, mais du serment. La Loy crée, & le serment asseure. La suite le prouve assez. Je lis, τοῦ δημιουργικοῦ νόμου καὶ ὅρκου καταβεβαιουμένου, &c.

Page 21. *Non seulement en transgressant l'ordre de la Loy divine, mais aussi en violant la foy du serment divin.*] J'ay suivi icy la note marginale que j'ay trouvée à l'exemplaire de M. l'Abbé Renaudot, où il y a, οὐ μόνον τοῦ θείου νόμου τάξιν, ἀλλὰ καὶ τοῦ θείου ὅρκαὶ πίστιν παραβαίνοντα, cela est plus fort que de faire servir τάξιν, aux deux, & au serment & à la Loy.

Mais ce serment auquel on a recours dans les affaires de la vie civile, est l'ombre, & comme la copie de ce premier.] Comme par le serment divin, D eu asseure & conserve dans ses ouvrages l'ordre que sa Loy éternelle & immuable à son égard y a établi, de mesme les hommes par le moyen du serment humain, qui est né du prémier, & qui en est la véritable image, asseurent & conservent l'ordre entre eux dans les affaires civiles. De maniére que si le serment divin est le gardien de l'éternité, le serment humain est le depositaire de la vérité, & le garent de tous les desseins, & de toutes les entreprises des hommes, & le moyen qui les unit & les associe avec la vérité & la stabilité de Dieu. Il n'y a rien de plus grand & de plus profond que cette idée.

Et il méne droit à la vérité ceux qui s'en servent comme il faut.] La définition qu'Hierocles fait icy du serment humain, est admirable. Ce Payen étoit bien éloigné d'approuver ou de tolerer dans le serment les équivoques & les restrictions mentales, que Ciceron appelle *perjuria latebras*, puiſqu'elles ruinent la nature du ſerment; & que par leur moyen le ſerment, au lieu de rendre clairs & certains les deſſeins de celuy qui jure, & de méner à la vérité, rend au contraire ces deſſeins plus obſcurs & plus cachez, & ſurprend la bonne foy par le menſonge, à qui il donne tous les dehors de la vérité.

Page 22.

Le prémier qui précéde par ſon eſſence eſt reſpectable comme le Gardien de l'éternité.] Parce qu'il conſerve toutes choſes dans l'état où elles ont été créées par la Loy; & que ſi les eſtres demeurent comme ils ont été diſpoſez & arrangez par la Loy, c'eſt le principal ouvrage, & le prémier effet du ſerment divin. Comme les Pythagoriciens croyoient cet état éternel, ils regardoient avec raiſon ce ſerment comme le gardien de l'éternité; mais il l'eſt encore plus véritablement dans le ſens que luy peut donner la Religion Chrétienne. Le ſerment divin eſt le gardien de l'éternité, en ce qu'il conduit toute la nature à l'éternité qui ſuivra le temps.

Et qui enrichit de mœurs trés-excellentes ceux qui ont appris à le reſpecter.] On dira contre Hierocles, que les bonnes mœurs précédent l'obſervation du ſerment humain; mais il ne faut pas prendre le change. Hierocles a raiſon ; car il regarde l'obſervation du ſerment humain comme la ſuite & l'effet de l'obſervation du ſerment divin. Il faut eſtre fidéle à Dieu avant que d'eſtre fidéle aux hommes ; & l'obſervation du dernier ſerment vient de celle du prémier : ainſi il n'eſt pas poſſible que le ſerment ſoit reſpecté comme il faut, ſans que les mœurs ſoient innocentes & ſaintes. Que doit-on donc juger des mœurs de ceux qui ont mépriſé le ſerment, qui en ont fait un appaſt pour tromper & ſurprendre, & qui ont oſé dire, *Quid eſt jusjurandum? emplaſtrum æris alieni :* Qu'eſt-ce que le ſerment ? *une emplaſtre pour guérir les dettes.*

Et cette obſervation eſt la vertu qui aſſocie & qui unit.] J'ay ſuivi icy le manuſcript de Florence qui met un point aprés ἀπαραπόδιστος. & qui continuë τήρησις δὲ λέγεται ἡ πρὸς τὸ μόνιμον, &c. συναρμόζουσα δύναμις. Cela eſt trés bien dit, que l'*obſervation du ſerment eſt la vertu qui unit*, &c. c'eſt à dire, que l'obſervation exacte du ſerment fait de l'homme fidéle la véritable image de Dieu ; car Dieu *obſerve* volontairement le ſerment divin. L'homme donc qui *obſerve* le ſerment humain, imite cette ſtabilité de Dieu & ſa vérité.

Ceux qui le respectent par une nécessité toute franche.] Car c'est une nécessité qui ne détruit pas la liberté, au contraire, elle la confirme. Je dois respecter le serment; mais c'est par une volonté qui est toûjours libre.

Page 23. *Lorsque par les vertus purgatives nous guérissons.*] J'ay suivi le manuscrit de Florence, qui au lieu de παράβασιν ἰωμένη, lit παράβασιν ἰωμένοις.

Page 24. *Au lieu que la rareté du serment en produit d'ordinaire l'observation.*] C'est ce qui a fait dire par saint Augustin, que *plus l'homme s'éloignera du serment, plus il sera éloigné du parjure: Nam tanto longius à perjurio, quanto longe à jurando.*

Page 25. *L'esprit est conduit & regi.*] Il y a une faute dans le texte; car que veut dire τὴν μὲν γὰρ ὁ πρῶτος ὀρθώσει, χρηστὸς ὤν? *Hanc enim (mentem) primus reget, probus existens*, au lieu de πρῶτος, *premier*, il faut lire, ἦθος, *mœurs. Les mœurs honnestes redressent l'esprit, & l'habitude de ne point jurer refrene la langue & la tient en bride.* La certitude de cette correction n'a pas besoin de preuve. Elle est confirmée par les manuscrits. Celuy de Florence lit fort bien, ὁ ἦθος κρατήσει, *les mœurs honnestes retiendront l'esprit, s'en rendront maistresses.*

En ne t'en servant point en toutes rencontres, afin que tu t'accoustumes à jurer véritablement, &c.] C'est dans la mesme veuë que l'auteur de l'Ecclesiastique dit, *Jurationi non assuescat os tuum, & nominatio Dei non sit assidua in ore tuo. Sicut enim servus excruciatus toto die à livore non minuitur, sic omnis jurans & nominans nomen Domini, à peccato non purgabitur. Que ta bouche ne s'accoustume point au serment, & que le nom de Dieu ne soit pas continuellement dans ta bouche; car comme un esclave qui est battu de verges pendant tout un jour, ne peut estre sans meurtrisseures; de mesme celuy qui jure à tout propos, ne peut estre sans péché.*

Puisqu'ils tiennent donc la seconde place, il faut leur rendre les seconds honneurs.] Dieu a voulu que les Anges fussent ses ministres, il s'en sert au gouvernement de l'univers, il leur a commis la garde des hommes, & leur a donné la protection des villes, des provinces, des Royaumes. Ce sont eux qui présentent à Dieu nos priéres, nos larmes. Il est donc permis de les honorer, & de les prier. Les Payens presque toûjours superstitieux, avoient outré ce culte; c'est pourquoy Page 26.

ſaint Paul, en écrivant aux Coloſſiens, leur dit, chap. 2. ℣. 18. *Que nul ne vous raviſſe le prix de votre courſe, en affectant de paroiſtre humble par un culte ſuperſtitieux des Anges.* C'eſt ce culte outré que les Anges rejettent comme nous le voyons dans les livres ſaints ; car ils ſe ſouviennent, *qu'ils tiennent lieu de ſerviteurs & de miniſtres, étant envoyez pour exercer leur miniſtére en faveur de ceux qui doivent eſtre les héritiers du ſalut.* Hierocles taſche icy de régler ce culte, en ordonnant de le proportionner à la dignité & à l'eſſence de ceux à qui on le rend ; & de le rapporter toûjours à Dieu. Et cela eſt trés-ſurprenant dans un Payen.

Page 27. *C'eſt la connoiſſance de leur eſſence & de leur ordre, & le diſcernement précis & juſte de leurs emplois.*] C'eſt ſur quoy les Peres Grecs & Latins, & tous les Theologiens ne ſont pas d'accord. L'opinion qui paroiſt la plus vraiſemblable, c'eſt que l'eſſence des Anges eſt la meſme, & que leurs emplois & leur dignité ſont différents ; & que par conſequent on doit proportionner le culte & l'honneur qu'on leur rend à la gloire qu'ils ont receuë ; mais toutes ces queſtions de l'essence, de l'ordre, & des emplois des Anges sont admirablement traitées dans les trois livres du P. Petau, *de Angelis*.

De leurs emplois.] Les emplois des Anges sont d'estre les serviteurs & les Ministres de Dieu, & d'aller par tout executer ses ordres, de porter à Dieu les prieres des hommes, & aux hommes les secours de Dieu. De veiller à la garde des particuliers, des familles, des villes, des Provinces, des Royaumes.

Et nous n'honorerons aucune nature inférieure à la nature humaine.] Grand principe qui ruine une infinité de religions, où l'on rendoit un culte aux cieux, aux astres, à des animaux, à des plantes, &c. Rien ne mérite le culte des hommes que ce qui est plus noble & plus élevé que l'homme.

Qui expriment & representent fidélement en eux les biens, &c.] Le mot de l'original est remarquable, ἀνεικονιζόμενος, car le Fls de Dieu est la véritable image du Pere. C'est pourquoy Jamblique dit, παράδειγμα δὲ ἵδρυται τοῦ αὐτοπάτορος, αὐτογόνου, καὶ μονοπάτορος θεοῦ, τοῦ ὄντως ἀγαθοῦ. *Et il est l'exemplaire du Dieu, qui n'a d'autre pere que luy-mesme du Dieu seul bon.* Et plus bas, ἀπὸ δὲ τοῦ ἑνὸς τούτου ὁ αὐτάρχης θεὸς Page 25.

ἑαυτὸν ἐξέλαμψε, διὸ καὶ αὐτοπάτωρ καὶ αὐτάρχης. *De ce Dieu, qui est unique, s'est produit le Dieu qui est son principe à luy-mesme ; c'est pourquoy il est son pere, & n'a de principe que luy.* Où il semble que les Payens ayent reconnu deux personnes le Pére & le Fils en un seul Dieu. Aussi voit-on dans Julius Firmicus, ces mots trés-remarquables tirez de la Theologie des Egyptiens. *Tu tibi Pater & Filius. Seigneur vous estes votre Pére, & vous estes votre Fils.*

Mais y perseverent toûjours, & de la mesme maniére.] J'ay ajoûté ces mots au texte, parce qu'ils sont à la marge de l'éxemplaire conféré sur les manuscrits, & & dans le manuscrit de Florence, ἀλλ' αἰεὶ καὶ ὡσαύτως ἐν αὐτῇ διατελοῦσιν.

Page 29. *De la felicité dont ils jouïssent en luy.*] Ou *par luy* ; selon le manuscrit de Florence, qui au lieu de τῇ πρὸς αὐτὸν, lit τῇ παρ' αὐτοῦ.

Et par la pleine connoißance qu'ils ont d'eux-mesmes, ils separent & réunißent l'intimité immuable, &c.] Je ne croy pas qu'il y ait dans tous les livres des anciens Philosophes, un passage plus difficile que celuy-cy. J'ay été fort long-temps sans l'entendre; & ce qui est encore plus rare, bien convaincu que je ne l'entendois point. J'ay cherché inutilement du secours dans les interpretes. Ils expliquent au long ce qu'on entend, & ne disent jamais, ou que trés-rarement, un mot sur ce qui est obscur & difficile. Pour moy qui me suis fait une loy d'attaquer les plus grandes difficultez, & de les resoudre, ou d'avoüer qu'elles sont au dessus de ma petite capacité, & de ma foible intelligence, j'ay médité long-temps sur celle-cy, & à plusieurs reprises, toûjours sans beaucoup de fruit. Enfin dans un moment plus heureux, il m'a semblé qu'un rayon de lumiére a dissipé ces ténébres. Hierocles pour faire voir la différence qu'il y a entre les premiers estres, enfans du Dieu suprême, & qui sont appellez *Dieux immortels*, & les estres moyens, qui sont les Heros pleins de bonté & de lumiére, c'est à dire, les Anges, se sert d'une comparaison empruntée des ceremonies des initiations aux mystéres. Il y avoit deux sortes d'initiez; les prémiers & les plus avancez étoient ceux qu'on appelloit ἐπόπται, c'est à dire, ceux qui étoient admis à l'inspection des choses les plus secretes de la Religion; & les autres étoient ceux qu'on appelloit simplement μύστας, c'est à dire, ceux qui n'étoient qu'admis à la profession, & qui ne commençoient, s'il faut ainsi dire, leurs connoissances, qu'où finissoit la plenitude de la connoissance des prémiers. Hierocles compare donc avec beaucoup d'esprit & de raison aux prémiers, à ces intimes, les prémiers estres, les Dieux immortels, ou les fils de Dieu, parce qu'ils sont unis à luy intimément, & toûjours participans de sa lumiére, & que rien ne leur est caché. Et les estres moyens, les Heros, c'est à dire les Anges, il les compare aux simples initiez qui viennent immédiatement aprés les autres, & qui sont toûjours attachez à leur profession; mais avec des efforts & des progrés, tantost plus grands, tantost moins grands, & qui ne commencent à connoistre qu'où finit la plenitude de la connoissance des prémiers. Comme ces simples initiez sont moyens entre les parfaits & les autres hommes; de mesme les Anges sont moyens entre les prémiers estres, les Dieux immortels, & les derniers, c'est à dire, les ames des hommes. Et Hierocles dit fort bien que ces estres moyens separent & réunissent l'intimité que les prémiers ont avec Dieu, ils la separent, parce qu'ils sont entre les prémiers estres & les derniers, qui sont les hommes ; & ils la réunissent, parce qu'ils servent comme de canal à la lumiére divine qui vient par eux les éclairer, quoyque plus foiblement, & avec la modification convenable & necessaire. Cela me paroist trés beau, & explique admirablement la nature & le ministére des Anges.

L'épithete qui signifie excellents, *marquant par sa racine, qu'ils sont pleins de bonté & de lumiére.*] C'est pourquoy Hesychius marque ἀγαυοὶ, περιφανεῖς, λαμπροὶ, φωτεινοί : *Ce mot* ἀγαυοὶ, *signifie bons, éclatants, lumineux.* La bonté éloigne le vice, & la lumiére exclut l'oubli ; & ces deux qualitez conviennent parfaitement aux Anges.

Et le terme de Heros venant d'un mot qui signifie amour.] Ἥρωες, *Heros*, pour ἔροτες, *amours.* Platon en donne la mesme etymologie dans son Cratyle ; mais elle n'est pas bien seure, non plus que toutes les autres qu'en ont données les Grecs, qui se contentoient souvent d'une légére ressemblance, ou de la moindre allusion. Il y a plus d'apparence que le mot de *Heros* vient du Chaldaïque *Aris* qui signifie un homme vaillant & redoutable.

On les appelle aussi bons Demons, com-

me instruits & sçavants dans les Loix divines.] Cette érymogie est plus vraysemblable que l'autre. δαίμονες, οἱ θεοὶ, δαήμονες τινές ὄντες, οἷον ἔμπειροι, dit Hezych. Saint Augustin dit la mesme chose, & il ajoûte qu'il n'y a que les Payens qui se soient servis de ce mot *bons Demons*, pour dire les Anges. Dans la Religion Chrétienne, ce mot *Demon* est toûjours pris en mauvaise part, pour le mauvais Ange, le malin esprit.

*Et quelquefois on leur donne le nom d'*Anges.] *Ange* ne veut dire autre chose que *celuy qui annonce*; ainsi c'est un nom d'office, c'est à dire qui marque l'employ, & non pas l'essence. Les Anges ne laissent pas d'estre ordinairement appellez de ce nom, quoyqu'ils n'annoncent pas toûjours; car c'est là leur destination, leur fonction.

Car ils sont à l'égard du prémier genre comme la splendeur à l'égard du feu.] Hierocles en voulant enseigner aux hommes quelle est la véritable essence des Anges, afin qu'ils proportionnent leur culte à leur dignité, releve trop icy cette nature, en disant qu'elle est *comme la splendeur à l'égard du feu*: car si cela étoit, ils seroient aussi parfaits que leur cause, & ils sont bien éloignez de cette perfection. Mais peut-estre que ce passage doit estre expliqué plus favorablement, & qu'Hierocles a voulu dire que les Anges sont tout brillants de la lumiére qui rejaillit de Dieu sur eux; qu'ils n'ont que par participation la lumiére dont Dieu est le principe & la source. Et c'est dans ce sens que saint Gregoire de Nazianze a dit οὕτως ὑπέστησαν λαμπρότητες δεύτεραι, λειτουργοὶ τῆς πρώτης λαμπρότητος. *Ainsi ont été créées les secondes splendeurs, ministres de la prémiére*; car il n'y a que Jesus Christ qui soit véritablement la splendeur de la gloire de son pére; aussi les Anges n'ont-ils jamais été appellez dans l'Ecriture, *Fils de Dieu*. Au reste il est aisé de voir qu'Hierocles fait icy les Anges corporels: il leur donne un corps delié & subtil, de maniére que comparez à Dieu, ce sont des corps, & comparez aux hommes ce sont des esprits. C'étoit là l'opinion la plus généralement receuë de son temps. La pluspart des Peres & des Theologiens ont suivi le sentiment contraire, & ont enseigné que les Anges étoient incorporels, & de purs esprits. Et c'est le sentiment de toute l'école.

Je dis la lumiére claire & pure, a- Page 31.

prés laquelle on imagine aisément une lumiére pleine d'ombres, & mélée de ténébres.] Cette idée est belle. Les Anges comme plus éclairés de Dieu que les hommes sont à l'égard de ces derniers, comme la lumiére pure & nette auprés d'une lumiére sombre & meslée d'obscurité; car le corps remplit l'ame de ténébres.

Il est inférieur aux estres qui y pensent toûjours, en ce qu'il cesse quelquefois d'y penser.] Tout ce passage est fort embroüillé dans les éditions. Le manuscrit de Florence m'a tiré d'embarras, en suppléant quelques mots qui manquent au texte. Voicy le passage entier comme il y est écrit. τῶν μὲν ἀεὶ νοούντων ἀπολειπόμενος τῷ ποτὲ μὴ νοεῖν. τῶν δὲ ἀλόγων ἀναβεβηκὼς τῷ ποτὲ νοεῖν καὶ ποτὲ πρὸς τὴν θείαν ἐπιστήμην ἀνακαλεῖσθαι, &c. Dans la traduction j'ay ajoûté ces mots, *Voilà ses ténébres, voilà sa lumiére*, pour faire mieux entendre la pensée d'Hierocles.

Et qu'il est quelquefois rappellé à la science divine, lorsqu'il se joint aux chœurs célestes.] Car il faut que l'homme soit uni aux chœurs célestes, c'est à dire, qu'il soit sanctifié, pour estre véritablement rappellé à la science divine.

Alors celuy qui a été honoré de cette grace divine, devient digne de nos hommages & de nos respects.] Hierocles enseigne icy bien clairement que ce qui fait les Saints, c'est cela mesme qui les rend dignes de nos hommages. Grande vérité.

Comme ayant relevé & orné en luy l'é- Page 32.
galité de notre nature par la participation à ce qu'il y a de meilleur.] Car les Saints étoient hommes comme nous; mais ils ont relevé & orné cette égalité de nature par la grace dont Dieu les a faits participants. Au reste le manuscrit de Florence corrige fort bien ce passage, en lisant, ὡς τὸ τῆς φύσεως ἴσον τῇ τοῦ κρείττονος μετουσίᾳ κοσμήσας. *L'égalité de notre nature*, c'est à dire, ce que la nature luy avoit donné de commun avec nous.

Soit qu'il possede cette ressemblance de toute éternité.] De toute éternité véritablement, & à la lettre comme le Fils de Dieu; ou de toute éternité, c'est à dire, avant le temps comme les Anges, qui ayant été créez de Dieu avant le temps ou avec le temps, sont regardez comme éternels.

Les appelle Demons.] Aprés qu'elles ont dépoüillé ce corps mortel & corruptible ; car c'eſt alors ſeulement qu'elles ſont pleines de ſcience & de lumiére, comme il va le montrer dans la ſuite.

Il ajoûte cette épithete terreſtres, *pour faire entendre qu'ils peuvent converſer avec les hommes.*] Je croy qu'Hierocles ſe trompe icy. Il auroit expliqué ce Vers de Pythagore plus ſimplement, s'il avoit dit que par ce mot, καταχθονίους δαίμονας, il entend les deffunts, ceux qui ſont morts aprés avoir mené une vie pure & ſage. Il les appelle δαίμονας, *Demons*, à cauſe de la lumiere dont ils ſont éclairez, & pour les diſtinguer des Demons qui ſont tels par leur nature, c'eſt à dire des Anges, il ajoute καταχθονίους, *ſubterraneos, qui ſont ſous la terre*, c'eſt à dire qui ſont deſcendus dans le tombeau ; car c'eſt ce que ſignifie proprement le mot καταχθόνιος. Je ne me ſouviens pas de l'avoir jamais lû pour dire *celuy qui vit ſur la terre*, les Grecs ont toûjours dit en ce ſens-là, ἐπιχθόνιος; Homere, ἀνθρώποισιν ἐπιχθονίοισιν, au lieu qu'ils ont toûjours employé καταχθόνιος pour dire, celuy qui eſt ſous la terre, qui ne vit plus. Aparemment Hierocles n'a oſé l'expliquer ainſi, de peur de choquer le dogme de Pythagore qui enſeignoit que les ames des deffunts n'alloient pas ſous la terre, mais dans l'Æther, ou au Soleil, & leur corps delié dans la Lune. Mais cette crainte étoit mal fondée ; l'opinion de Pythagore ne l'empeſchoit pas de ſe ſervir d'un mot receu par l'uſage, pour dire ſimplement les morts. Virgile n'a pas eu cette crainte, quand il a mis ce Vers dans la bouche de Junon,

Et nunc magna mei ſub terras ibit imago.

Quoyqu'elle parle dans le ſentiment de Pythagore. J'oſe dire que c'eſt le véritable ſens du Vers Grec. Du reſte, tout ce qu'Hierocles dit icy eſt admirable.

Qu'ils peuvent converſer avec les hommes, animer des corps mortels, & habiter ſur la terre.] Si Hierocles a voulu dire icy que les ames des deffunts peuvent revenir animer des corps, comme de ſçavants hommes l'ont prétendu, il s'éloigne certainement du dogme de ſon auteur, qui dit formellement dans les deux derniers Vers, *Et quand aprés avoir dépouillé ton corps mortel, tu arriveras dans l'æther pur, tu ſeras un Dieu immortel, incorruptible ; & que la mort ne dominera plus.* Hierocles a donc parlé icy de la nature des ames des hommes, qui

Page 33.

peuvent venir icy bas animer des corps mortels. *Qui peuvent*, c'est à dire, *qui sont d'une nature à pouvoir*, & comme il s'explique luy-mesme à la fin, *qui sont sujettes à descendre, & à venir habiter la terre.*

Est devenu Demon par l'habitude & par la liaison.] *Par l'habitude*, c'est à dire, par la pratique constante des vertus, & *par la liaison*, c'est à dire, par son union avec les estres supérieurs, & par eux avec Dieu d'où il tire toute sa lumiére ; car voila ce qui fait les Saints.

Et sçavant dans les choses de Dieu.] J'ay suivi icy le manuscrit de Florence, qui aprés ces mots σχέσει δὲ γενομένῳ δαίμονι, que je viens d'expliquer, ajoute, καὶ δαήμονι τοῦ θεοῦ καὶ ἐπιστήμονι, ce qui est trés-beau.

Page 34. *Qui ont trouvé place dans les ordres divins.*] Hierocles veut qu'on ne rende ce culte aux Saints qu'aprés leur mort ; car ce n'est qu'aprés leur mort qu'ils sont recens dans les ordres divins.

En un mot tous les estres inférieurs à la nature humaine ne doivent nullement estre honorez.] L'Homme mesme ne doit estre honoré de ce culte, dont il est icy question, qu'aprés que par sa vertu il s'est élevé au dessus de l'homme.

Et qui sentent leur dignité & leur noblesse.] Car aprés les Anges, l'homme est la plus noble de toutes les créatures.

Page 35.

Et s'il n'est compris dans le chœur divin.] Ce qui se faisoit alors par les cérémonies publiques des villes, ou par le suffrage des peuples.

Page 36.

Ne laissent pas de mériter nos respects par la dignité de la liaison que nous avons avec eux.] Il y avoit une faute considerable dans le texte, τῇ ἀξίᾳ τῆς χρήσεως, *par la dignité de l'usage dont ils sont.* Cela ne peut estre souffert. Hierocles n'a jamais pû dire que nos péres & nos parents ne méritent nos respects qu'à cause de l'usage & de l'utilité que nous en retirons, & du besoin que nous en avons. L'exemplaire conféré sur les manuscrits, fournit à la marge la véritable leçon, σχέσεως, *liaison*, au lieu de χρήσεως, *usage.* Le manuscrit de Florence la confirme, & la suite mesme la prouve & la suppose nécessairement; car on lit quelque lignes plus bas δι' αὐτὴν τὴν τῆς σχέσεως ἀνάγκην, *à cause de la mesme nécessité de liaison.*

Car ce que sont à notre égard les estres supérieurs dont les célestes nous tiennent lieu de péres, &c.] Voicy une belle idée des Pythagoriciens : Nos péres sont à notre égard l'image de Dieu ; & nos parents sont l'image des Anges & des autres esprits bienheureux, & comme on doit honorer les Anges aprés Dieu, de mesme nous devons honorer nos parents aprés nos péres.

Page 37. *Mais de cette maniére notre empressement pour la vertu dégénérera en empressement pour le vice.*] Il y a simplement dans le texte, οὕτως δὴ περιτραπείη πρὸς κακίαν σπουδή. *Mais de cette maniére notre empressement dégénérera en vice.* L'exemplaire conféré sur les manuscrits supplée à la marge οὕτως δὴ περιτραπείη ἡ τῶν ἀρετῶν ἄσκησις πρὸς κακίας σπουδήν ; & c'est ainsi qu'on lit dans le manuscrit de Florence.

Page 38. *Qu'ils ressemblent.*] Car s'ils ne leur ressemblent pas par la vertu, ils leur ressemblent au moins par le rang qu'ils occupent à notre égard, & par la liaison que nous avons avec eux.

Page 39. *Car deux bonnes actions nous étant proposées, l'une bonne & l'autre meilleure, il faut nécessairement préférer la meilleure.*] Voicy une décision bien remarquable dans un Payen : De deux actions qui sont ordonnées, l'une bonne & l'autre meilleure, si on ne peut les accorder & les accomplir toutes deux, il n'est pas permis d'abandonner la meilleure pour pratiquer la bonne; car cela est contraire à la piété & à la Loy de Dieu, qui nous ordonne de tendre à la perfection. Dans ces rencontres, ce qui est bon cesse d'estre bon, quand le meilleur se présente.

De nous deshériter.] Au lieu de βίου ἀλλοτριῶσιν, qui est dans le texte, & qui ne signifie rien, ou du moins, qu'on ne peut expliquer qu'avec peine, le manuscrit de Florence lit ἢ κλήρου ἀλλοτριῶσιν, qui est fort naturel & fort intelligible. Page 40.

Mais penser d'abord sur quoy elles tomberont.] Voicy une belle explication du précepte qui nous est donné dans l'Evangile, de ne point craindre ceux qui ne peuvent tuer que le corps, & de ne craindre que celuy qui peut tuer le corps & l'ame.

C'est de n'épargner pour leur service ni nos corps ni nos biens.] Le texte de ce passage n'est pas sain dans les editions; mais il l'est dans le manuscrit de Florence qui lit μήτε σωμάτων φειδομένους ἡμᾶς, μήτε χρημάτων, ἀλλ' ἑκόντας αὐτοῖς ὑποτετάχθαι εἰς πάντα τὰ τοιαῦτα. Page 41.

Au contraire, plus ce service sera vil, & d'esclave, plus nous devons nous y plaire & nous en tenir honorez.] Le manuſcrit de Florence lit fort bien tout ce paſſage, πρέπει γὰρ μήτε τὴν δι' αὐτουργίας θεραπείαν ἐπιζομένην παραιτεῖσθαι, ἐνδυσχημονεῖν δὲ μᾶλλον αὐτῇ, ὅπως ἂν μᾶλλον ἐπίπονος γίνηται καὶ δουλοπρεπής. καὶ μήτε οὐσίας δαπανωμένης φειδωλοὺς γίνεσθαι. Au reſte le meſme Hierocles dans ſon traité, *comment on en doit uſer avec ſon pére & ſa mére*, explique en quoy conſiſte ce ſervice bas & ſervile, que l'on doit rendre à ſon pére & à ſa mére, & il en donne ces exemples, *comme de leur laver les pieds, de faire leur lit, de ſe tenir prés d'eux pour les ſervir, &c.* καὶ πόδας ἀπονίψαι, καὶ κλίνην στορέσαι, καὶ παραστῆναι διακονουμένους.

C'eſt accomplir la Loy de la vertu, & payer les droits à la nature.] Dans la Loy de la vertu eſt compriſe celle de la piété. Hierocles explique icy admirablement le précepte de Pythagore. Platon n'avoit pas oublié un précepte ſi néceſſaire, & ſi indiſpenſable, voicy ce qu'il en dit dans l'onziéme livre des Loix. *La crainte de Dieu eſt le fondement de ce qu'on doit à ſes parents. Que ſi les Dieux prennent plaiſir aux reſpects que l'on rend à leurs images, qui ne ſont que des répréſentations mortes de la divinité, à plus forte raiſon ſe réjoüiſſent-ils des honneurs*

honneurs qu'on rend à son pére & à sa mére, qui sont les images vivantes de Dieu. Plus ils sont vieux, plus ces images vivantes de la divinité, qui sont dans la maison, comme des tresors trés-precieux, ont de force & d'efficace pour faire descendre toutes sortes de benedictions sur les enfans qui leur rendent le culte qui leur est dû ; & pour faire tomber sur leur teste les plus affreuses maledictions, quand ils le leur refusent. Comme Pythagore & Platon avoient été en Egypte, il y a bien de l'apparence qu'ils avoient eu connoissance de la Loy que Dieu avoit donnée à son peuple : *Honore ton pére & ta mére afin que tu vives long-temps :* Et *maudit soit quiconque n'honore son pere & sa mére.* Deuteron. v. 16. & xxvii. 16.

Selon que la nature nous les a plus ou moins unis.] Aprés ces paroles, le manuscrit de Florence ajoûte, δῆλον δὲ ὅτι καὶ ἐπὶ τούτων τῆς ἀρετῆς ἀδεσπότου μενούσης. *Il est évident que sur toutes ces choses là-mesme, la vertu demeure libre & independante.* Mais je croyrois que ce seroit une glose, qui auroit enfin passé dans le texte; car il ne s'agit pas icy de l'independance de la vertu. Page 42.

Parmi ceux qui ne sont pas de notre

N

famille ;] Car pour ceux de notre famille, la nature seule suffit pour nous les faire respecter & aimer.

Page 43. *Car comme là on nous a dit que nous ne devions honorer & vénérer que ceux qui sont remplis de science & de lumiére.*] Tout ce raisonnement d'Hierocles me paroist parfaitement beau, & une demonstration trés-forte. Comme parmi ceux qui sont morts, nous ne devons honorer que ceux qui se sont distinguez par leur vertu, & que la grace divine a élevez à la gloire, de mesme parmi les vivants, aprés nos proches, nous ne devons aimer & respecter que les gens de bien. Il y a un si grand rapport, & une analogie si parfaite à notre égard entre les estres supérieurs & les estres inférieurs, que ce que nous devons aux prémiers est la mesure & la régle de ce que nous devons aux derniers. Nos péres sont l'image de Dieu ; nos parents représentent les Anges ; & nos amis sont l'image des Saints. Nous ne sçaurions donc nous méprendre sur ces devoirs de la vie civile, puisqu'ils sont des suites & des dépendances des devoirs de la Religion. C'est la vie celeste qui doit régler la vie terrestre.

Page 44. *Céde toûjours à ses doux avertisse-*

ments.] Ce Vers de Pythagore pourroit aussi estre expliqué de cette maniére: *Céde à ton ami en luy parlant avec douceur, & en luy rendant toute sorte de bons services.* Mais l'explication qu'en donne Hierocles, est plus profonde; & on ne peut pas douter que ce ne fust là le sens que luy donnoient tous les Pythagoriciens.

Car c'est haïr pour une légére faute.] Page 45. Ainsi donc Pythagore appelle *faute légére*, tout ce que nostre ami, notre prochain, fait contre nous, & qui ne touche point l'ame, mais qui regarde seulement le bien, la gloire, & tous les autres interests toûjours vils & méprisables. Voila une régle bien parfaite pour un Payen & pour un siécle comme celuy-là, où les plus instruits ne connoissoient d'autre Loy que d'aimer celuy qui aime, de haïr celuy qui hait, de donner à celuy qui donne, & de refuser à celuy qui ne donne point; car c'est là le précepte qu'Hesiode enseigne quelque siécle avant Pythagore.

C'est de n'entrer avec luy en aucun démélé.] Page 47. J'ay suivi icy le manuscrit de Florence, qui est plus sain que le texte imprimé; on y lit τῷ μήτε περὶ χρημάτων, μήτε περὶ δόξης αὐτῷ διαφέρεσθαι, καὶ τῷ μὴ ἐφ' ὕβρει τῆς κοινωνίας αὐτὸν ἀποστερεῖν, μηδὲ φιλοτιμίαν ἑαυτοῦ ποιεῖσθαι τὴν ἐκείνου δυστυχίαν. Cela eſt clair & net.

Page 48. *Car chacun de nous eſt convaincu tous les jours par ſon expérience, que la néceſſité luy fait trouver plus de forces qu'il n'avoit crû en avoir.*] Pour bannir la foibleſſe & la pareſſe qu'une volonté corrompuë nous inſpire ſur nos devoirs les plus eſſentiels, il n'y a rien de plus utile que cet avertiſſement, *La puiſſance habite prés de la néceſſité.* Rendons-le ſeulement ſenſible par un éxemple qui le mette dans tout ſon jour. Il arrive tous les jours que nous refuſons de faire pour notre amendement certaines choſes, alléguant pour excuſe, que nous ne le pouvons; qu'il arrive le lendemain une néceſſité indiſpenſable de faire des choſes encore plus difficiles, nous en venons à bout: ce n'eſt donc pas la puiſſance qui nous a manqué, mais la volonté. Sans écouter donc cette volonté foible ou corrompuë, allons chercher la force dans le voiſinage de la néceſſité, c'eſt à dire, faiſons ce que nous ferions dans la néceſſité la plus preſſante. Un gouteux dans ſon lit, eſt perſuadé qu'il ne peut marcher; que le feu prenne à ſa chambre, il se levera, & il marchera. Pour recouvrer toutes nos forces, il faut les chercher où elles sont, c'est à dire prés de la nécessité. Cela est parfaitement beau & fort neuf.

Cette nécessité libre & independante Page 49.
qui est contenuë dans les bornes de la science.] Il dit qu'elle est renfermée dans les bornes de la science, parce qu'on peut apprendre toute son étenduë, & s'instruire de tout ce qu'elle éxige de nous.

Tu trouveras la mesure de la puissance qui est en toy.] L'éxemplaire conféré sur le manuscrit a lû μέτρον, au lieu de μέτρῳ, & cela est confirmé par le manuscrit de Florence.

Car la fin des vertus, c'est l'amitié; Page 50.
& leur principe, c'est la piété.] Voicy une décision tirée de la plus sublime Philosophie. L'amitié est la fin des vertus parce que les vertus ne tendent qu'à nous élever, & à nous unir aux estres qui peuvent nous rendre heureux; & la piété est son principe, non seulement parce que Dieu est l'auteur de l'amitié, comme dit Platon, & comme nous le sçavons encore plus certainement de l'Ecriture sainte; mais encore, parce que de desirer cette union dans laquelle con-

ſiſte notre félicité, c'eſt un un des effets de la piété. Ainſi la piété eſt la ſemence des vertus, & les vertus portent ce fruit trés-parfait, & trés-deſirable, qui eſt l'amitié.

Et ſi nous aimons les méchants, & pour l'amour de la nature ſeule.] Le vice ne détruit point les liaiſons de la nature: un homme a beau eſtre méchant, la nature ne ſouffre pas qu'il ſoit abſolument étranger à un autre homme. Il faut donc remplir tout ce que demande cette liaiſon; & par conſequent, il faut aimer ce méchant, & luy faire du bien, à cauſe de la nature qui l'a lié à nous. Voila un grand principe; mais d'où Pythagore l'avoit-il tiré, dans un ſiécle de ténébres, dans un ſiécle où le peuple meſme le plus inſtruit, aprés avoir receu de Dieu ce précepte, *Tu aimeras ton prochain comme toy-meſme*, l'avoit comme anéanti par les bornes trés-étroites qu'il donnoit à ce mot de *prochain* que Dieu avoit étendu ſur tous les hommes? Il l'avoit tiré du ſein de la divinité meſme. Dieu étant connu, la liaiſon que nous avons avec les hommes ne peut eſtre inconnuë, ni les devoirs qu'éxige cette liaiſon, ignorez.

Car comme il aime l'homme, il ne hait pas mesme le méchant.] Voicy la raison du mot qu'il vient de rapporter, *le sage ne hait personne, &c.* & j'ay suivi icy la leçon que presente le manuscrit de Florence, qui me paroist meilleure que celle du texte imprimé ; on lit dans ce manuscrit ὡς μὲν γὰρ τὸν ἄνθρωπον φιλῶν, οὐδὲ τὸν κακὸν ἐχθρὸν τίθεται, ὡς δὲ τὸν ἀρετῇ κεκοσμημένον ζητῶν πρὸς κοινωνίαν, τὸν ἀγαθὸν ἐκ πάντων ἐκλέγεται. Page 51.

Et dans les mesures & les régles de son amitié, il imite Dieu.] Voila la véritable régle. De la connoissance de Dieu se tire la connoissance de tous nos devoirs ; & de son imitation leur accomplissement. Dieu ne hait aucun homme ; car comme Platon l'a démontré, la haine des hommes est incompatible avec la justice. Dieu hait le mal, mais il ne hait pas les personnes, il préfére seulement l'une à l'autre ; & la vertu est toûjours la raison de son choix. Faisons de mesme, & il n'y a plus ni haine ni vengeance, & nous aimerons tous les hommes avec subordination.

Et en ramenant à leur devoir les deserteurs de la vertu, par les loix de sa justice.] Pythagore avoit donc compris que les chaſtiments dont Dieu punit les méchants, ſont des effets de ſon amour; car Dieu chaſtie ceux qu'il aime. Mais cela n'eſt vray que des chaſtiments de cette vie: les Pythagoriciens pouſſoient ce principe trop loin, car ils croyoient que les peines de l'autre vie n'étoient pas éternelles.

Car nous pratiquerons la tempérance & la juſtice avec tous les hommes.] Voici une belle preuve de la néceſſité d'aimer tous les hommes: c'eſt que le caractére de toutes les vertus eſt d'eſtre toûjours ce qu'elles ſont, & d'étendre ſur tous les hommes le bien qu'elles produiſent. Un homme juſte & tempérant, eſt toûjours tempérant & juſte; & il ne dépend pas des injuſtes & des intempérants de le faire changer. Il en eſt de meſme de l'amitié: celuy qui a cette vertu, n'aime pas ſeulement les gens de bien, il étend cette humanité ſur les vicieux meſme; car autrement cette vertu ceſſeroit d'eſtre en luy. Cela me paroiſt admirable. Quand David dit à Dieu, *Cum electo electus eris, & cum perverſo perverteris. Vous ſerez bon avec les bons, & méchant avec les méchants*: il veut faire entendre ſeulement que notre corruption empêche Dieu de nous donner les meſmes marques de ſa bonté, & l'oblige d'interrompre le cours de ſes graces, pour nous ramener à luy.

C'eſt pourquoy le nom d'humanité, *c'eſt* Page 52. *à dire, d'amour des hommes, luy convient parfaitement.*] J'avois corrigé ce paſſage en liſant ἐπιπρέπει, au lieu de ἐπιτρέπει. & je l'ay trouvé enſuite dans le manuſcrit de Florence.

Pour commettre le péché de ſuite, & Page 53. *comme par degrez.*] Rien n'eſt plus aprofondi ni plus vray que cette gradation. Nos paſſions ſe preſtent reciproquement des armes, pour nous faire commettre le péché de ſuite. La bonne chére produit la pareſſe (le ſommeil,) & les deux enſemble, enfantent la luxure, qui tenant la partie iraſcible de l'ame toûjours preſte à s'enflammer, aiguiſe la colére, & brave les plus grands dangers pour aſſouvir ſes convoitiſes.

Et de la nous apprenons à nous con- Page 57. *noiſtre nous-meſmes.*] Voila le chemin bien marqué pour arriver à la perfection. De la tempérance vient le repos des paſſions; du repos des paſſions, la méditation; de la méditation, la connoiſſance de nous-meſmes; de la connoiſſance de nous-meſme, le reſpect que nous nous devons ; & de ce respect, la fuite des vices, & de tout ce qui est honteux. Cela est d'une vérité trés-sensible.

Page 61. *Qui est la plus parfaite des vertus, & qui régnant dans les unes comme dans les autres, les renferme toutes.*] Il y a dans le texte imprimé καὶ διὰ πασῶν ἀρετῶν περιεκτικῆς τῶν ἄλλων, &c. & dans le manuscrit de Florence on lit, πασῶν ἀρετῶν καὶ μέτρων περιεκτικῆς, &c. *qui renferme toutes les vertus & toutes les mesures.* Mais M. Salvini Docteur à Florence, homme trés-sçavant, & qui a eu la bonté de m'envoyer toutes les différentes leçons d'un des plus excellents manuscrits qui soient dans l'Europe, préfére la leçon du texte imprimé ; & m'a communiqué sur cela une pensée qui me paroist trés belle & trés ingenieuse. Il prétend que διὰ πασῶν, est icy le terme *diapason*, dont les musiciens se servent pour exprimer le ton qui renferme les sept intervales de la voix, & que nous appellons *octave :* Et il est persuadé qu'Hierocles compare icy à cette octave, la justice, parce que la justice est la plus parfaite des vertus, & qu'elle les renferme toutes, comme l'octave est la prémiére & la plus parfaite des consonnances, & renferme tous les sons.

Toutes les vertus ſe trouvent dans la juſtice, comme tous les ſons dans l'octave; c'eſt pourquoy Theognis a dit,

Ἡ δὲ δικαιοσύνη συλλήβδην πᾶσ' ἀρετή 'στι.

La juſtice eſt en général toute vertu: Dans cette vûë il auroit fallu traduire, *qui eſt la plus parfaite des vertus, & qui, comme l'octave de la muſique renferme tous les ſons, renferme de meſme toutes les autres vertus.*

Et au milieu ſont le courage & la tempérance.] Le meſme M. Salvini retient icy la leçon du texte, διὰ μέσον, qu'il préfére à celle du manuſcrit de Florence ἐν μέσῳ; il change ſeulement une lettre, & lit διὰ μέσων, perſuadé qu'Hierocles perſiſte dans la meſme methaphore, empruntée de la muſique, & que comme il a appellé la juſtice διάπασον, il appelle icy le courage & la tempérance, διάμεσον, pour dire que dans le concert des vertus, le courage & la tempérance tiennent le milieu.

Et qui cherche toûjours le bien de chacun dans toutes les actions] Le manuſcrit de Florence lit icy καὶ τὸ ἑκάστου πρόσφορον ἐν ταῖς πράξεσιν; ce qui eſt préférable à la leçon du texte imprimé. La prudence cherche ce qui eſt bon & ſéant Pag. 62.

à chacun dans toutes les actions ; car la bonté des actions n'est pas toûjours la mesme pour tout le monde ; elle change selon l'état & la qualité de ceux qui agissent. Autre est la valeur d'un Général ; autre celle d'un simple Officier, & ainsi des autres.

Et que la justice corrigeant tous nos vices, & animant toutes nos vertus.] Dans ce passage j'ay plustost suivi le sens que les mots, qui me paroissent corrompus dans le texte Grec ; car je n'entends point καὶ τὴν δικαιοσύνην τῆς ἀλογίας ἀνέχεσθαι ; cela n'est pas mesme Grec. Je croy qu'il faut corriger καὶ τὴν δικαιοσύνην τὰς ἀλογίας ἀνέλεσθαι, mot à mot, *& que la justice emporte nos vices.* C'est ce que signifie ἀνελέσθαι, comme Hesychius l'a remarqué, ἀνελέσθαι, dit-il, ἐξελέσθαι. Le manuscrit de Florence fournit icy une leçon qui mérite d'estre examinée ; car elle présente un beau sens, καὶ τὴν δικαιοσύνην τῆς ἀναλογίας ἔχεσθαι ; *& que la justice se proportionnant à chaque sujet*, &c. car la justice n'est justice que lorsqu'elle suit la proportion.

Et de l'ame ces vertus rejaillissent sur cet estre insensé.] Et voila comment ce corps mortel est orné & embelli par les vertus qui sont les perfections de l'ame; leur beauté rejaillit sur luy.

Et de la fortune qui la suit.] Car la Page 63. fortune n'est qu'une suite de cette nature mortelle. Que cette nature soit absorbée, la fortune n'a plus de lieu.

Que ce qui est composé de terre & d'eau] Les Pythagoriciens ne mettoient que ces deux élemens pour la formation de l'homme, & l'on trouve dans Homere l'origine de cette opinion; mais sous ces deux élements, ils comprenoient les deux autres; car sous *la terre*, étoit compris le feu; & sous *l'eau*, étoit compris l'air. Dans la vie de Pythagore nous avons vû que ce Philosophe combattoit l'erreur de ceux qui pour la formation des estres, n'admettoient qu'un élement.

Or certainement ni le corps ni les Page 64. *biens, en un mot tout ce qui est separé de notre essence raisonnable.*] C'est une verité constante; on en voit la preuve dans Epictete qui a fondé sur ce principe toutes les régles admirables qu'il nous a données.

C'est que nous pouvons bien juger des choses qui ne dépendent point de nous.] Dans l'exemplaire conferé sur les manuscrits, il y a à la marge κρῖναι, au lieu de χρῆναι, & dans le manuſcrit de Florence, χρήσειν, ce qui eſt la meſme choſe, & ce ſens eſt trés-bon; car des ſaines opinions vient le bon uſage : & par conſequent ce qui dépend de nous étend ſon pouvoir ſur ce qui n'en dépend pas. Cela me paroiſt fort beau.

Page 66. *Jamais il n'aura d'égard pour ceux avec leſquels il vit.*] Au lieu de οὔτε τῶν ζώντων ; *des vivans*, il faut lire comme dans le manuſcrit de Florence, οὔτε τῶν συζώντων, *de ceux avec leſquels il vit* ; & & c'eſt la leçon que j'ay ſuivie.

Page 67. *Or c'eſt ce que ne pourra jamais faire celuy qui ſe perſuade que ſon ame eſt mortelle.*] Hierocles decide formellement icy que ceux qui croyent l'ame mortelle ne ſçauroient pratiquer la juſtice. Mais ne ſe pourroit-il pas qu'un homme, quoyque perſuadé que l'ame périt avec le corps, croiroit pourtant qu'il y a en cette vie pour l'ame une ſorte de perfection qui conſiſte dans la juſtice & dans la pratique des vertus ; & que de cette perfection dependent tout ſon bonheur & tout ſon repos ? cela ſe pourroit ſans doute ; & Simplicius l'a établi dans ſa préface ſur Epictete. *Mais quand meſme*, dit-il, *on ſuppoſeroit l'ame mortelle &*

périßable avec le corps, celuy qui vivra selon ces maximes, recevant par ce moyen toute la perfection dont il eſt capable, & joüiſſant du bien qui luy eſt propre, il ſera néceßairement trés-heureux. Mais il faut avoüer que les éxemples en ſeroient rares; & que pour un homme qui croyant mourir tout entier ne laiſſeroit pas de marcher dans les ſentiers de la juſtice, il y en auroit des millions qui s'en éloigneroient. Comment cela ne ſeroit-il point, puiſque malgré la certitude de l'immortalité de l'ame, & des peines préparées aux méchants, nous ne laiſſons pas d'eſtre corrompus & injuſtes?

Ne diſcerne point ce que c'eſt qu'il y a en nous de mortel.] Le manuſcrit de Florence ajoûte icy ces deux mots, μηδαμῶς λογιζόμενος, qui manquent au texte, & qui ſont trés-néceſſaires pour le ſens. Voicy le paſſage entier, τί μὲν ἔστι τὸ ἀποθνῆσκον ἡμῶν μηδαμῶς λογιζόμενος, καὶ τὸ τῶν χρημάτων δεόμενον, &c.

Car c'eſt par notre propre dignité qu'il Page 68.
faut meſurer tous nos devoirs, & dans nos actions & dans nos paroles.] Voila un grand précepte, & un précepte qui ſeul, s'il étoit bien obſervé, empeſcheroit les hommes de tomber dans les baſ-

sesses & dans les indignitez où ils tombent tous les jours ; & qui les degradent de leur dignité, & pour cette vie & pour l'autre.

Page 69. *C'est pourquoy aprés le précepte, observe la justice, il ajoûte.*] Il y avoit dans le texte une faute que le manuscrit de Florence a corrigée, ὅθεν τὸ δικαιοσύνην ἀσκεῖν ἐπήγαγε, &c. Le manuscrit lit fort bien ὅθεν τῷ ; cette faute quoyque légere & trés-facile à corriger, n'a pas laissé d'induire en erreur l'interpréte Latin.

Page 70. *Pour faire entendre que l'habitude de la tempérance est ordinairement accompagnée de la liberalité.*] La libéralité est la fille de la tempérance ; car elle observe toûjours la juste mesure, & bannit également le trop, & le trop peu.

Page 71. *Car on doute sur ce sujet ; prémiérement si cela est possible a l'homme, & ensuite s'il est utile.*] Voila les malheureux doutes que les hommes ont formez dans tous les siécles. Comme ils sont naturellement portez à l'injustice, ils ont cherché à fortifier ce penchant par la raison ; & s'oubliant eux-mesmes, ils ont tasché de se convaincre, & de convaincre les autres, que la pratique des vertus est ou impossible à l'homme, ou inutile. C'est donc en soy mesme qu'il faut chercher les réponses à ces faux raisonnements, en se connoissant soy-messme, c'est à dire, en connoissant sa liberté, & en distinguant ce qu'il y a en nous de mortel, & ce qu'il y a d'immortel. Notre ame est immortelle & libre : elle est libre, donc la pratique des vertus n'est pas impossible : elle est immortelle, donc la pratique des vertus luy est utile.

Sont plustost de vains discoureurs, que de vrais Philosophes.] Ce que dit icy Hierocles est certain, & une marque de sa certitude, c'est qu'il est parfaitement d'accord avec la doctrine de saint Paul, 1. Corinth. chap XV. ℣. 29. 30. & 32. *Alioquin quid facient quid baptisantur pro mortuis, si omnino mortui non resurgunt ? &c.*

Et pousse à joüir des voluptez corporelles.] Car ceux qui ont ce soupçon, se disent, *Manducemus & bibamus, cras enim moriemur. Mangeons & beuvons, car demain nous mourrons.* Saint Paul nous munit contre ces discours seducteurs, en nous disant, *Nolité seduci, corrumpunt bonos mores colloquia malæ. Ne vous laissez pas séduire, les mauvais* Page 72.

entretiens corrompent les bonnes mœurs.

En effet comment ces gens-là peuvent-ils prétendre?] Il va prouver ce qu'il a avancé, que ceux qui soûtenant que l'ame est mortelle, enseignent pourtant qu'il faut pratiquer la vertu, sont de vrais discoureurs; car à quoy bon pratiquer une chose qui nuit à l'ame pendant cette vie, puisqu'elle la prive de ses plaisirs, & qui luy est inutile aprés sa mort, puisqu'elle n'est plus? Voila ce qui suit necessairement de ce faux principe.

Mais cette matiére a été amplement traitée par des hommes divins.] Il parle de Socrate & de Platon. Cette opinion que l'ame n'est qu'une harmonie & un accident de telle ou telle conformation du corps, & par consequent, qu'elle périt avec le corps, est admirablement réfutée dans le Phedon, de l'immortalité de l'ame; & on y établit solidement, qu'elle est immortelle, & que la vertu fait son bonheur.

Page 73. *Et qui la ramene à la félicité convenable à sa nature.*] J'ay ajoûté toute cette ligne, qui est trés-nécessaire, & que j'ay trouvée à la marge de l'exemplaire conféré sur les manuscrits, & ensuite dans le manuscrit de Forence, καὶ πρὸς τὴν φύσει πρέπουσαν ἀξζωΐαν αὐτὴν ἀνάγκη, τοῦ ὄντως, &c.

Mais que nous les justifions genereusement, en démêlant éxactement leurs causes.] Cecy me paroist parfaitement beau. Quand nous remontons aux causes de tous les accidents qui nous arrivent dans cette vie, nous les justifions, car nous trouvons qu'ils n'arrivent point au hazard, & qu'ils ne viennent ni du caprice ni de l'injustice des estres supérieurs, & que ce sont les fruits de nos péchez & de nos crimes.

N'ont pas donné la mesme dignité & le mesme rang à ceux qui n'ont pas fait paroistre la mesme vertu dans leur prémiére vie.] Il y a dans le texte imprimé, *à ceux qui n'ont pas fait les mesmes progrés dans la vertu*, τοὺς μὴ ὁμοίως προβεβηκότας. Cela paroist d'abord faire un beau sens : cependant il est certain que le passage est corrompu. Cela n'avoit pas echappé à Marc Casaubon : le sens, & ce qui suit plus bas, τὰ ἐκ προβιοτῆς κακὰ, *les maux de la prémiére vie*, l'avoient conduit à la véritable leçon ; τοὺς μὴ ὁμοίως προβεβιωκότας, *ceux qui n'ont pas si bien vécu dans leur prémiére vie.* Et c'est la leçon que j'ay trouvée dans l'exem- Page 74.

plaire conféré ſur les manuſcrits, & dans le manuſcrit de Florence. Les Pythagoriciens, pour rendre raiſon de l'inégalité des états & des conditions dans cette vie, & de tous les maux qu'on y ſouffre, avoient recours à la prémiére vie qu'ils ſuppoſoient que les ames avoient menée dans leur ſphére avant que de deſcendre ſur la terre pour y animer des corps, & au choix qu'elles avoient fait; & c'étoit une ſuite trés-naturelle de leur doctrine. Il faut avoüer meſme que par là ils abregeoient bien de diſputes & de difficultez. Il auroit été ridicule d'alléguer pour raiſon le progrés que les ames font dans la vertu pendant cette vie; car l'inégalité des conditions, & ſouvent les maux meſmes précédent ce progrés. C'eſt ainſi qu'Iamblique, pour ſauver les Dieux du reproche d'injuſtice dans la diſtribution des biens & des maux, a dit, que les Dieux étant infiniment élevez au deſſus de nous, connoiſſent toute la vie de l'ame, & tout ce qu'elle a fait dans ſa prémiére vie; & que s'ils infligent quelque peine, ils ne s'éloignent pas en cela de la juſtice; mais ils ont égard aux péchez qu'a commis dans ſa prémiére vie l'ame de ceux qu'ils punissent, liv. IV. chap. IV. Aujourd'huy nous n'avons pas besoin de recourir à ces raisons plus subtiles que solides, nous qui sçavons que l'inégalité des rangs & des conditions est un bien, & non pas un mal; que le bonheur & le malheur des hommes ne se mesurent pas ainsi par des choses passagéres & périssables, & que tous les hommes étant originairement pécheurs, tous les maux qu'il plaist à Dieu de leur envoyer, ne peuvent estre que justes.

Et qu'ils ne distribuassent pas à chacun la fortune qu'on dit que chaque homme venant au monde choisit luy-mesme selon le sort qui luy est échû.] Pour l'intelligence de ce passage, il ne faut que rapporter icy le sentiment des Pythagoriciens, comme il est expliqué dans le x. livre de la Republique de Platon, qui dit, qu'un Prophete aprés avoir pris du sein de la prémiére parque, tous les sorts, monta sur un trône; & s'adressant à toutes les ames, il leur dit, *Choisissez vous-mesme vostre Demon.* (vostre Ange) *Que celle qui aura le prémier sort choisisse la prémiére le genre de vie qu'elle menera par les Loix de la nécessité, & ainsi des autres, &c. La faute en est à celle qui* Page 75.

choisit, & Dieu n'est point coupable.

Celuy qui nous gouverne.] Dans le manuscrit de Florence, au lieu de δηκοῦντος, on lit διοικοῦντος ; & c'est la véritable leçon.

Par de saintes méthodes, & par de bonnes reflexions.] J'ay suivi icy l'exemplaire conferé sur les manuscrits, à la marge duquel on lit ταῖς ἱεραῖς μεθόδοις, καὶ ταῖς ὀρθαῖς νουθετήσεσιν ; & j'ay ensuite trouvé cette leçon confirmée par le manuscrit de Florence.

Page 76. *Et la privent du culte de son libre arbitre.*] Car tout homme qui se persuade que les maux luy viennent d'une cause étrangére, & sur laquelle il n'a aucun pouvoir, oublie sa liberté, & n'en fait plus aucun usage.

En la tenant dans l'oubli des causes de ce qu'elle souffre icy bas.] C'est le sens de ce passage. Le texte imprimé dit, τῷ προστιθέναι λανθάνουσαν τὰς αἰτίας, &c. ce qui ne peut faire que difficilement un bon sens : & le manuscrit de Florence corrige fort bien, τῷ προστιθέναι λανθανούσας αἰτίας, &c. *en luy faisant rapporter ce qu'elle souffre à des causes qui luy sont cachées.*

Page 78. *A moins qu'elle ne veuille elle-mesme.*] J'ay suivy icy la leçon que m'a présenté la marge de l'éxemplaire conferé ſur les manuſcrits, où j'ay rrouvé ἐθέλῃ pour ἔλθῃ, qui ne fait aucun ſens, & le mot ἀγαθῶν ajoûté aprés δοκούντων; ce qui manquoit viſiblement, & c'eſt ainſi qu'a lû le manuſcrit de Florence.

Car il n'eſt pas poſſible qu'à aucun de ces vices on ſe récrie, que cela eſt beau!] Voila une belle régle pour diſtinguer la vertu du vice, & les véritables maux de ceux qui ne le ſont que de nom. Il n'eſt pas poſſible de s'y tromper.

Parce que ce ſont des écarts, & des éloignements de la droite raiſon.] Cette idée eſt juſte & belle. Hierocles poſe icy la droite raiſon, comme un but auquel l'homme viſe; mais l'aveugle qui ne le voit pas s'en éloigne. Page 79.

En parlant des maux volontaires, il ne dit pas qu'ils ſoient diſtribuez par la divine fortune.] Car ce ſont des péchez qui viennent de nous, & nullement de Dieu. Page 80.

Mais qui peuvent recevoir des mains de la vertu, de l'ornement & de l'éclat.] Car de tous les maux de la vie il n'y en a pas un ſeul que la vertu ne puiſſe convertir en bien.

Et ſi rien ne préſide à ces partages.] Page 81.

Le texte étoit fort corrompu par le changement d'une seule lettre ; car que peut signifier icy εἰ δὲ μηδὲν ἐπιστατεῖται τῶν τοιούτων λέξεων, *sin autem nihil hujusmodi nominibus imperat*, comme a traduit l'interpréte Latin ; c'est à dire, *si rien ne preside à ces noms*. Il ne s'agit pas icy de noms, au lieu de λέξεων, *noms*, j'avois corrigé λήξεων, *sorts*, *partages* ; Hesychius λήξεως κληρονομίας, μερισμοῦ ; Hierocles s'en est souvent servi ; mais longtemps aprés cette remarque faite, j'ay trouvé cette conjecture confirmée par le manuscrit de Florence, avec cette différence pourtant, qu'il a mis par le datif, εἰ δὲ μηδὲν ἐπιστατεῖ ταῖς τῶν τοιούτων λήξεσιν ; *Que si rien ne preside au partage, à la distribution de toutes ces choses.*

Page 82. *En ce que celuy qui juge est un estre divin & plein d'intelligence.*] Le texte est si corrompu, qu'il n'étoit pas possible d'en tirer un beau sens, ni un sens intelligible. Le manuscrit de Florence m'a tiré de peine en me présentant ce passage tel qu'Hierocles l'avoit écrit, ἡ μὲν θεῖον καὶ νοερὸν ἐστὶ τὸ κρῖνον, &c. ἡ δὲ οἰκείᾳ προαιρέσει κακύνεται τὸ κρινόμενον, &c. *D'un costé, en ce que c'est Dieu qui juge, &c.*

&c.

& de l'autre costé, en ce que celuy qui est jugé, &c. cela est trés clair. Tout ce qu'Hierocles dit icy pour expliquer cette *divine Fortune*, me paroist trés-beau & trés-profond.

Parce qu'il n'arrive point à Dieu de chastier, ou de recompenser préalablement les hommes.] Car ces mots, *punition* & *recompense*, supposent nécessairement ou vices ou vertus. Ce que dit icy Hierocles ne touche point à cette vérité, que Dieu nous prévient par ses graces, puis qu'il reconnoist que tout le bien que nous faisons, nous ne le faisons qu'en usant du don de Dieu, & qu'il dit dans la page suivante, que Dieu nous donne des biens *préalablement*, & sans que nous les ayons méritez.

De sorte que le tout ensemble, divine Fortune, *n'est autre chose que le jugement que Dieu déploye contre les pécheurs.*] Il y a du divin en ce que ce jugement vient de Dieu, qui suit les Loix de sa justice; & il y a de la fortune, en ce que nous nous l'attirons par nos crimes, & qu'il dépendoit de nous de l'éviter. C'est la fortune qui fait tomber sur nous ce jugement qui n'étoit pas donné contre nous.

Aſſemble le ſoin de Dieu qui préſide, & la liberté & le pur mouvement de l'ame qui choiſit.] Il y a dans le texte, *& la liberté & l'immortalité de l'ame qui choiſit.* Il n'y a perſonne qui ne ſente, qu'il n'eſt pas queſtion icy de l'immortalité de l'ame, mais de ſa liberté. Il faut donc qu'il y ait faute au mot ἀθάνατον, & je ne doute pas qu'Hierocles n'euſt écrit αὐτόματον, *le pur mouvement.* La meſme faute eſt pourtant dans le manuſcrit de Florence.

Et que ces maux n'arrivent ni abſolument par la deſtinée, ni &c.] Ils n'arrivent pas abſolument par les ordres de la providence, car notre volonté y a part; & ils n'arrivent pas non plus à l'avanture, car ils arrivent en conſequence des ordres de Dieu.

Page 83. *Et que ce n'eſt pas notre volonté ſeule qui diſpoſe du total de notre vie.*] Car ſi elle en diſpoſoit, nous commettrions le mal, & nous n'en ſerions pas punis. Nous diſpoſons du mal, mais nous ne diſpoſons pas des punitions qu'il attire: le mal vient de nous, & la punition vient de Dieu; & voila l'aſſemblage qui conſtituë *la divine Fortune*, & qui allie les accidents de la fortune avec les ordres & les decrets de Dieu.

Et que les biens que Dieu donne préalablement, & sans que nous les ayons méritez, se rapportent à la providence.] Hierocles reconnoist icy que Dieu prévient les hommes par des graces, & ces graces antécédentes, il les attribuë aux decrets de Dieu, à la Providence. Cela est remarquable dans un Payen; & ce n'est pas de la Philosophie Payenne qu'il a tiré ce principe.

Pense la mesme chose de l'essence divine.] Dans l'éxemplaire conferé sur les manuscrits, au lieu du mot οὐσίας *essence*, je trouve à la marge ἐπιστασίας, *pense la mesme chose du gouvernement divin*; c'est à dire de la providence : mais le manuscrit de Florence retient οὐσίας. Page 84.

N'est que le fruit de la science des Juges.] Il y avoit une faute grossiére dans le texte, εἰς τὴν τῶν κρινομένων νομοφυλακικὴν ἐπιστήμην. Au lieu de τῶν κρινομένων, *de ceux qui sont jugez*, il faut lire comme dans le manuscrit de Florence, τῶν κρινόντων, *de ceux qui jugent, des Juges.* Page 85.

Car s'il est plus utile d'estre puni, que de ne l'estre pas.] Socrate a fait dans Platon une démonstration admirable de cette vérité.

Et si la justice ne tend qu'à reprimer le debordement des vices.] Il y a dans le texte ἡ δίκη βλάπτει. Ce qui pourroit estre expliqué de cette maniére, *& si la justice ne punit que pour reprimer, &c.* mais j'ay mieux aimé suivre le manuscrit de Florence qui a lû ἡ δίκη βλέπει, *si la justice ne regarde, ne vise, &c.*

Page 86. *Car celuy que les hommes maudissent & renient dans le mal qu'ils font, ils le confessent & l'invoquent dans le mal qu'ils souffrent.*] Voicy une grande vérité, & qui jette un grand jour sur l'injustice & la corruption des hommes. Ils ne veulent pas qu'il y ait de Dieu quand ils font le mal, afin de n'estre pas punis; & ils veulent qu'il y en ait un, quand ils le souffrent, afin d'estre délivrez & vangez.

Comme le Rocher de Tantale.] On parle bien plustost du rocher de Sisyphe que du rocher de Tantale. La fable celebre la faim & la soif de Tantale au milieu des eaux & des fruits; & c'est ainsi qu'Homere en parle dans l'onziéme livre de l'Odyssée. Hierocles ne se trompe pourtant pas, & il faut que la fable ait varié; car Platon parle du rocher de Tantale

To. I. p. 395. dans le Cratyle, où de ce rocher qui pend

sur sa teste, il tire l'etymologie de son nom.

Enyvrez du desir des richesses.] Il ne met qu'une cause de l'injustice des hommes, celle qui est la plus ordinaire & la plus commune, l'avarice ; & sous celle-là, il comprend toutes les autres.

Et il les punit comme hommes par la Page 88.
rencontre fortuite de la Loy, avec leur volonté corrompuë.] Car ce n'est que par hazard que la Loy faite contre les méchants en général tombe sur un tel homme qui s'est rendu méchant par sa volonté & par son choix. En effet la Loy veut punir le pécheur, & non pas un tel pécheur: ainsi la rencontre de la Loy, avec la volonté corrompuë de celuy qui a commis le crime, est purement fortuite, & par accident.

Car comment traiter de mesme un hom- Page 89.
me qui n'est plus le mesme.] Comme Dieu recompense le pécheur qui se convertit, il punit le converti qui retombe dans le péché. Ce n'est que la perseverance dans le vice ou dans la vertu, qui est recompensée ou punie. L'exemplaire conferé sur les manuscrits, & le manuscrit de Florence ajoûte icy au texte un mot, διαμείναντα, qui me paroist fort bon, τὸν γὰρ μὴ τοιοῦτον διαμείναντα πῶς, &c. *Car com-*

ment traiter de mesme un homme qui n'est pas demeuré le mesme?

Page 90. *Autant qu'il dépend du jugement divin.*] Il parle ainsi pour faire entendre que le jugement divin laisse quelque chose à faire à la volonté de l'homme. Dieu veut corriger le pécheur par ses chastiments, mais le pecheur demeure quelquefois endurci.

Qui puissent nous faire comprendre & nous faire ressouvenir quel grand bien c'est.] Il y a dans le texte simplement, *& nous faire ressouvenir des Loix divines.* Mais j'ay suivi icy la restitution que j'ay trouvée à la marge de l'exemplaire conferé sur les manuscrits, où il y a καὶ ἀναμιμνήσκεσθαι οἷον ἦν ἄρα ἀγαθὸν μὴ ἀφίστασθαι τῶν θείων νόμων. Ce qui est confirmé par le manuscrit de Florence.

Page 91. *Car prémiérement les gens de bien supportent doucement.*] Comme ce que Pythagore dit dans ce Vers, que la plusspart de ces malheurs n'arrivent pas aux gens de bien, paroist démenti par l'expérience qui fait voir tous les jours les gens de bien en butte aux plus grands malheurs, Hierocles va expliquer le dogme de son maistre, & en établir la vérité, en montrant que pour les gens de bien, ces maux changent de nature. Tout cecy me paroist parfaitement beau.

Puisqu'il est certain que les biens divins sont reservez pour les parfaits.] Pythagore croyoit donc qu'il y avoit des biens proportionnez à chaque degré de vertu; c'est à dire que la médiocrité de la vertu ne produisoit que les biens humains qui resultent de la pratique des vertus civiles, & que la sublimité de la vertu unissant à Dieu, procuroit les biens divins, c'est à dire tous les biens dont Dieu est la source.

Car comment se peut-il qu'on se serve des saintes supplications, & des saints sacrifices d'une maniére digne de Dieu.] Cela ne se peut; car dés qu'on ne reconnoist en Dieu ni providence ni justice, on n'assiste aux ceremonies de la Religion que par coûtume, & par grimace; ce qui est trés-indigne de Dieu.

Et qu'on ose nier que notre ame soit Page 92.
immortelle, & qu'elle reçoive.] J'ay corrigé ce passage en repétant la négative μὴ, qui y manque visiblement, quoyqu'elle ne paroisse ni dans l'exemplaire conferé sur les manuscrits, ni dans le manuscrit de Florence.

Opinion qui renferme toutes les inju- Page 93.

ſtices enſemble.] Dans le manuſcrit de Florence, au lieu de παντοδαπῆς ἀδικίας, *toute ſorte d'injuſtice*, il y a παντοδαπῆς ἀσεβείας, *toute ſorte d'impiété.*

Page 94. *Au reſte ſi nous voyons la meſme inégalité régner, tant dans les animaux, dans les plantes.*] Voicy une objection que les libertins faiſoient contre la Providence. Ils diſoient, puiſque nous voyons les animaux, & les eſtres inanimez auſſi différemment traitez que les hommes, il faut donc néceſſairement ou que la Providence ne s'étende non plus ſur les hommes que ſur les animaux; ou ſi elle s'étend ſur les uns comme ſur les autres, on doit conclure de là que les animaux ſont auſſi la cauſe de l'inégalité qui régne parmi eux; & par conſequent, qu'il y a dans les animaux des vertus & des vices, puiſqu'il n'y a que les vertus & les vices qui attirent ce ſort différent. Les Pythagoriciens répondoient fort bien à cette objection, comme on le verra dans la remarque ſuivante. La Providence s'étend ſur les animaux & ſur les hommes, mais d'une maniére différente.

Pag. 95. *Il ne faut pas non plus de ce que tout ce qui nous regarde.*] Ce paſſage, qui eſt d'une obscurité impénétrable dans le texte, devient clair & intelligible par le changement d'une seule lettre, & par une bonne ponctuation. Au lieu de ἤδε, il faut lire οὔδε, & ponctuer ainsi tout le passage, οὔδε ἐπ' ἐκείνων δίκη καὶ κρίσις, καὶ ἀρετῆς, καὶ κακίας ἐκλογισμοί, ἐπὶ τὰ καθ' ἡμᾶς οὕτως ἠκριβωται. Comme le hazard qui domine sur les animaux, ne conclud rien contre nous, de mesme la providence qui veille sur nous, & qui régle notre sort selon notre mérite, ne conclud rien pour établir la vertu ou le vice des animaux. Hierocles reconnoist que la providence de Dieu s'étend sur tout; mais que chaque chose y a part, selon ce qu'elle est, & ce que Dieu l'a faite. Voicy comme il s'en explique luy-mesme dans son traité de la providence. *Il n'est pas juste que les estres sans raison ayent l'honneur d'avoir la mesme part à la providence que les estres raisonnables: il suffit aux prémiers que l'espéce soit conservée. Voila le degré de providence qui leur convient, que leur espéce soit immortelle, & qu'elle subsiste toûjours. Mais pour nous, si la providence n'étend pas ses soins sur chaque individu, de maniére que tout ce qui nous arrive soit reglé par la providence, nous*

n'avons pas la part qui nous est dûë de ce soin de Dieu; car, ajoûte-t-il, *Dieu nous a créez un certain nombre, il n'a pas créé une seule ame de laquelle nous ayons une partie, & dans laquelle nous allions nous reméler; mais il a créé chaque ame circonscripte, & separée des autres; au lieu quil a tiré tous les animaux de la mesme masse: ainsi une providence générale suffit à cette masse pour faire qu'elle ne périsse point, & ce qui regarde chaque partie, chaque animal, peut fort bien estre abandonné au hazard; mais pour nous, il convenoit que la providence réglast ce qui regarde chaque ame en particulier; car ce n'est pas une nécessité que la mort des animaux & des plantes soit réglée comme celle des hommes selon leur mérite; car les animaux ne viennent pas à la vie comme nous.* Ces paroles d'Hierocles peuvent servir de commentaire à tout ce qu'il dit icy; mais en voulant refuter l'erreur des libertins, il est tombé dans un autre erreur, qu'il auroit pû corriger s'il avoit consulté la véritable lumiére qui nous
Math. x. 29. apprend, *qu'il ne tombe aucun passereau sur la terre sans la volonté de Dieu*; &
Luc XII. 6. *qu'il n'y a pas un seul passereau qui soit*

mis en oubli devant Dieu; & par consequent, que la providence ne s'étend pas seulement sur l'espéce, mais aussi sur chaque animal; & c'est ce que longtemps avant Pythagore, Homere mesme avoit connu, comme on peut le voir, par un passage du XXI. livre de l'Iliade. Si la providence s'étend sur le plus petit des animaux, à plus forte raison s'étend-elle sur chaque homme.

Car prémiérement les choses purement inanimées sont comme la matiére commune aux animaux & aux plantes.] Ce passage étoit fort embroüillé dans les éditions. Le manuscrit de Florence oste tout l'embarras en suppléant ce qui manque au texte. πρῶτον μὲν τὰ ἄψυχα οὕτως ἔγκειται ὡς κοινὴ ὕλη φυτοῖς καὶ ζώοις· ἔπειτα τὰ φυτὰ ζώοις καὶ ἀνθρώποις κοινὴ τροφὴ πρόκειται, καὶ ἔνια δὲ ζώων, ζώοις τε καὶ ἀνθρώποις; *car prémiérement les choses inanimées sont destinées pour estre la matiére commune aux plantes & aux animaux. Les plantes le sont pour servir de nourriture aux animaux & aux hommes; & les animaux sont destinez à estre la pasture d'autres animaux, & à nourrir l'homme, & à le soulager.* Voila comme Hierocles explique les différents degrez de providence que Dieu deploye sur tous les estres créez à proportion de leur dignité & de leur noblesse, en n'ayant pour les uns que des vûës générales, & en honorant les autres d'un soin particulier, de maniére que la providence, qui s'étend sur les estres inanimez, sur les animaux & sur les plantes, n'est qu'une suite de celle qu'il étend sur l'homme, tout est en faveur de l'homme. Ce qui arrive contre ces vûës & contre ce soin de Dieu pour l'homme, comme lorsque quelqu'un est devoré par les bestes, cela ne détruit point cette Loy de la providence, & arrive par des raisons particuliéres qui la confirment. Tout ce qu'Hierocles dit icy seroit parfaitement beau, s'il n'avoit pas trop limité la providence de Dieu sur les estres inférieurs à l'homme.

Cela ne se fait par aucun rapport à ce que les uns & les autres ont mérité.] Quand un animal est devoré par un autre animal, ou qu'il sert de nourriture à l'homme, ce n'est pas que l'animal devoré ait demérité, & que l'animal qui le devore ait mérité en aucune maniére. La seule cause de cette différente fortune, *ce sont*, comme il le dit luy-mesme dans le livre de la providence, *nos différents choix, les besoins qu'ils ont de se manger les uns les autres pour se nourrir, & mille accidents divers & fortuits qui les forcent à périr sans mesure ni régle, avant le terme que la nature leur avoit marqué; de maniére qu'ils ne sont point punis d'une prémiére vie qu'ils ayent menée, & qu'ils ne doivent point attendre de jugement sur ce qu'ils font, ou qu'ils souffrent.* On voit clairement par là qu'Hierocles établit que la providence n'a soin des animaux & des plantes qu'en gros, & qu'en particulier il les laisse gouverner au hazard. Erreur qui a déja été assez combatuë.

Que si en poussant plus loin les objections, on nous opposoit.] Voicy un autre retranchement des libertins : Ils disoient que les Dieux se servoient des hommes, comme les hommes se servent des animaux, c'est à dire, qu'ils se nourrissoient de chair humaine, & par consequent que le hazard dominoit aussi sur les hommes, & que les Dieux n'étendoient pas sur eux ce soin particulier, puisqu'ils souffroient qu'on les immolast sur leurs autels, & qu'ils s'en nourrissoient. Hierocles répond fort bien à cette objection, en suivant les principes de Pythagore, Page 96.

& en faisant voir que si les Dieux se nourrissoient de la chair des hommes, ils ne seroient pas Dieux, & qu'ils seroient mortels; car comme Homere mesme l'a reconnu, tout ce qui se nourrit d'aliments terrestres est mortel; or au dessus de l'homme il n'y a aucun estre mortel; il n'y a que ce corps que l'homme a revétu icy bas, qui doive necessairement mourir. Il n'y a donc point de Dieu qui se nourrisse de chair humaine; & par consequent ces victimes humaines ne prouvent rien contre la providence. Par ce principe Hierocles bat en ruine les sacrifices barbares des nations.

Et prénant un instrument qui est de mesme nature que les animaux.] L'homme par son corps est de mesme nature que les animaux; c'est dans ce sens que Salomon a dit, *Unus interitus est hominis & jumentorum, & aqua utriusque conditio.* Ecclesiast. III. 19.

Les bornes du pouvoir que la justice & l'ordre donnent sur nous aux estres supérieurs.] Voicy un beau principe. La justice de Dieu & sa providence n'ont donné aux estres supérieurs, que le desir & le pouvoir de nous faire du bien. Mais dira-t-on les Pythagoriciens, &

les Platoniciens n'ont-ils pas reconnu que l'air eſt plain de mauvais Anges, qui ne cherchent qu'à nous faire du mal ? Cela eſt vray. On n'a qu'à voir ce qui eſt rapporté dans la vie de Platon ; mais ces mauvais Anges ſe ſont degradez par leur chute, & ils ne ſont plus ſupérieurs à l'homme ; ils nous ſurpaſſent en pénétration & en ſubtilité, mais nous les ſurpaſſons en raiſon. D'ailleurs ces mauvais eſprits n'ont pas le pouvoir de nous faire le mal qu'ils veulent.

Car ils ont ſoin de nous comme de leurs parents, quand nous venons à tomber.] Page 97. Auſſi Platon dit que dans le combat que nous avons à ſoutenir contre ces puiſſances, *les Dieux & les bons Anges viennent à notre ſecours*. x. liv. des Loix.

Et que les eſtres ſans raiſon, il les a laiſſé faire à la nature ſeule.] Car ils s'imaginoient que ſi Dieu les euſt créez luy-meſme, ils auroient été immortels, tout ce qui vient immédiatement de Dieu devant eſtre immortel de ſa nature. Vaine ſubtilité de ces Philoſophes. Dieu n'a-t-il pas créé les Cieux ? Les Cieux paſſeront. Dieu a créé le corps de l'homme de la matiére qu'il avoit déja créée ; & il a impoſé à ſes ouvrages les Loix qu'il a voulu.

Page 98. *Et que les ames des hommes étoient toutes tirées du mesme tonneau que les Dieux du monde, les Demons, & les Héros.*] C'est ce qui est expliqué dans le Timée de Platon, où il est dit que
Tom. 2. p. 41. Dieu aprés avoir donné ordre aux Demons & aux intelligences inférieures de créer les corps des hommes, dont il se reservoit le droit de créer les ames, *il retourna au prémier tonneau*, ἐπὶ τὸν πρότερον κρατῆρα, *où il avoit mêlé l'ame de l'univers, & qu'il y mêla l'ame de l'homme, des restes qui y étoient, & qu'il l'a fit de la mesme maniére, non pas à la vérité si parfaite; mais du second & du troisiéme rang.* Voila dans quelles ténébres d'erreur la vaine curiosité & l'histoire de la création mal entenduë, ou mal conçuë, jettoient ces Philosophes trop subtils. Dans la vie de Pythagore j'ay tasché d'expliquer l'opinion de ce Philosophe sur la nature de l'ame, & d'en decouvrir la source.

Car ce qui n'est qu'animal, n'est point descendu icy pour n'avoir pû suivre Dieu.] Voicy les propres termes de Platon dans son Phedre, où il dit, *que pendant que l'ame peut suivre Dieu, elle est toûjours heureuse; mais lorsque ne pouvant plus le ſuivre, elle le perd de vûë; que malheureuſement remplie de vice & d'oubli, elle s'appeſantit, & qu'apeſantie elle laiſſe couler ſes aiſles, & tombe dans cette terre; alors la Loy de la néceſſité l'aſſujettit, &c.* Hierocles s'en ſert pour rendre raiſon de ce qu'il a avancé, que la providence s'étend ſur toutes choſes à proportion de ce qu'elles ſont, & que par cette raiſon elle a plus de ſoin de l'ame de l'homme que des animaux; car l'ame eſt deſcenduë du Ciel, & elle y peut remonter, & elle eſt capable de mener icy bas une vie policée, ce que les animaux ne ſçauroient faire. Il eſt donc certain que Dieu a plus de ſoin des hommes que des animaux, puiſque les hommes viennent du Ciel, & qu'ils ſont l'ouvrage de Dieu; au lieu que les animaux ne ſont que l'ouvrage de la nature, que leur ame & leur corps ne ſont qu'un composé des élements.

Comme n'étant point une plante céleſte.] Il appelle l'ame *une plante céleſte*; parce qu'elle a ſon origine dans le Ciel, au lieu que les animaux ſont une plante terreſtre.

Il n'eſt pas d'une nature à eſtre remené à aucun aſtre.] Car ils ſuppoſoient que la partie la plus divine de l'ame retournoit au Soleil, & le corps subtil à la Lune; au lieu que les animaux retournent à la terre d'où ils ont été tirez.

Page 99. *Car d'un costé son bon esprit n'étant point bouleversé.*] Dans le texte, au lieu de τὸ μὴ συλκιγύδαι, il faut lire τῷ μὴ, &c. comme dans le manuscrit de Florence.

Page 100. *Mais alors la disposition mesme de celuy qui soulage, ne fait qu'augmenter la tristesse & le chagrin.*] Car il n'y a point d'homme, s'il n'a perdu tout sentiment d'honneur, qui ne soit affligé de devoir à la seule humanité un secours qu'il doit s'attirer par sa vertu & par son courage. L'aumosne deshonore, mais le soulagement attiré par l'admiration & par l'estime fait honneur.

Page 101. *En tirant de luy-mesme le secours contre la tristesse.*] Car il tire de luy-mesme la pensée, que les maux ne luy arivent que parce qu'il les a méritez par ses crimes; & qu'en changeant de vie, il changera d'état, &c.

Page 102. *Une grande preuve de l'éternité de l'ame.*] On voit icy manifestement que les Pythagoriciens appelloient l'ame éternelle, quoy qu'ils la supposassent créée. Ainsi cette éternité ne peut estre entenduë à mon avis, que d'une création avant le temps, ou avant le corps; ou bien ils l'ont appellé éternelle par rapport à son principe, & à sa source, qui est Dieu.

Et pour supporter avec douceur la divine Fortune, & pour pouvoir la corriger, & la guérir.] Car il a prétendu prouver que le jugement que Dieu deploye sur les pecheurs est l'effet des pé-chez commis dans l'autre vie, & que par consequent l'ame a éxisté avant le corps. Voila l'embarras où jettoit ces Philosophes l'ignorance du péché originel. D'ailleurs il n'est nullement necessaire que l'ame soit éternelle, pour supporter les maux que Dieu luy envoye, & pour les guérir par sa conversion. Qu'elle soit créée aprés la conception, ou en mesme temps, elle a toûjours la mesme vertu qu'elle tire de son Créateur.

Car il n'est nullement possible, ni que ce qui est né depuis un certain temps, éxiste toûjours.] Ouy, qu'il éxiste toûjours par luy-mesme, par sa nature; mais il peut éxister toûjours par la volonté de celuy qui l'a créé, & telle est la condition des Anges aussi bien que celle de l'ame. Et Platon mesme a reconnu cette vérité, que l'immortalité des

Anges n'est pas un effet de leur nature, mais un privilége de pure grace. On peut voir ce qui a été remarqué dans sa vie.

Page 104. *Et encore afin que nous ne tombions pas dans la misologie.*] Hierocles suit icy la pensée de Socrate, qui dans le Phedon de Platon deplore le malheur des hommes qui à force d'entendre disputer les ignorants, & contredire tout, se persuadent qu'il n'y a pas des raisons claires, solides & sensibles; & s'imaginent que tout est incertain. Comme ceux qui à force d'estre trompez par les hommes, tombent dans la misantropie, ils tombent de mesme dans la misologie à force d'estre trompez par les faux raisonnements, c'est à dire, qu'ils conçoivent une haine absoluë pour toutes les raisons généralement, & n'en veulent écouter aucune; disposition tres-commune. Combien voit-on de gens, par exemple, qui décrient la Philosophie dés qu'ils voyent un faux Philosophe; & la Theologie, dés qu'ils entendent les erreurs d'un mauvais Theologien? Cette extrémité est tres-funeste, mais celle qui luy est opposée, & qui consiste à recevoir tout ce qu'on dit, ne l'est pas moins. Il faut garder le juste milieu, examiner toutes choses, & retenir ce qui est bon.

Nous pouvons dire hardiment qu'il n'y a que les raisonnements vrais qui soient des raisonnements.] Quelle vérité & quelle grandeur dans cette distinction. Tout raisonnement faux n'est pas un raisonnement; car il n'est pas la production de la raison soumise à Dieu, & nourrie de sa vérité. Que cecy est mortifiant pour ces Philosophes insensez qui osent disputer contre les principes les plus certains & les plus incontestables! Tous leurs raisonnements ne sont, comme dit icy Hierocles, que des cris d'une ame privée de raison, & qui n'a plus la vérité pour guide. Page 105.

Il ne faut le faire ni avec vehemence, ni avec insulte, & avec des airs méprisants.] Que ces régles qu'Hierocles prescrit icy pour la dispute sont belles! qu'elles sont Chrétiennes! Page 106

Car l'homme est naturellement fecond en opinions étranges & érronées, &c.] C'est une grande vérité, & qui devroit tenir les hommes dans une grande deffiance d'eux-mesmes; dés qu'ils s'abandonnent à leurs lumiéres, & qu'ils ne suivent pas les notions communes selon la droite raison, ils tombent dans l'erreur. Mais quelles sont ces notions communes? ce Page 107.

ſont celles qui ont é é dans tous les temps, & qui ſont confirmées par une autorité connuë. Voila les ſeules qu'on peut ſuivre en ſuivant la droite raiſon.

Page 108. *Nous qui étant de meſme nature que ces malheureux.*] Il y a une grande douceur & une grande équité dans ce ſentiment. Etant hommes, & par conſequent infirmes, nous pouvions tomber dans les meſmes erreurs. Que la joye donc d'en eſtre délivrez nous inſpire de la douceur & de la compaſſion pour ceux qui y ſont encore.

Et ce qui contribuë le plus à nous donner cette douceur, ſi néceſſaire dans les diſputes, c'eſt la confiance qui ſe trouve dans la ſcience.] Ce principe eſt certain. Un ignorant qui ne peut répondre aux objections qu'on luy fait, s'aigrit & s'échauffe, au lieu que celuy qui eſt véritablement ſçavant, comme il ne trouve rien qui l'embarraſſe, parce qu'en s'inſtruiſant, il a cent fois détruit tout ce qui pouvoit combattre la vérité, il eſt toûjours doux, modeſte, & tranquille; & tel étoit Socrate dans ſes diſputes : jamais il n'a dit une injure aux diſputeurs les plus injuſtes & les plus outrez. D'où venoit cette douceur ? de ſa profonde ſcience.

Toutes les difficultez qu'on luy oppose-ra.] J'ay suivi icy le texte imprimé, parce qu'il me paroist faire un trés-beau sens, & qui répond admirablement à ce qu'Hierocles vient de dire, que le véritable sçavant a prémédité tout ce qui peut combattre la vérité. Cependant je suis obilgé de dire que le manuscrit de Florence lit ce passage tout autrement. Le voicy tout entier, τί οὖν παράξει τοῦτον ὡς ἄλυτον ὄν; τίνος δὲ ἀχύρου φαντασία παράξει τοῦτον; ὃς προκατηγώνισται πᾶν ψεῦδος; *Qu'est-ce qui le troublera, comme étant indissoluble? Quelles nouvelles difficultez pourra-t-on luy opposer, qui l'embarrassent, luy qui a déja triomphé de tout ce qui est faux?* Page 109.

Et pour ce qui concerne l'habitude que l'homme sçavant doit acquérir, de ne se laisser jamais tromper.] Il y a icy une faute considérable au texte, περὶ δὲ τῆς ἁπάντων ἀνεξαπατήτου ἕξεως. Il faut lire comme dans le manuscrit de Florence, περὶ δὲ τῆς διὰ πάντων ἀνεξαπατήτου ἕξεως.

Et toutes les choses extérieures ne sont ni toy, ni à toy; mais, &c.] Rien n'est plus vray ni plus solide que cette distinction. Notre ame, c'est nous; notre corps est à nous; & tout le reste n'est ni nous, ni à nous, mais à ce qui est à nous. Pla- Page 113.

ton en a fait une demonstration sensible dans le prémier Alcibiade ; & c'est sur ce principe qu'Epictete a fondé toute sa Philosophie.

Page 115. *De quelques actions, & de quelques paroles qu'ils accompagnent leurs persuasions.*] J'ay ajoûté *de quelques paroles:* en suivant l'éxemplaire conferé sur les manuscrits. Le manuscrit de Florence supplée aussi le mesme mot, & lit ainsi tout le passage, δι' οἵων δὴ ἔργων ἢ λόγων τῆς πρὸς τὸ χεῖρον ἐκτρεπούσης πειθοῦς περισπαγάγῃ τὴν πεῖραν.

Page 116. *Et que je les deffendray courageusement.*] Le texte dit, *& que je supporteray courageusement leur perte.* Mais il me paroist qu'il ne s'agit pas icy de supporter la perte des biens, plustost quand elle arrive d'une maniére, que quand elle arrive d'une autre. Au lieu de ὑπομείνω, je lis ἀποκλείω, qui fait un trés-beau sens. Les manuscrits ne sont icy d'aucun secours.

Ne les perdray-je point par un naufrage?] J'ay ajoûté ces mots tirez du manuscrit de Florence, qui lit ἀφαιρήσεται; ναυάγιον αὐτὰ οὐ παραιρήσεται;

Page 117. *Imaginons en donc nous-mesme une bien raisonnable pour l'amour de la vertu.*]

Puisque

Puiſque les biens ſont ſi périſſables, & & qu'il y a tant de maniéres de les perdre malgré nous, mettons nous à couvert de ces pertes, en imaginant une perte plus noble que toutes les autres ; une perte dont la vertu nous tienne compte ; c'eſt à dire, une perte volontaire pour de bonnes œuvres. Cette idée eſt d'une grande beauté.

Et en achetant la vertu à un prix beaucoup plus haut que celuy qu'on nous offre pour nous obliger d'y renoncer.] C'eſt encore une trés-belle idée: Celuy qui donne tout ſon bien pour la vertu, n'a garde d'eſtre tenté d'y renoncer pour des offres, & des recompenſes ; car il a plus donné pour l'avoir, que les autres ne peuvent luy offrir pour le porter à y renoncer. Celuy qui quitte tout, quitte plus qu'on ne luy peut donner. S'il avoit ce qu'on luy offre, il le donneroit encore.

Que ſi nous ſçavons bien nous garder nous-meſmes.] Ou à la lettre, *ſi nous ſçavons bien garder ce qui eſt nous.* Le manuſcrit de Florence, au lieu de τὸ ἡμῶν, lit fort bien τὸ ἡμεῖς ; *ce nous*, c'eſt à dire, notre ame.

Nous ne le garentirons jamais de la mort.] Le mot du texte, ἐξῶσαι eſt cor- Page 118.

rompu. Il eſt pourtant dans les manuſcrits : je croy trés - certaine la correction de M. le Docteur Salvini, qui corrige ἐκσῶσαι, *garentir, ſauver.*

Que ſi nous la ſouffrons pour une bonne cauſe.] Hierocles reconnoiſt icy que la bonne cauſe fait ſeule le mérite de la bonne mort, & il en donne la raiſon. Rien ne peut annoblir & illuſtrer la néceſſité de la nature, c'eſt ainſi qu'il appelle la mort, que la fermeté & la droiture de la volonté & du choix.

Page 121. *De ſorte qu'elle eſt elle-meſme le commencement, le milieu, & la fin de tous les biens.*] J'ay ſuivi dans ce paſſage le manuſcrit de Florence, qui dit plus que le texte imprimé. Voicy comme il a lû, ὡς ἀρχὴν τε καὶ μέσην καὶ τελευτὴν εἶναι τῶν ἀγαθῶν, καὶ ἐν ταύτῃ κεῖσθαι τὴν ἀπαλλαγὴν τῶν κακῶν, καὶ διὰ ταύτης μόνης ἡμῖν παραγίνεσθαι καὶ τὴν τῶν ἀρετῶν τελείωσιν.

Page 122. *Comme au contraire les ſuites de la bonne conſultation.*] J'avois corrigé εὐβουλίας, au lieu de ἀβουλίας. La ſuite du diſcours le demandoit viſiblement. Je l'ay enſuite trouvé à la marge de l'exemplaire conféré ſur les manuſcrits, & dans le manuſcrit de Florence.

Page 123. *Pour ſe derober aux peines.*] Le manuscrit de Florence a fort bien rétabli ce passage; car au lieu de φυγῶ qui ne peut avoir lieu icy, il lit φυγῇ, *pour éviter, pour fuir.*

Rend contre luy-mesme une sentence conforme à ses excés & à ses crimes.] Car il condamne son ame à n'estre plus. Le manuscrit de Florence, au lieu de εἰκότως ἀμετείᾳ, lit εἰκότως μητείαν, &c. *rend une sentence proportionnée à ses crimes.* Cela revient au mesme sens. Page 124.

Et ne la reduisent pas à n'estre plus, au contraire, ils la remenent à estre véritablement.] J'ay suivi icy la leçon que m'a présenté la marge de l'exemplaire conféré sur les manuscrits, & qui m'a paru précieuse; car au lieu de μᾶλλον ἐπανάγοντες, on lit ἀλλ' εἰς τὸ εἶναι μᾶλλον ἐπανάγοντες; & je vois avec plaisir cette addition confirmée par le manuscrit de Florence.

Dans ce qui est contre sa nature.] Dans le texte, au lieu de διὰ τῆς εἰς τὸ μὴ παρὰ φύσιν ἐκτροπῆς, il faut lire διὰ τῆς εἰς τὸ μὴ κατὰ φύσιν ἐκτροπῆς, ou effacer la negative, si on veut conserver παρά. Cette faute est dans les manuscrits. Page 125.

Mais ayant son esprit toûjours attaché aux régles que Dieu prescrit.] Dans le manuscrit de Florence, au lieu de Page 126.

προς τοὺς θείους κανόνας, *aux régles divines*, il a, πρὸς τὸν θεὸν, *à Dieu*.

Que les foudres du ciel viennent frapper ma teste.] C'est un vers de la Médée d'Euripide. Voicy le passage entier,

Αἶ αἶ, διά μου κεφαλᾶς φλὸξ οὐρανία
Βαίη, τί δέ μοι ζῆν ἔτι κέρδος;
Φεῦ, φεῦ. θανάτῳ καταλυσαίμαν,
Βιοτὰν στυγερὰν προλιποῦσα.

Page 127. *Car elle croit effacer, &c.*] Ces trois lignes ne sont point dans le texte imprimé ; je les ay trouvées à la marge de l'éxemplaire conféré sur les manuscrits, & l'on voit manifestement qu'elles sont d'Hierocles, & de plus trés-nécessaires, τὴν τῆς ἀβουλίας ἀρχὴν ἐξαλείφειν οἴεται τέλει χείρονι, παιδοκτονίᾳ προπετεῖ ἄβουλον παιδοποιίαν ἀμειβομένη. Ce qui est parfaitement bien dit, & plus heureusement exprimé en Grec que je n'ay pû le rendre en François. Mot à mot, *principium temeritatis delere putat fine pejori, stultam filiorum procreationem, insana eorum occisione permutans*. Et voila comme sont les hommes, dés qu'ils ont une fois agi sans reflexion, ils ne cherchent qu'à couvrir leurs fautes par d'autres fautes souvent plus grandes. Le manuscrit de Florence confirme l'addition de ces trois lignes.

De n'obéir à aucun des miens qu'à Page 128.
la raison.] Ce passage du Criton est fort beau, & il suffit seul pour faire voir qu'on perd souvent des choses trés solides quand on ne traduit pas ces Philosophes assez litteralement.

Pour servir à la raison.] J'ay suivi encore icy la correction que m'a fourni la marge de l'éxemplaire conferé sur les manuscrits, & que j'ay ensuite trouvé confirmée par le manuscrit de Florence ; au lieu de πρὸς ὑπηρεσίαν τὴν λογικήν, ils ont lû tous deux πρὸς ὑπηρεσίαν τῇ λογικῇ οὐσίᾳ, *pour servir à l'essence raisonnable.* Hierocles dit fort bien que les passions sont données comme les aydes de la raison ; mais il faut qu'elles soient ses servantes & non pas ses maistresses.

Et les grands maux qui viennent nécess- Page 129.
sairement de la témérité & du défaut de reflexion.] Cecy est encore ajousté au texte dans l'éxemplaire conferé sur les manuscrits, & dans le manuscrit de Florence, où on lit καὶ τῆς ἐναντίας διαθέσεως τὰ κακά, *& les maux qui viennent de la disposition contraire.*

C'est qu'il reprime tous les mouvemens Page 130.
de l'opinion ; & nous ramene à la véritable science.] L'opinion ne s'appuyant

que ſur des vraiſemblances peu approfondies, eſt comme un ſable mouvant; mais la ſcience ſe repoſant ſur le certain & ſur le vray, a des fondemens fixes. Socrate & Platon par une comparaiſon trés-juſte, ont rendu trés ſenſible la différence qu'il y a entre la ſcience & l'opinion. Dedale faiſoit deux ſortes de ſtatuës ambulantes, dont les unes avoient un maiſtre reſſort qui les arreſtoit quand on vouloit, & les autres n'en avoient point, de maniére qu'elles s'échappoient & alloient toûjours juſqu'à la fin de leur corde, ſans qu'on puſt les fixer. Ils comparoient donc l'opinion à ces ſtatuës qui n'étoient point arreſtées; car l'opinion ne s'arreſte point, & n'a rien qui la fixe. Mais quand elle eſt liée & fixée par le raiſonnement tiré des cauſes que la lumiére de Dieu nous découvre, alors cette opinion devient ſcience, & elle eſt fixe & ſtable, comme l'étoient les ſtatuës à qui on avoit ajoûté ce maiſtre reſſort.

Page 131. *Qui ne s'enorgueillit d'aucune des choſes qu'il ſçait.*] Voila l'éceuil des ſçavants, car la ſcience enfle. Mais pour peu qu'on fiſt de reflexion, on ſe trouveroit bien petit de s'enorgueillir d'une chose qui est si bornée, mesme dans les plus sçavants.

Or rien ne mérite d'estre appris que ce qui nous raméne à la ressemblance divine.] Qu'on vante aprés cela toutes les sciences dont les hommes sont si entestez, & qui les rendent si vains : voicy un Payen qui reconnoist comme Socrate, que rien ne mérite d'estre appris, que ce qui nous rend l'image de Dieu, & qui forme Dieu en nous.

Que ce qui enseigne à ne craindre ni la mort, ni la pauvreté.] Il manquoit icy un mot dans le texte ; & j'ay trouvé ce mot heureusement suppléé à la marge de l'éxemplaire conféré sur les manuscrits, & dans le manuscrit de Florence, καὶ τὴν θανάτου καὶ πενίας ἀφοβίαν διδάσκει.

La volupté ne subsiste point par elle-mesme ; mais elle arrive quand nous faisons telle ou telle action.] C'est un point de la doctrine de Pythagore, qui a démontré le prémier, que la volupté n'a point d'essence, c'est à dire, qu'elle n'éxiste pas par elle mesme, & qu'elle n'est que la suite & le fruit d'une action. On trouvera cette matiére admirablement traitée dans le Philebe de Platon, où Page 132.

Socrate parle des Pythagoriciens, quand il dit ἆρα περὶ ἡδονῆς οὐκ ἀκηκόαμεν ὡς ἀεὶ Tom. 2. p. 53. γένεσίς ἐστιν, οὐσία δὲ οὐκ ἔστι τὸ παράπαν ἡδονῆς, κομψοὶ γὰρ δή τινες αὖ τοῦτον τὸν λόγον ἐπιχειροῦσι μηνύειν ἡμῖν, οἷς δεῖ χάριν ἔχειν. *N'avons-nous pas entendu dire de la volupté, qu'elle est toûjours une génération, & qu'il n'y a en aucune façon nulle essence de la volupté; car c'est ce que quelques gens polis & habiles taschent de nous démontrer, & il faut leur en avoir de l'obligation.*

Mais il le surpasse encore par le genre de la volupté pour laquelle seule il semble, &c.] Que cela peint bien l'aveuglement des hommes! Le vicieux s'abandonne au vice pour l'amour de la volupté, & la volupté dont il joüit, est infiniment inférieure à celle dont il joüiroit s'il s'appliquoit à la vertu; & c'est ce qu'il va prouver d'une maniére trés-solide.

Page 133. *Or il est évident que la volupté du vertueux imite la volupté divine.*] Cet argument est d'une force invincible. Puisque la volupté suit toûjours la nature de l'action qui la fait naistre, il ne se peut que celle qui naist de la vertu ne soit infiniment au dessus de toutes celles que le vice peut procurer, & qu'elle n'approche de la volupté divine. Ainsi de l'aveu mesme d'un Payen, ceux qui suivent Dieu ont des plaisirs mille fois plus grands que ceux qui suivent les attraits du monde.

N'imite que des mouvements emportez & brutaux.] Car elle ne peut imiter que ce qui la cause.

Car les voluptez & les tristesses nous changent, & nous tirent de notre état.] Il veut dire qu'elles nous élévent jusqu'à nous faire ressembler à Dieu, ou qu'elles nous dégradent & nous rabaissent jusqu'à nous rendre semblables aux bestes: & cela est vray.

Celuy donc qui puise où il faut, quand il faut, & autant qu'il faut, est heureux.] Ces trois conditions sont nécessaires pour le bonheur; car les meilleures choses mesme deviennent mauvaises, quand elles sont faites sans mésure, où il ne faut pas, & quand il ne faut pas, comme Hierocles va l'expliquer.

Et la connoißance cherche l'opportunité.] Pythagore avoit fait un précepte de l'*opportunité*, & il enseignoit qu'il y avoit certains temps que devoient observer sur toutes choses ceux qui vouloient s'adresser à Dieu. Si par ce pré- Page 234.

cepte il vouloit dire ſimplement qu'il y avoit de certains temps favorables & privilegiez pour s'adreſſer à Dieu, & pour luy demander des graces, il avoit connu une grande vérité; car l'Ecriture ſainte nous apprend qu'il y a *tempus acceptabile*, auquel Dieu exauce. Auſſi David appelle Dieu, *adjutor in oportunitatibus*, *Qui ne manque pas de ſecourir dans le temps opportun:* Et c'eſt peut-eſtre ſur cette vérité connuë, que les Pythagoriciens appelloient la prémiére cauſe, le prémier principe, c'eſt à dire, Dieu, *opportunité*. Mais il y a plus d'apparence que Pythagore ne s'étoit pas tenu dans des bornes ſi ſages, & qu'il avoit pouſſé cette recherche de *l'opportunité*, juſqu'à une obſervation ſuperſtitieuſe des temps, des jours & des moments propres pour les ſacrifices & pour les autres opérations theurgiques, & qu'il avoit tiré cette ſuperſtition des Chaldéens.

Iſa. 49. 8.

S. Paul 2. Corinth. VI. 2.

Pſ. IX. 10.

Car ce n'eſt pas à eſtre exempt de faute que conſiſte le bien vivre; mais à faire tout ce qu'il faut.] C'eſt un principe trés-vray. La bonne vie ne conſiſte pas à ne faire ni bien ni mal; mais à faire le bien, & par conſequent un homme qui passeroit sa vie sans faire aucun mal, ne laisseroit pas d'estre coupable, parce qu'il n'auroit pas fait le bien qu'il est obligé de faire; & que de ne pas faire le bien, c'est un trés grand mal.

Or de l'un & de l'autre, c'est à dire, de vivre éxempt de faute & de bien vivre.] J'ay suivi l'éxemplaire conféré sur les manuscrits, qui au lieu de εἰ δὲ τὸ ἁμαρτάνειν, qui ne fait aucun sens, lit ὃν δὲ πῶς μὴ ἁμαρτάνειν. Et cette leçon est confirmée par le manuscrit de Florence.

Elle n'est autre que la vie.] J'ay encore suivy icy la leçon de l'éxemplaire conféré sur les manuscrits, τίς δὲ οὗτος ἢ μόνος ὁ ἀπὸ τῆς ἀρετῆς, &c. *qu'est-elle que la seule vie, &c.* Le manuscrit de Florence lit τίς δὲ οὗτος ἢ μὴ μόνος, &c. ce qui est la mesme chose.

Qu'on fasse quelque chose de beau avec mille peines & mille travaux.] J'avois ajoûté ces deux lignes au texte, parce qu'elles y manquoient visiblement, & qu'elles me paroissoient trés-nécessaires. J'ay vû ensuite avec plaisir qu'elles sont ajoûtées à la marge de l'éxemplaire conféré sur les manuscrits, εἰ δὲ πράξοι τι μετὰ πόνου καλὸν, ὁ μὲν πόνος παρῆλθε, τὸ δὲ καλὸν μένει. & qu'elles sont de mesme dans Page 35.

le manuſcrit de Florence. Il n'y a rien de plus beau & de plus vray que ce prin-cipe d'Hierocles.

Page 139. *Comme la prémiére cauſe de tous ſes mouvements dereglez.*] Le ſoin outré du corps eſt la prémiére cauſe de tous ſes deſordres. Auſſi eſt-il dit,

Exod. xxxii. 6. *Le peuple s'aſ-ſit pour manger & pour boire, & ils ſe leverent pour joüer : Et ſedit populus manducare & bibere, & ſurrexerunt ludere.*

Car le cheval ne devient vicieux, & ne ſe rend le maiſtre.] On ſeroit trom-pé icy ſi on n'avoit devant les yeux le paſſage de Platon qu'Hierocles ne fait que copier, & où Platon, par ce che-val veut ſignifier le corps. Voicy le paſ-

Tom. 3. p. 247. ſage comme il eſt dans ſon Phedre, *Βρί-θει γὰρ ὁ τῆς κακίας ἵππος μετέχων, ἐπὶ γῆν ῥέπων τε καὶ βαρύνων, ἦν μὴ καλῶς ἦ τε-θραμμένος ὑπὸ τῶν ἡνιόχων; car ce cheval qui eſt vicieux regimbe & ſe cabre, ten-dant vers la terre, & tirant en bas par ſon poids, s'il n'eſt bien nourri par l'Ecuyer.*

Parce qu'il eſt plus difficile de s'en deffendre, qu'on eſt plus porté à en abu-ſer.] C'eſt ſans doute par cette raiſon que l'auteur de l'Eccleſiaſtique a dit du boire seul, *Sanitas est animæ & corpori sobrietas potus: La sobrieté dans le boire est la santé de l'ame & du corps.*

Dont il rapporte la santé & le bon état à la perfection de la vertu de celle qui s'en sert.] Voila une régle bien sage, de n'avoir dans le soin du corps d'autre vûë, que de rendre l'ame en quelque façon plus parfaite, en mettant l'instrument dont elle se sert en état d'obéir à ses ordres, & d'executer ce que la vertu demandera. Page 141.

Car il y en a qui ne doivent point luy estre présentez ; parce qu'ils appesantissent le corps.] Voila la raison du choix que Pythagore faisoit des aliments, la santé du corps, & la pureté de l'ame; comme cela a été expliqué dans sa vie.

Qui se porte vers l'intelligence, c'est à dire vers Dieu.] J'ay préféré icy la leçon du texte imprimé, τὴν πρὸς νοῦν θεὸν ἐπιγομένην ψυχὴν, à celle du manuscrit de Florence, qui ne met que πρὸς τὸν θεὸν, &c. *L'ame qui se porte vers Dieu.* Page 143.

Car en tout on peut passer doublement cette juste mesure.] Dans le texte imprimé il y a *on peut passer infiniment*, ἀμετρεία πολλή : mais j'ay suivi le manuscrit de Florence, qui lit ἀμετρεία διπλῆ, *on peut* Page 145.

passer doublement; c'est à dire, en deux façons, ou du costé de la magnificence, ou du costé de la mesquinerie, comme Hierocles s'explique fort bien.

Page 146. *Une maison propre, mais sans luxe.*] Ces mots manquoient au texte imprimé. Le manuscrit de Florence les a heureusement suppléez, en ajoûtant aprés ἱμάτιον ἐκλεγόμενοι καθαρεῖον, ἄθρυπτον, ces quatre mots οἶκον ὁμοίως καθαρεῖον, ἄθρυπτον.

Pour s'éloigner donc de la magnificence, elle a recours à la simplicité.] Le texte étoit corrompu en cet endroit. L'éxemplaire conferé sur les manuscrits l'a corrigé en lisant κτῆσιν, *possession, acquisition*; au lieu de χῦσιν, qui ne signifie rien icy. Le manuscrit de Florence lit encore mieux πρὸς κτῆσιν, &c.

Page 147. *Des habits qui ne soient pas d'une étoffe très-fine, mais propre.*] ἱμάτιον λεπτὸν, ne signifie pas icy *de méchants habits*, comme l'a crû l'interpréte Latin, qui a traduit *vestimenta quidem nequaquam vilia*; mais il signifie des habits d'une étoffe fine, & par consequent magnifique & précieuse. C'est ainsi qu'Homere dit en parlant de Calypso dans le 1. livre de l'Odyssée.

Αὐτὴ δ' ἀργύρεον φᾶρος μέγα ἕννυτο Νύμφη
Λεπτὸν καὶ χαρίεν.

Elle prit une robe éclatante, d'une étoffe trés-fine & trés-agréable.

Car dés que tu paßes la meſure du beſoin, tu te jettes dans l'immenſité du deſir.] J'ay ſuivi icy le manuſcrit de Florence, qui au lieu de ὑπερέβη, & προῆλθε, lit à la ſeconde perſonne ὑπερέβης, & προῆλθες, ce qui eſt infiniment mieux. Page 148.

Si par rien de trop nous n'excitons pas contre nous nos propres Citoyens.] Il eſt viſible qu'il faut corriger le texte, en y ajoûtant la négative μὴ, de cette maniére τῷ μηδὲν ἄγαν μὴ κινοῦντες. Cette faute eſt pourtant dans le manuſcrit de Florence. Page 149.

Et c'eſt ce que ſignifie icy proprement le mot d'envie.] Ce mot eſt ſouvent pris dans ce ſens-là dans les auteurs Grecs, & quelquefois dans les auteurs Latins; jamais en notre Langue il ne ſignifie jamais que cette paſſion qu'excite le bien des autres, quand il nous paroiſt outré. Il a fallu pourtant l'employer icy dans le prémier ſens pour faire entendre le Vers de Pythagore, & l'explication que luy donne Hierocles.

Et quand il dit icy, *les choſes qui ne pourront te nuire.*] Il manquoit icy au texte une ligne entiére que j'ay trouvée Page 152.

heureusement suppléée à la marge de l'éxemplaire conféré sur les manuscrits, & ensuite dans le manuscrit de Florence : Voicy le passage entier, κἀνταῦθα δὲ πάλιν τὸ Α ΣΕ ΜΗ ΒΛΑΨΗ, οὕτως ἀκουσόμεθα ὡς καὶ τὸ Α ΣΕ, &c. Cela étoit trés-nécessaire pour le sens.

Car cet homme intérieur est blessé.] Il y avoit une faute grossiere dans le texte, τοῦτον δὲ βλέπειν ; *car cet homme-là voit, &c.* Il faut corriger τοῦτον δὲ βλάπτει ; *car cet homme intérieur est blessé.* Et c'est ainsi que je l'ay trouvé dans la marge de l'éxemplaire conféré sur les manuscrits. Le manuscrit de Florence lit τοῦτον δὲ βλάπτει.

Page 154. *Ne laisse jamais fermer tes paupieres au sommeil, aprés ton coucher.*] Pourquoy le Poëte attend-il à la fin de la journée pour nous faire éxaminer ce que nous avons fait, & pourquoy ne nous avertit-il pas de penser dés le matin à ce que nous devons faire ? Il semble que cela seroit plus sûr. Si nous en croyons Porphyre, il manque quelque chose à ce texte ; car il écrit que Pythagore recommandoit d'avoir soin sur tout de deux momments de la journée, de celuy où on se leve, & de celuy où on se couche ; du premier, pour penser à ce que l'on doit faire pendant le jour; & de l'autre, pour se rendre compte de ce que l'on a fait, & que pour le prémier il disoit,

Πρῶτα μὲν ἐξ ὕπνοιο μελίφρονος ἐξυπαναστὰς,
Εὖ μάλα ποιπνύειν ὅσ' ἐν ἤματι ἔργα τελέσσεις.

Prèmiérement, dés que tu seras éveillé, pense à tout ce que tu dois faire le jour. Je croirois donc qu'il faudroit ajouter ces deux vers au texte, immédiatement avant le quarantiéme,

Μηδ' ὕπνον μαλακοῖσιν, &c.

Et ne laisse jamais fermer tes paupieres, &c. Il y a beaucoup d'apparence que l'Empereur Marc-Aurele avoit tiré de ce précepte de Pythagore, cette belle reflexion qu'il fait au commencement de son second livre; *Il faut se dire le matin quand on se leve; aujourd'huy j'auray affaire à un importun, à un ingrat, &c.*

Que tu n'ayes examiné par ta raison.] Dans la plusspart des éxemplaires, ce vers de Pythagore est écrit,

Πρὶν τῶν ἡμερινῶν ἔργων τρὶς ἕκαστον ἐπελθεῖν,

Avant que d'avoir repassé trois fois toutes tes actions de la journée. Mais Hierocles a lû autrement.

Πρὶν τῶν ἡμερινῶν ἔργων λογίσασθαι ἕκαστον, *Avant que d'avoir éxaminé par ta raison, &c.* Et il ne parle nullement dans son commentaire de ces trois fois, ce qu'il n'auroit pas oublié, si c'eust été la véritable leçon. En un mot, le commentaire d'Hierocles prouve qu'il faut lire comme il a lû. Les Pythagoriciens n'obligeoient point du tout à repeter trois fois cet éxamen. Une seule bonne fois suffit.

Page 155. *Comme un but divin.*] Dans le texte imprimé il n'y a que *comme un but.* ὡς πρὸς τινα σκοπόν; mais le manuscrit de Florence supplée le mot qui manque, ὡς πρός τινα θεῖον σκοπόν.

Et il veut que nous le fassions le soir avant que de nous endormir.] Ce passage est corrompu dans le texte imprimé. Le manuscrit de Florence le restituë de cette maniere, πρὸς ἑσπέραν δὲ καὶ πρὸς ὕπνον τρεπομένων, ὅπως ἂν εἰς τὸ πέρας τῶν μεθημερινῶν πράξεων τὸ τῆς συνειδήσεως καθίζοιμεν δικαστήριον.

Page 157. *Aux fonctions de la vertu.*] J'ay suivi le texte imprimé, dont le sens paroist fort bon, πρὸς τὴν τῆς ἀρετῆς ἐνέργειαν. Je suis pourtant obligé d'avertir que le manuscrit de Florence lit πρὸς τὴν τῆς ἀεὶτης ζωῆς συνέργειαν, *aux actions de la meil-vie.*

En rappellant par ordre toutes ses actions bonnes & mauvaises.] Le texte imprimé dit mot à mot, *& rappellant par ordre le souvenir pour l'amour de la vertu*, καὶ ἐν τάξει τὴν μνήμην ἀναλαμβάνων ἀρετῆς ἕνεκα. Hierocles veut il nous dire que cet éxamen se fait pour faire croistre la vertu ? Qui en doute ? mais il se fait aussi pour retrancher le vice. J'ay donc suivi icy la correction du sçavant Meric Casaubon, qui au lieu de ἀρετῆς ἕνεκα, corrige ἀρετῆς καὶ κακίας; *rappelle le souvenir de ses vertus & de ses vices;* c'est à dire de ses actions bonnes & mauvaises. La suite le demande necessairement, & Hierocles a souvent joint ces deux termes.

En quoy ay-je manqué? Qu'ay-je fait, dit-elle, tous les jours?] Ces derniers mots, *dit-elle tous les jours*, manquoient au texte imprimé; & je les ay trouvez dans le manuscrit de Florence, où on lit, φαμὰ λέγων πρὸς ἑαυτὸν, πῆ παρέβην, &c.

Pour donner le temps à la raison, de faire cet éxamen.] Selon le texte imprimé il auroit fallu traduire, *par l'em-*

pressement que la raison doit avoir de faire cet éxamen. Mais dans le manuscrit de Florence, au lieu προθυμίᾳ τοῦ λογισμοῦ, on lit προθεσμίᾳ τῇ τοῦ λογισμοῦ. Ce qui est élegamment dit, & fait un trés-beau sens. C'est comme s'il disoit, *pour ne pas manquer à l'heure assignée par la raison, pour faire cet éxamen.* On sçait que προθεσμία signifie proprement, *un temps marqué.*

Ou en ne faisant pas ce que nous devons.] Dans le texte imprimé, les paroles sont transposées, ἢ τὸ μὴ δέον ποιήσαντες. Il est évident qu'il faut lire ἢ τὸ δέον μὴ ποιήσαντες. Et c'est ainsi qu'on lit dans le manuscrit de Florence.

Celuy qui ne fait pas les premiers points de ces deux préceptes.] Il faut nécessairement corriger le texte, & lire, ὁ οὖν τὰ πρότερα μὴ ποιῶν, τὰ δέοντα μὴ ποιεῖ; car il s'agit des fautes d'omission & de commission; c'est pourquoy Hierocles ajoute, *que ces deux péchez sont en quelque maniere égaux, &c.* Cela est sensible, & c'est ainsi qu'on lit dans le manuscrit de Florence.

Quoy qu'on puisse dire, que ces deux péchez sont en quelque maniére égaux.] Voila en quoy les péchez d'omission, &

ceux de commission peuvent estre dits égaux, c'est qu'ils transgressent tous deux la Loy de Dieu qui les deffend, & que par là ils méritent la peine deuë aux transgressions.

Alors regardant la Loy comme l'exemplaire qu'il devoit suivre, il prononce & se declare.] J'ay suivi icy l'exemplaire conferé sur les manuscrits, & le manuscrit de Florence où ce passage est plus sain & plus entier que dans le texte imprimé. Voicy comme on y lit, τότε κρίνει πρὸς παράδειγμα ἀποβλέπων τὸν νόμον, καὶ ψηφίζεται, &c. Page 160.

Fait de celuy qui l'observe, la véritable image de Dieu.] Au lieu de τῶν χρωμένων, du texte, il faut lire necessairement τὸν χρώμενον, comme on lit à la marge de l'exemplaire conferé sur les manuscrits. Page 161.

Fait l'homme de bien par l'acquisition des vertus.] Il y a dans le texte imprimé, *par la nature des vertus*, διὰ τῆς τῶν ἀρετῶν φύσεως, ce qui peut avoir un bon sens ; mais j'ay préferé la leçon qu'on trouve à la marge de l'exemplaire conferé sur les manuscrits, & dans le manuscrit de Florence, κτήσεως, *acquisition*, au lieu de φύσεως, *nature*. Page 162.

Or que cela nous déifie, & que ce Page 164.

soit là la fin.] J'ay suivi le manuscrit de Florence, qui rétablit fort bien ce passage, en lisant ὅτι δὲ θεοῖ, τοῦτο τῆς θεωρητικῆς ἀληθείας τὸ τέλος.

Page 166. *On demande icy de la faculté intelligente, la méditation.*] Il s'est glissé dans le texte imprimé une faute considérable, τὴν ἐπιμέλειαν, il faut corriger τὴν μελέτην, comme on lit à la marge de l'exemplaire conféré sur les manuscrits, & dans le manuscrit de Florence. Tout ce qu'Hierocles dit icy des trois facultez de l'ame, est parfaitement beau.

Et cette disposition ne manque pas d'estre suivie de l'espérance divine qui fait resplendir dans nos ames la lumiére de la vérité.] Voicy une belle gradation: La méditation, la pratique, & l'amour des vertus, produisent dans nos cœurs l'espérance divine; & cette espérance y fait luire la vérité; car l'éspérance en Dieu est toûjours accompagnée de lumiére: c'est pourquoy saint Paul plus
Rom. v. 5. éclairé que tous les Philosophes, a dit de cette espérance, *qu'elle ne confond point.*

Page 167. *Par la connoissance certaine des estres.*] Au lieu de τῶν ὅλων, qu'on lit dans le texte imprimé, il faut lire comme dans le manuscrit de Florence, τῶν ὅλων.

Car le Poëte jure icy avec beaucoup de ferveur.] J'ay encore suivi icy le manuscrit de Florence, où au lieu de διατεταγμένως ὄμνυσιν, *il jure avec ordre, & de suite*; ce qui ne signifie rien icy, on lit διαπεπτωμένως ὄμνυσιν, *impensè jurat, il jure avec ferveur.* Il veut dire, que le Poëte rempli de la vérité & de la certitude de ce qu'il enseigne, jure, &c.

Que le quaternaire, qui est la source de l'arrengement éternel du monde, n'est autre que Dieu mesme qui a tout crée.] On a vû dans la vie de Pythagore, que ce Philosophe ayant appris en Egypte le nom du véritable Dieu, ce nom mystérieux & ineffable, Jehovah, & voyant que dans la langue originale il étoit composé de quatre lettres, l'avoit traduit en sa langue par le mot, *Tetractys, le quaternaire*, & en avoit donné la véritable explication, en disant qu'il signifioit proprement, *source de la nature qui coule toûjours*; car c'est ce que signifie le mot original. Ses premiers disciples conserverent cette tradition dans toute sa pureté; mais ceux qui leur succédérent, ayant perdu apparamment l'idée du véritable nom, du nom original Page 169.

que Pythagore avoit traduit & expliqué, & ne concevant plus comment le *Tetractys*, le *Quaternaire*, pouvoit signifier de si grandes choses, allerent s'imaginer que c'étoit la vertu de ce nombre quaternaire qui opéroit toutes ces merveilles: & transportant ainsi au nom traduit toute la vertu que le nom original attribuoit à celuy à qui il étoit donné, ils conceurent que ce nombre étoit le véritable principe, & le créateur des estres. Deux choses les confirmérent dans cette pensée; la premiére, les vertus qu'ils prétendoient trouver dans ce quatre, qui renferme toute la puissance du dix, & par là tous les nombres; & la seconde, le nom mesme de Dieu, qui dans presque toutes les langues se trouve de quatre lettres. Cela une fois posé, il ne faut pas s'étonner des suites qu'eut cette belle découverte. Bientost on crut que toute la nature n'étoit que l'effet de la vertu des nombres; & cette doctrine fit de si grands progrés, que saint Augustin mesme ne jugea pas indigne de luy d'y entrer, & de croire, non pas que les nombres étoient des principes, mais qu'ils renfermoient des mystéres infinis. Il en trouve de grands dans le trois, dans le quatre

quatre, dans le six, dans le sept, dans le quarante, &c. On peut voir sur cette matiere *Petri Bungi numerorum mysteria*, où ce sçavant auteur prétend démontrer l'accord parfait qu'il trouve entre les nombres de l'Ecriture sainte, & l'Arithmetique Pythagoricienne. Ce n'est pas icy le lieu d'entrer dans cette discussion; je me contenteray de dire, que les nombres principes sont de véritables chiméres; car, comme Aristote l'a fort bien dit, les nombres ne peuvent jamais estre des principes d'actions & de changemens. Ils peuvent estre significatifs, & marquer certaines causes; mais ils ne sont jamais ces causes là.

C'est ce que tu apprendras du Livre sacré qu'on attribuë à Pythagore.] Ce Livre étoit un traité des Dieux, & ce traité étoit appellé sacré ἱερὸς λόγος. On prétend que Pythagore y avoit expliqué le sentiment d'Orphée, qui avoit dit que *l'essence du nombre étoit le principe des choses, & la racine des Dieux & des Genies.* Hierocles ajoute, *que l'on attribuë à Pythagore;* parce qu'en effet cela étoit contesté, les uns l'attribuoient à Pythagore, & les autres à son fils Telauges. Voyez Jamblique, chap. XXVIII. pour moy je suis persuadé que ce Livre, & celuy d'Orphée, étoient des ouvrages posterieurs à Pythagore.

Dieu est celébré comme le nombre des nombres.] Dieu est un; comme tous les nombres procédent de l'unité, de mesme tous les estres procédent de Dieu. Mais c'est mal raisonner, que de dire, que parce que Dieu est un, c'est l'unité qui a tout produit par la vertu attachée à ce nombre. Je ne m'amuseray pas à refuter toutes les chiméres qu'Hierocles debite icy. Tout ce qu'il dit des nombres dans ces trois pages, n'est tout au plus que curieux, & ne mene à la connoissance d'aucune vérité solide.

Page 170. *Et le sept comme Vierge, & sans mére.*] Le sept ne produit aucun nombre dans l'intervalle du dix, & n'est produit par aucun des nombres que cet intervalle renferme. Voila pourquoy les Pythagoriciens le comparoient à Minerve, & luy donnoient mesme ce nom, parce que Minerve est Vierge, & sans mére. Voila une des belles & excellentes propriétez du sept; c'est à dire, voila de profondes réveries que les Pythagoriciens donnoient, comme de grands mystéres.

Page 172. *D'ailleurs il y a quatre facultez pour juger des choses.*] On ne sçauroit ni imaginer aucune autre faculté au-delà de ces quatre, ni rien trouver qui ne soit du ressort de l'une d'elles ; car comme Aristote l'a reconnu dans le premier livre de l'ame, chap. 2. *Toutes choses se jugent, les unes par l'entendement, les autres par la science, celles cy par l'opinion, celles-là par le sentiment.* κρίνεται δὲ τὰ πράγματα, τὰ μὲν νῷ, τὰ δὲ ἐπιστήμῃ, τὰ δὲ δόξῃ, τὰ δὲ αἰσθήσει. Le mesme Aristote enseigne aussi, que *l'entendement répond à l'unité, la science au deux, l'opinion au trois, ou, ce qui est la mesme chose, à la superficie, & le sentiment au quatre, ou à la figure solide:* Ses paroles sont remarquables; νοῦν μὲν τὸ ἕν, ἐπιστήμην δὲ τὰ δύο, &c. τὸν δὲ τοῦ ἐπιπέδου ἀριθμὸν δόξαν, αἴσθησιν δὲ τὸν τοῦ στερεοῦ. Plutarque dit la mesme chose dans le 1. livre des opinions des Philosophes, chap. III. & il en explique les raisons ; mais dans Plutarque, le sentiment n'a point de nombre qui luy réponde ; c'est pourquoy Theodore Marcile a eu raison de croire qu'il y a une lacune dans le texte, & qu'il y manque une ou deux lignes, où Plutarque avoit expliqué de quelle maniére le sentiment répond au quatre, & avoit fait voir que comme le quatre renferme le trois, le sentiment renferme de mesme les trois autres facultez, l'entendement, la science, & l'opinion.

En un mot, le quatre embrasse & lie tous les estres, les élemens, les nombres, les saisons, les âges, les societez, &c.] Le quatre comprend les élemens, parce qu'il y en a quatre ; les nombres, parce qu'ils sont tous renfermez dans la vertu du quatre, qui compose le nombre parfait dix, comme on l'a expliqué. Il comprend aussi les saisons & les âges, parce qu'il y a quatre âges & quatre saisons. mais comment le quatre renferme-t-il aussi les societez ? C'est ce que nous appred Theon Philosophe Platonicien, dans son livre *de locis Mathematicis in Tim. Plat. cap.* περὶ τετρακτύος καὶ δεκάδος, où il dit, ἑβδόμη δὲ τετρακτὺς, ἡ τῶν κοινονιῶν· ἀρχὴ μὲν, καὶ οἷον μονὰς ἄνθρωπος, δυὰς δὲ οἶκος, τριὰς δὲ κώμη, τετρὰς δὲ πόλις. τὸ γὰρ ἔθνος ἐκ τούτων σύγκειται. *Le septiéme quaternaire est celuy des sociétez; le fondement ; & comme l'un de ce quaternaire, c'est l'homme ; le deux, c'est la maison ; le trois, c'est le bourg ; le quatre, c'est la ville : car voila ce qui compose chaque nation.* Il veut dire que dans le quatre se trouve tout ce qui compose les nations différentes ; car elles ne sont qu'un composé d'hommes, de maiſons, de bourgs & de villes.

La connoiſſance de ce Dieu.] J'ay ſuivi icy le manuſcrit de Florence, où au lieu de ἡ πάντων γνῶσις, on lit ἡ τούτου γνώσις, *La connoiſſance de ce Dieu intelligible*, c'eſt à dire, *du quaternaire.* La ſuite prouve la néceſſité de cette reſtitution.

Par lequel l'auteur de ces Vers jure icy.] L'éxemplaire conféré ſur les manuſcrits, & le manuſcrit de Florence, ont rétabli ce paſſage trés-corrompu dans le texte imprimé, où on lit ὃν καὶ νῦν ἑπόμενος, ce qui ne veut rien dire, il faut corriger ὃν καὶ νῦν ἐπόμνυται, *par lequel il jure*; car voila dequoy il s'agit.

Et qu'icy on jure par celuy qui nous a enſeigné le nombre quaternaire.] Il veut dire, que l'auteur de ces Vers a parfaitement obſervé le précepte, *reſpecte le ſerment*, à l'égard de Dieux; car il n'a pas juré par eux; mais il a juré par un homme, qui n'étoit pas Dieu. Pag. 173.

Qui véritablement n'étoit pas du nombre de ces Dieux, ni des Heros par leur nature.] Je ne trouve rien de plus noble, ni de plus grand que cet éloge qu'Hierocles fait de Pythagore, en diſant qu'il n'étoit pas un des Dieux, mais un homme ſemblable à Dieu, & qui conſervoit dans l'eſprit de ſes diſciples toute la majeſté de cette image.

C'eſt pourquoy le Poëte ſur des choſes ſi grandes, jure icy par luy, pour marquer.] Hiérocles revient toûjours au ſerment qu'il prétend que l'auteur fait dans ce Vers par Pythagore luy-meſme, comme par celuy qui avoit donné la connoiſſance du quaternaire ſacré. Je m'étonne qu'aprés cette explication ſi formelle, ſi authoriſée, & ſi conforme aux ſentimens que les Pythagoriciens avoient pour leur maiſtre, le ſçavant Seldenus dans ſon traité *de Diis Syris*, ait cherché une explication trés-différente & trés éloignée. Premiérement, voicy comme il rapporte le paſſage,

> Οὐ μὰ τὸν ἀμετέρᾳ ψυχᾷ παραδόντα τετρακτὺν,
>
> Παγὰν ἀενάου φύσεως ῥιζώματ' ἔχουσαν.

Et il l'explique, *Non, j'en jure par le quaternaire qui a tranſmis à notre ame la ſource qui comprend les racines de la nature éternelle*; c'eſt à dire, *j'en jure par le créateur de l'univers*. Il fait τετρακτὺς maſculin, & il explique, *ces racines* ῥιζώματα, *les quatre élements*. Cette explication eſt inſoutenable & contraire à toute l'antiquité. On n'a qu'à voir ce que Jamblique écrit dans la vie de ce Philoſophe chap. XXVIII. *On attribuë un tel ſerment aux Pythagoriciens, parce qu'effectivement ils n'oſoient par reſpect nommer le nom de Pythagore, comme ils étoient fort reſervez à nommer les Dieux par leurs noms; mais ils le deſignoient en le nommant l'inventeur du quaternaire.* Cela n'empeſchoit pas qu'ils ne juraſſent auſſi par le quaternaire; mais ce n'eſt pas une raiſon pour changer le ſens de ce vers.

Que le ſacré nom du quaternaire eſt connu pour une eſpérance qui ne peut tromper.] Ce paſſage eſt trés corrompu dans le texte, ou du moins j'avouë que je ne l'entends point. Ἱεροφάντης ne fait aucun ſens, & ἱεροφαίνης, comme on lit dans les manuſcrits, n'eſt pas meilleur; car que veut dire *le ſacré interpréte du quaternaire eſt connu par une eſpérance qui ne trompe point?* Encore une fois, je ne l'entends point. Je croy qu'Hierocles avoit écrit ἱερὰ φάτις, au lieu de ἱεροφαίνης. ἱερὰ φάτις, *le ſacré nom*. Hierocles regarde le mot meſme du *quaternaire*, comme un mot ſacré, à cauſe du Dieu qu'il designe, & des vertus infinies que ce nombre renferme; & il dit que *ce nom est connu par une espérance qui ne peut tromper*; parce que c'étoit Pythagore luy-mesme qui l'avoit enseigné à ses disciples, & que Pythagore étoit un homme incapable de tromper.

Et que ce divin quaternaire a été expliqué.] Car il a tasché de faire voir par les vertus de ce nombre, comment il étoit la source de la nature, & la cause de la création. Mais Pythagore l'avoit encore plus solidement expliqué, en faisant voir que c'étoit l'explication du nom ineffable dont on a parlé.

Page 174. *Cependant, comme nous tenons de Dieu cette liberté, nous avons continuellement besoin que Dieu nous ayde.*] Voicy un Payen qui reconnoist que quoyque nous soyons libres, comme c'est de Dieu que nous tenons cette liberté, nous avons toûjours besoin qu'il nous ayde à nous en servir pour faire le bien; car de nous-mesmes, nous ne pourrions qu'en abuser, & elle ne serviroit qu'à nous perdre.

Page 175. *Et qu'il acheve ce que nous luy demandons.*] Il y a une faute grossiére dans le texte imprimé; car que veut dire καὶ τελειώσεως τῶν αἰτητῶν, *de la perfection*, ou *de l'accompliſſement des choſes ſenſibles*, ou comme l'interprete Latin a traduit, *rerum perfectione quæ ſenſus movent*. Il eſt impoſſible que cela faſſe aucun ſens. Au lieu du mot αἰσθητῶν, *des choſes ſenſibles*. On lit à la marge de l'exemplaire conferé ſur les manuſcrits, αἱρεθέντων, *des choſes que nous avons choiſies*, ou *entrepriſes*. Et c'eſt ainſi qu'on lit dans le manuſcrit de Florence; mais je ſuis perſuadé qu'Hierocles avoit écrit αἰτηθέντων, *des choſes que nous demandons*. Il dit que nous avons beſoin que Dieu acheve & accompliſſe ce que nous luy demandons par nos prieres, c'eſt à dire toutes nos bonnes œuvres, & tout le bien que nous faiſons. Et une marque ſeure que c'eſt la véritable leçon; c'eſt que dans la page ſuivante Hierocles a écrit de meſme μηδὲν πρὸς τὴν κτῆσιν τῶν αἰτηθέντων προσφέροντας, *ſans employer de noſtre part le moindre effort pour obtenir ce que nous demandons*.

Ni nous contenter non plus des ſimples mots de la priére.] Il y a une faute dans le texte imprimé, λογισμοῖς ne veut rien dire icy; il faut lire λόγοις, comme dans l'exemplaire conferé ſur les manuſcrits, & dans le manuſcrit de Florence. Page 176.

Ou nous n'embrasserons qu'une vertu impie & sans Dieu.] Rien n'est plus vray. Agir sans prier, est impie; & prier sans agir, est inutile : car Dieu veut que nous opérions avec luy. Ce seul principe dissipe & detruit une infinité d'illusions & d'erreurs qui se sont malheureusement renouvellées dans notre siécle.

Et l'inaction du dernier détruira absolument l'efficace de la priére.] Il n'y a rien de plus vray, ni de plus sensible; & je ne voy pas pourquoy Casaubon a voulu corriger ce passage, en lisant ψυχῆς pour εὐχῆς, *détruira la vigueur de l'ame*. Rien n'est plus éloigné du sens d'Hierocles.

Page 177. *Or toute image a besoin de l'original pour éxister.*] Comme ce n'est pas le propre de loriginal d'agir pour former la copie, & qu'il suffit qu'il soit vû, on pourroit dire que Dieu étant connu, l'homme pourroit par ses seules forces en tracer en luy l'image. Mais il n'en est pas de Dieu comme des autres originaux, ni de la vertu comme des autres copies. La vertu ne se forme dans l'ame que par la coopération de son original; puisqu'il est la source de tous les biens & de la lumiére. L'exemplaire conféré ſur les manuſcrits & le manuſcrit de Florence, ont lû φύσιν, *production, naiſſance*, au lieu de ὑπόστασιν, *existence*.

Mais c'eſt inutilement que nous poſſedons cette image.] La leçon du texte imprimé m'avoit paru fort bonne, καὶ εἰκῆ τὸ κτώμενον, *ce que nous avons acquis eſt inutile:* mais j'ay trouvé à la marge de l'exemplaire conféré ſur les manuſcrits, καὶ οὐκ ἀρκεῖ τὸ κτώμενον, *ce que nous avons acquis ne ſuffit pas:* Et enfin j'ay vû que le manuſcrit de Florence a lû καὶ οὐκ ἀρκεῖ τῷ κτωμένῳ, ce qui m'a paru la véritable leçon; c'eſt elle que j'ay ſuivie, parce qu'elle fait un trés-beau ſens. *Il ne ſuffit pas d'avoir acquis cette image, ſi l'on ne regarde continuellement, &c.* Il n'en eſt pas de notre ame, & de Dieu, comme des autres originaux, & des autres copies. La copie d'un original une fois faite, conſerve toûjours ſa reſſemblance indépendamment de l'original qu'elle repréſente; mais notre ame a beau eſtre l'image de Dieu, cette image ſe perd bientoſt, & s'efface, ſi nous n'avons continuellement cet exemplaire devant les yeux; car c'eſt cet original qui perfectionne toûjours ſa copie, & qui l'entretient.

Que d'agir toûjours en adreßant toûjours nos priéres.] Il manquoit icy quelque chose au texte imprimé. L'éxemplaire conferé sur les manuscrits avoit à la marge μετὰ τοῦ εὖ ἔχεσθαι τῆς πρώτης αἰτίας, &c. ce qui approche de la véritable leçon que presente le manuscrit de Florence, μετὰ τοῦ εὔχεσθαι πρὸς τὴν πρώτην αἰτίαν, car il s'agit icy de la priére jointe à l'action.

Page 178. *Et qui s'est purgée elle-mesme comme l'œil.*] J'ay suivi la leçon de l'éxemplaire conferé sur les manuscrits, qui est confirmée par le manuscrit de Florence, ἑαυτὴν διακοσμήξασα, au lieu de ἑαυτῆς διακοσμήξασαι.

Page 179. *C'est la connoißance des Dieux, la science Theologique, & le discernement juste de tous les estres.*] Voila en quoy Pythagore faisoit consister la science Theologique, à connoistre Dieu, & les estres raisonnables qu'il a créés, & à pratiquer tout ce que cette nonnoissance éxige nécessairement. Que les hommes seroient heureux, s'ils se renfermoient encore dans ces bornes !

Jusqu'où ils s'étendent, c'est leur différence spéciale.] Les substances raisonnables, Voila le genre commun qui renferme toutes les espéces, les Dieux, les Anges, les hommes. C'est là ce que Pythagore appelle σύςασιν, qui renferme l'ordre & le rang qu'elles occupent. ᾗ τε ἕκαστα διέρχεται, *jusqu'où chacune d'elles s'étend*; car ces espéces sont différentes, les Dieux ne se confondent point avec les Anges, ni les Anges avec les Dieux, ou avec les hommes; ni enfin les hommes avec les Anges ou avec les Dieux: chacun de ces estres a ses bornes marquées. ᾗ τε κρατεῖται, *ce qui les renferme & les lie*; c'est à dire, ce qui les réunit, & qui fait de ces espéces différentes un seul & mesme genre, & un seul tout, de maniére que la derniére espéce remonte à la premiére par son milieu. Je me suis arresté à expliquer ce passage de Pythagore, & à confirmer l'explication qu'Hierocles luy a donnée, parce que Saumaise l'a fort mal expliqué dans sa préface sur la version Arabique du Tableau de Cebés.

Ni les moyennes premiéres ou derniéres.] J'ay ajoûté ces mots qui manquent visiblement au texte, & qui sont suppléez à la marge de l'exemplaire conferé sur les manuscrits, οὔτε τὰ μέσα πρῶτα ἢ ἔσχατα. Page 180.

Page 181. *Et par cette ſéparation, & par cette union raſſemblées, ils rempliſſent & achevent toute la conſtitution & tout l'arrangement de cet ouvrage divin.*] Car par leur ſéparation ils rempliſſent & achevent cet ouvrage divin, en ce que par là l'univers eſt rempli & orné de créatures intelligentes qui font ſa perfection : & par leur union, ils le rempliſſent & l'achevent encore, en ce que par là tout remonte à Dieu, & que c'eſt Dieu qui remplit tout, qui anime tout, & qui perfectionne tout.

Page 182. *Que la tradition nous a appris à honorer.*] Il appelle *tradition*, ces véritez que les Egyptiens avoient appriſes aux Grecs, & qu'ils avoient receuës du peuple de Dieu & des anciens Patriarches. Platon parle de meſme de ces traditions. *Il faut donc croire ces traditions qui ſont ſi ſeures & ſi anciennes, & ajoûter foy au témoignage des Legiſlateurs qui nous les ont tranſmiſes, à moins que nous ne voulions les accuſer d'eſtre fols.* Et dans un autre endroit; *Dieu, comme nous l'apprennons de l'ancienne tradition, ayant en luy le commencement, le milieu, & la fin de toutes choſes, &c.*

Dans le XI. liv. des Loix, tom. 2. p. 927.

Dans le VI. liv. des Loix, tom. 2. p. 715.

Et cette connoiſſance de ſcience ne ſe

forme que dans ceux.] Ce paſſage eſt defectueux dans le texte imprimé, & il paroiſt entier dans le manuſcrit de Florence, où au lieu de κοσμούντων, on lit κοσμοῦσιν ἐγγίνεται, & au lieu de μετισχόντων, on trouve μετισχομένοις. Ma traduction le fait aſſez entendre.

De ces eſtres incorporels.] Il y a dans le texte, *de ces eſtres immortels:* mais au lieu de ἀθάνατον, *immortel*, l'éxemplaire conféré ſur les manuſcrits, & le manuſcrit de Florence, liſent ἀσώματον, *incorporel*; & c'eſt la véritable leçon. Quand il appelle ces eſtres raiſonnables *incorporels*, il parle du corps terreſtre & groſſier; car il leur donnoit un corps ſubtil, comme on le verra dans la ſuite.

La nature en formant cet univers ſur la meſure & proportion divine.] Comme Hierocles vient de marquer les véritables bornes de la Theologie, il marque icy celles de la Phyſique, & il inſinuë qu'on doit ſe contenter de ne pénétrer dans cette ſcience qu'autant qu'il faut, pour ſçavoir que Dieu a créé cet univers, & luy a communiqué différents traits de ſes perfections. Que toutes ſes parties ſont ſubordonnées les unes aux autres par la meſme loy qui les a éta- Page 183.

blies; & que l'homme tenant le milieu entre les estres supérieurs & les estres inférieurs, peut par le mouvement de sa volonté, s'unir aux uns ou aux autres, & participer à la nature de la beste, ou à celle de Dieu. Pythagore ramenoit donc la Physique à la morale; & c'est ce que Socrate a suivi.

Page 184. *De là vient que la circonférence.*] Hierocles veut dire à mon avis, que la circonférence, & le centre pouvant estre regardez comme le principe de la Sphere de l'univers, Dieu n'a négligé ni l'un ni l'autre, & a voulu qu'ils fussent variez & ornez selon leur nature, & qu'ils portassent les marques de sa gloire & de sa puissance.

C'est pourquoy tantost.] Au lieu de διὸ πρῶτον μὲν, qui est dans le texte imprimé, j'ay lû διὸ ποτὲ μὲν, comme on lit dans l'éxemplaire conféré sur les manuscrits, & dans le manuscrit de Florence.

Vers l'entendement & la vertu.] J'ay ajoûté ces derniers mots, *& la vertu*, parce qu'ils paroissent dans le manuscrit de Florence.

Car ainsi il ne seroit pas homme.] Le texte est fort bien corrigé dans le manuscrit de Florence, οὕτω γὰρ οὐκ ἂν ἦν ἄνθρωπος. Si l'homme pensoit & connoissoit toûjours de mesme, il ne seroit pas homme, mais Dieu ; car il n'y a que Dieu qui ait ce grand avantage par sa nature.

L'essence humaine étant donc telle.] J'ay suivi icy la leçon que j'ay trouvée à la marge de l'exemplaire conféré sur les manuscrits, où l'on a suppléé ces deux mots, τοιαύτῃ οὔσῃ, qui manquent au texte ; προσήκει οἱῷ τῇ ἀνθρωπίνῃ οὐσίᾳ τοιαύτῃ οὔσῃ. Et c'est ainsi qu'on lit dans le manuscrit de Florence. Page 186.

Car de ce que l'essence des estres nous est cachée, de la vient que nous espérons, &c.] Hierocles combat icy visiblement l'erreur de ceux, qui prénant trop grossiérement la doctrine de Pythagore, se flattoient que l'homme pouvoit devenir Dieu, ou se persuadoient qu'il pouvoit devenir beste, ce que la loy de la création ne peut souffrir : mais c'est de quoy on a assez parlé dans la vie de Pythagore, & dans celle de Platon. Page 187.

Car étant, & demeurant toûjours l'homme, elle est dite devenir Dieu ou beste par le vice ou par la vertu.] On ne peut dire plus clairement que toute cette metempsychose de Pythagore n'étoit qu'une figure pour faire entendre Page 188.

que l'homme devient ſemblable aux beſtes par le vice, ou à Dieu par la vertu; & qu'il ne peut eſtre ni l'un ni l'autre par ſa nature.

Et qui meſure Dieu, s'il eſt permis de parler ainſi par la connoiſſance de ſoy-meſme.] C'eſt l'explication litterale du texte imprimé, *καὶ παραμετρῶν τὸν θεὸν τῇ ἑαυτοῦ γνώσει.* Ce qui peut faire un aſſez bon ſens; car meſurer Dieu par la connoiſſance de ſoy-meſme, c'eſt en ſe conſidérant comme le dernier des eſtres raiſonnables, voir Dieu ſi fort au deſſus de ſoy, que l'on connoiſſe manifeſtement qu'il n'eſt poſſible ni que la créature s'éleve juſqu'à Dieu, ni que Dieu ſe rabaiſſe juſqu'à la créature. Les bornes de tous ces eſtres ſont marquées, & ne ſe confondent jamais. Voila tout ce que je puis dire pour juſtifier le texte. Cependant, comme c'eſt pluſtoſt par la connoiſſance de Dieu que nous devons parvenir à la connoiſſance de nous-meſmes, je croy que le manuſcrit de Florence nous rend la véritable leçon de ce paſſage, *καὶ παραμετρῶν τοῦ θεοῦ τὴν ἑαυτοῦ γνῶσιν. Et qui meſure la connoiſſance de ſoy meſme par la connoiſſance de Dieu.* Pour eſtre libre & degagé de ces eſpérances foles, & de ces craintes extravagantes, le seul moyen, c'est de juger de son essence par la connoissance qu'on a de l'essence de Dieu. Cette essence de Dieu étant bien connuë, nous fait voir & sentir que notre ame ne peut jamais changer: ainsi voila cette prétenduë metampsychose bannie.

Et se met en état de ne pouvoir jamais estre ni trompé ni surpris.] Il n'y a personne qui puisse entendre les mots du texte, καὶ δυσεξαπατήτου ἀπάτης τυγχάνει. J'ay suivi la correction de Casaubon, qui a lû καὶ δυσεξαπατήτου ἕξεως τυγχάνει. *Il acquiert l'habitude intrompable*, s'il étoit permis de parler ainsi : mais je viens de m'appercevoir que le manuscrit de Florence nous redonne la véritable leçon, τῆς δυσεξαπατήτου ἐλπίδος τυγχάνει. *Spem nanciscitur infallibilem, & quæ numquam vana sit. Il se met en possession d'une espérance qui ne peut jamais estre vaine, & qui ne le confondra jamais.* Page 189.

Ce qui a fait dire avec beaucoup de raison par Heraclite, que notre vie est la mort, & notre mort la vie.] Je n'ay osé hasarder le mot d'Heraclite, comme Hierocles le rapporte; car il dit à la lettre, *que nous vivons leur mort*, Page 191.

& que nous mourons leur vie; c'eſt à dire, que pour les ames, ce que nous appellons mourir, c'eſt leur vie; & ce que nous appellons vivre, c'eſt leur mort; que notre vie eſt leur mort, & notre mort leur vie. Ce qui eſt une ſuite neceſſaire du dogme de la préexiſtence des ames; car pour une ame qui ſeroit dans le Ciel, deſcendre icy pour y vivre, ce ſeroit mourir; & mourir, ce ſeroit vivre. Mais indépendamment de ce dogme, le mot d'Heraclite, ne laiſſe pas d'eſtre vray; car venant au monde, & y prenant les affections charnelles, c'eſt alors que nous ceſſons proprement de vivre, & que nous mourons; au lieu qu'en dépoüillant ces meſmes affections, & mourant au monde, nous recommençons à vivre, parce que nous vivons en Dieu, en qui ſeul eſt la vie.

Page 192. *Dans les noires campagnes de l'Injure.*] Dans ces Vers d'Empedocle, l'Injure eſt icy une Déeſſe, c'eſt la Déeſſe Até, le Demon de diſcorde & de malediction, la Déeſſe de l'injure, dont Homere fait un affreux portrait dans le XIX. livre de l'Iliade, où il dit que Jupiter la précipita du ciel en terre, où ſon unique employ eſt de nuire, & de faire du mal.

Dans la prairie de la vérité.] C'est de *cette prairie de la vérité*, que Platon dit dans son Phedre, que la partie la plus noble de l'ame tire toute sa nourriture, c'est là où elle sent renaistre les aisles qui luy font reprendre son vol. Je ne sçay si c'est Pythagore ou Socrate qui a imaginé *cette prairie de la vérité*. Elle est bien opposée aux campagnes de l'injure. Dans celle-là tout est charité & lumiére ; & dans celle-cy, tout est tenébres, malediction & horreur. Tom. 3. p. 248.

Où il boit à longs-traits l'oubli de son bonheur.] Le Vers d'Empedocle est mal rapporté dans le texte, au lieu de αἰῶνος ἀμελεθεὶς, il faut lire αἰῶνος ἀμερθεὶς, *privé de la vie bienheureuse* ; & c'est ainsi qu'il est écrit à la marge de l'exemplaire conferé sur les manuscrits.

Parce qu'il recouvre l'entendement & la science.] Il n'est parlé dans le texte que de la science ; *parce qu'il recouvre la science :* Mais le pluriel qui suit, *comme ses parties essentielles*, fait bien voir qu'il manquoit icy un mot. L'exemplaire conferé sur les manuscrits l'a heureusement suppléé ; car au lieu de ὁλόκληρος δὲ τῇ τῆς ἐπιστήμης, &c. il met ὁλόκληρος δὲ τῇ νοῦ καὶ ἐπιστήμης, ὡς οἰκείων μερῶν, ἀνα- Page 193.

λήψει. Ainsi *parties essentielles* est fort bien dit au pluriel, parce qu'il y en a deux, *l'entendement & la science.*

Et qu'il n'est pas possible que les maux soient bannis de cette terre, ni qu'ils puissent approcher de la divinité.] Le manuscrit de Florence présente ce passage tout autrement; car il ajoûte une ligne entiére, ἀλλ' οὐδ' ἀπολέσθαι τὰ κακὰ δυνατὸν, οὔτε ἐν θεοῖς εἶναι (τὴν μὴ κεκαθαρμένην ψυχὴν ἐξιοῦσαν ἐκ τοῦ σώματος;) *car il n'est possible, ni que les maux soient bannis de cette terre, ni qu'une ame qui est sortie du corps sans estre purgée, soit receuë parmi les Dieux.* Si c'est là véritablement comme Hierocles avoit écrit, il n'a pas rendu le passage de Platon tel qu'il est; car Platon n'y parle nullement de l'ame. Voicy les propres termes, ἀλλ' οὔτ' ἀπολέσθαι τὰ κακὰ δυνατὸν, ὦ Θεόδωρε, ὑπεναντίον γάρ τι τῷ ἀγαθῷ ἀεὶ εἶναι ἀνάγκη, οὔτ' ἐν θεοῖς αὐτὰ ἱδρῦσθαι, τὴν δὲ θνητὴν φύσιν καὶ τόνδε τὸν τόπον περιπολεῖ ἐξ ἀνάγκης. Le mot αὐτὰ, marque certainement que Platon continuë à parler des maux.

Tom. 1. p. 176.

Page 194. *C'est devenir juste & saint avec prudence.*] Ces paroles de Platon sont remarquables. Lorsque la prudence n'est pas de la partie, il n'y a ni justice ni sainteté.

Ils s'enfoncent volontairement dans tout le desordre des passions.] Il y a dans le texte imprimé, ταῖς ἀμελείαις τῶν παθῶν, ce qui ne peut rien signifier qui convienne icy. L'exemplaire conféré sur les manuscrits, & le manuscrit de Florence rétablissent fort bien ce texte, en lisant ταῖς ἀμετρίαις τῶν παθῶν. Page 195.

Car tout homme qui ne voit point par luy mesme, ou qui n'entend point celuy qui l'avertit, est entiérement inutile & desespéré.] Hierocles rapporte icy les propres termes de deux vers d'Hesiode dans son Poëme des œuvres & des jours. Les voicy, Page 196.

Ὃς δέ κε μήτ' αὐτὸς νοέῃ, μήτ' ἄλλου ἀκούων,
Ἐν θυμῷ βάλληται, ὁ δ' αὖτ' ἀχρήϊος ἀνήρ.

Cet éloignement de Dieu est designé icy par le sort qui aveugle les hommes, & qui leur oste l'esprit.] Le manuscrit de Florence a fort bien rétabli ce passage, au lieu de ces mots τὸν γὰρ ἀπὸ θεοῦ χωρισμὸν βλάπτοντα τὰς φρένας ἡ θεὸς τὴν νοῦς δηλοῖ, on lit τὸν γὰρ ἀπὸ θεοῦ χωρισμὸν ἡ βλάπτουσα τὰς φρένας μοῖρα νῦν δηλοῖ. L'exemplaire conferé sur les manuscrits, a lû comme le manuscrit de Florence, ἡ βλάπτουσα τὰς φρένας μοῖρα. Mais au lieu de χωρισμὸν, il lit χωρισμένον, ce qui est vi- Page 197.

cieux ; & il reçoit ἡ πρὸς γῆν νεῦσις ; ce qui est né manifestement de la glose apposée sur le mot μοῖρα, pour faire entendre que ce sort n'est autre chose que le penchant qui nous précipite vers la terre. Et cette glose est tirée du texte d'Hierocles mesme, comme il s'est expliqué dans la suite, p. 269. du texte Grec, τῇ πρὸς τὸ μικρὸν καὶ θνητὸν ζῷον νεύσει.

Car c'est une nécessité que le fou soit sans Dieu, & que celuy qui est sans Dieu soit fou.] C'est ce qui a fait dire à David dans le pseaume 13. *Dixit insipiens in corde suo, non est Deus. L'insensé a dit en son cœur, il n'y a point de Dieu.*

Poussez d'un malheur dans un autre malheur, comme des cylindres par le poids de leurs actions impies.] Voicy un passage où il a fallu corriger le texte & le commentaire ; car il n'est pas possible de s'en tirer autrement. Au lieu donc de οἱ δὲ κυλίνδροις, il faut lire dans le texte οἱ δὲ κύλινδροι, & dans Hierocles οἷον κύλινδροι: car ce sont les méchants qu'il compare à des cylindres, & non pas leurs actions. Développons la comparaison pour rendre cette correction plus sensible. Les Stoïciens, pour accorder la destinée avec la liberté, disoient que la nature,

par

par l'enchaisnement des causes, agissoit sur l'homme, & le portoit à telles ou telles inclinations ; mais qu'ensuite c'étoit luy-mesme, qui par sa propre volonté, & par sa determination, suivoit ou modéroit ce mouvement qui luy étoit imprimé, & ils se servoient de cette comparaison que Ciceron rapporte dans son fragment de la destinée, comme il l'a tirée des livres de Chrysippe ; *Ut igitur, inquit, qui protrudit cylindrum, dedit ei principium motionis, volubilitatem autem non dedit, sic visum objectum imprimet illud quidem & quasi signabit in animo suam speciem, sed assensio nostra erit in potestate. Eaque, quemadmodum in cylindro dictum est, extrinsecus pulsa, quod reliquum est, suapte vi & natura movebitur.* On peut voir Aulugelle livre VI. chap. II. Chrysippe avoit tiré sans doute cette comparaison de ces Vers de Pythagore ; mais il me semble qu'il n'en avoit pas bien pris l'esprit. Pythagore ne compare pas generalement tous les hommes à des cylindres ; car le sage qui régle ses inclinations, & qui les soumet à la Loy, ne peut estre comparé à un cylindre, qui dés qu'il a reçû le mouvement, roule sans pouvoir jamais s'arreſter par luy-meſme. Mais il leur compare les méchans, qui, dés qu'ils ſont eſclaves du péché, ſont entraiſnez par leur propre poids dans le précipice.

Page 198. *Qui ne porte au mal les inſenſez.*] Au lieu de ὁ μὴ πρὸς κακοῦ, qui ne ſignifie rien, il faut lire comme dans le manuſcrit de Florence, ὁ μὴ πρὸς ἀφορμὴν κακοῦ. Tout eſt occaſion de mal aux inſenſez.

Page 199. *Or le mal attaché à notre nature, & qui eſt en meſme temps un mal acquis, c'eſt l'abus que nous faiſons de notre liberté.*] Cet abus eſt un mal naturel, en ce qu'il a ſa racine dans ce corps mortel ; & il eſt en meſme temps un mal acquis, en ce que pouvant l'arracher & l'extirper, nous le nourriſſons & le laiſſons croiſtre. Cela me paroiſt fort beau.

Par cette malheureuſe opinion, de croire pouvoir reſiſter à Dieu.] Il ne dit pas, *par reſiſter à Dieu* ; mais *par cette opinion de croire pouvoir reſiſter*, δοκεῖν. Car Dieu eſt toûjours le plus fort ; & lorſque nous refuſons de faire la volonté de Dieu, Dieu accomplit en nous la ſienne.

Page 200. *Et qui eſt excitée par ce malheureux germe qui eſt en nous.*] Hierocles décrit icy admirablement le mal qui reſide en nous; cette Loy de péché dont parle saint Paul, qui est dans les membres de notre corps, & qui combat contre la Loy de l'esprit.

De fuir cette mauvaise contention, en nous jettant dans la contention toute bonne.] Il semble qu'Hierocles fasse allusion icy au célébre passage d'Hesiode, qui dit au commencement de son Poëme des œuvres & des jours, *que dans ce monde il y a deux contentions; l'une, que les sages approuvent; & l'autre qui est tres-mauvaise, & qui n'aime que les guerres & les combats.* L'explication que ce Philosophe donne par là à ce passage, en suivant les veuës de Pythagore, convient parfaitement à ce Poëte, qui donne des préceptes de morale dans ses leçons œconomiques. Page 201.

En rond par luy-mesme, & en droite ligne par sa chute.] Comme le cylindre ne commence pas son mouvement par luy-mesme, & demeure en repos, s'il n'est poussé, de mesme notre ame ne se perd, que lorsqu'elle est excitée par l'objet qui la determine. Voila en quoy son mouvement est involontaire dans son principe, comme celuy du cylindre. Mais comme le cylindre, dés qu'il est Page 203.

une fois poussé, se meut en rond par sa propre figure, de mesme notre ame, dés qu'elle est meuë par l'objet, se tourne de telle ou de telle maniére par elle-mesme, sans que rien de dehors contribuë à ce mouvement, & voila comment il est volontaire. C'est ainsi, je pense, qu'Hierocles a pris la pensée de Pythagore : mais la comparaison ne paroist pas entiérement juste; car dés que le cylindre est poussé, il ne depend plus de luy de ne pas rouler; au lieu que notre ame a beau estre meuë, elle peut estre toûjours maistresse de ses mouvemens. Cela n'est vray que de ceux qui sont esclaves du vice.

Car comme le cylindre n'est plus capable du mouvement circulaire autour de son axe, dés qu'il est gauchi.] Si j'entends bien ce texte d'Hierocles, il compare l'ame qui demeure attachée à la droite raison, il la compare à un cylindre qui est bien droit; & qui par consequent se peut toûjours mouvoir en rond, & conserver le mouvement circulaire, à cause de sa figure, qui est telle qu'elle doit estre, au lieu que l'ame, qui s'éloigne de la droite raison, est comme un cylindre tortu qui n'est plus capable du mouvement circulaire, parce qu'il n'est pas droit, & qu'il n'a pas la figure qu'il doit avoir. Mais je doute qu'Hierocles ait bien pris le sens de la comparaison de Pythagore, qui comme je l'ay déja dit, n'a pas comparé les hommes en general au cylindre, les bons au cylindre droit, & les méchans au cylindre tortu, qui n'est plus mesme un cylindre; mais il compare tous les méchants au cylindre, qui étant une fois meu, est entraisné, & roule par son propre poids.

Et de l'union avec Dieu] Au lieu de στάσεως, je croy qu'il faut lire comme dans l'éxemplaire conféré sur les manuscrits, συστάσεως.

Et est emporté hors du droit fil.] Dans l'éxemplaire conféré sur les manuscrits, on lit καὶ ἐκφέρεται ἐπ' εὐθείας αἰσθητικῆς προσπαθείας, &c. mais au lieu de ἐπ' εὐθείας, je croy qu'il faut lire ἀπ' εὐθείας, ce qui répond à τοῦ ὀρθοῦ λόγου ἀποπεσόντα.

Seul moyen d'attirer son secours.] J'ay suivi icy le texte imprimé, καὶ βοηθείας αἰτίαν, & *la seule cause du secours*; ce qui fait un trés-beau sens. Je suis pourtant obligé d'avertir que le manuscrit de Florence lit καὶ βοηθείας αἴτησιν, *pour luy demander son secours.* Page 204.

Page 206. *Et le nom de Dieu qui luy est véritablement propre.*] Tout ce qu'Hierocles dit icy du nom de Jupiter, ou de ζεὺς, est tiré du Cratyle de Platon, où Socrate dit que n'y ayant point d'autre Dieu que Jupiter qui soit la cause de la vie des hommes & de tous les animaux, c'est à bon droit qu'il a été appellé ζεὺς.

Tom. 1. p. 396. συμβαίνει οὖν ὀρθῶς ὀνομάζεσθαι οὗτος, τὸς θεὸς εἶναι δι' ὃν ζῆν ἀεὶ πᾶσι τοῖς ζῶσιν ὑπάρχει.

Aujourd'huy parmi nous les noms qui nous paroissent les plus propres, le hazard & la convention des hommes les produisent bien plustost, &c.] C'est une dispute celebre parmi les Philosophes, si les noms sont imposez par la nature, φύσει, ou par la simple convention des hommes, θέσει, & c'est la matiére du Cratyle de Platon. Hierocles suit icy l'opinion la plus sage, qui est, que les premiers nomenclateurs trés instruits de la nature des estres, comme éclairez par Dieu mesme, ont donné aux choses leur véritable nom, au lieu que ceux qui sont venus aprés, déchûs de cette connoissance, n'ont donné que des noms faux, ou impropres que le hazard leur a fait trouver, ou dont ils sont convenus entre eux.

Que si on appelloit un méchant homme, homme de bien; & un impie, homme pieux.] L'exemplaire conferé sur les manuscrits, a lû Ἀγάθων, au lieu de Ἀγαθὸς, & Εὐσέβιος, au lieu de Εὐσεβὴς. Ainsi il faudroit traduire, que *si on appelloit un méchant homme, Agathon; & un impie, Eusebe.* Et cette leçon est confirmée par le manuscrit de Florence. Il est certain qu'*Agathon* & *Eusebe*, sont des noms d'homme: mais ce qui m'empesche de déferer icy à l'autorité de ces manuscrits, c'est qu'Hierocles ne parle pas des noms qu'on donne ordinairement. Au contraire, il veut faire voir la fausseté des noms par une comparaison tirée de ceux qu'on pourroit donner, & qu'on ne donne pourtant pas; car ni *Agathus*, ni *Eusebe*, ne sont pas des noms propres. Ce sont des adjectifs; & ce qui me confirme dans cette pensée, c'est que ce passage paroist tiré d'un endroit du Cratyle de Platon, où il y a *Agathus* & *Eusebes*; & nullement *Agathon* & *Eusebius*. *To. 1. p. 394.*

Car ceux qui les prémiers ont imposé les noms, ont fait par la sublimité de leur sagesse.] Voycy un grand éloge des premiers nomenclateurs. Il faut qu'ils ayent Page 207.

été douez d'une ſageſſe ſublime, pour avoir exprimé par les noms la nature des choſes qu'ils ont nommées. Mais cet éloge ne convient qu'en partie aux Grecs; il eſt dû tout entier aux Hebreux qui ont fait connoiſtre mieux que tous les autres peuples du monde, la nature des choſes, par l'impoſition des noms. Auſſi l'Ecriture ſainte dit d'Adam, que *le nom qu'il donna aux animaux étoit leur véritable nom*, parce que ce nom marquoit leurs proprietez, & leur nature. Et c'eſt ce que Socrate avoit bien connu.

Comme les excellents ſtatuaires.] C'eſt à dire, que comme les excellents ſtatuaires ont taſché par la nobleſſe, & par la majeſté de leurs figures, d'exprimer les vertus & les propriétez de leurs originaux, les premiers nomenclateurs ſe ſont efforcez de meſme de rendre les noms, les véritables images des choſes.

Car ils ont rendu les noms dans leur ſon meſme les ſymboles de leurs penſées; & ils ont rendu leurs penſées, les images trés-reſſemblantes & tres-inſtructives des ſujets ſur leſquels ils ont penſé.] Ce paſſage avoit été juſqu'icy inintelligible; mais il eſt rendu intelligible & clair dans l'éxemplaire conféré ſur les manuſecrits, & dans le manuscrit de Florence, qui ont lû, τὰ γὰρ ἐν τῇ φωνῇ ὀνόματα, σύμβολα τῶν ἐν τῇ ψυχῇ νοήσεων ἀπειργάζοντο, τὰς δὲ νοήσεις αὐτὰς γνωστικὰς εἰκόνας τῶν νοηθέντων πραγμάτων ἐποιοῦντο. Cela explique admirablement ce qu'ont fait ceux qui ont donné aux choses leur véritable nom. Ils ont tellement embrassé & connu les sujets qui ont fait l'objet de leurs pensées; que ces pensées sont devenuës les images véritables & ressemblantes de ces objets, images instructives, c'est à dire, capables de les faire connoistre; & qu'ensuite ils ont expliqué & rendu ces pensées par des noms qui les ont parfaitement représentées.

En effet ces grandes ames par leur application continuelle, aux choses intelligibles.] Hierocles fait voir icy trés-clairement que l'enthousiasme, ou l'inspiration nécessaire pour donner aux choses leur véritable nom, ne peut venir que de Dieu, & de la méditation des choses divines. Ce qui est trés-vray, & s'accorde parfaitement avec l'Ecriture sainte. Tout ce passage est parfaitement beau.

Qui par le son mesme, & par les lettres employées pour les former.] Il prétend que les noms que ces hommes divins, ces prémiers nomenclateurs ont donnez, ont été les images parfaites des choses nommées, non seulement par leur signification & leur énergie, mais encore par leur son & par leur figure. Ce qui s'accorde avec ce que les Hebreux ont écrit de leur Langue, que les figures de ses lettres n'étoient point par accident, mais qu'elles étoient formées de telle & de telle maniére, par des raisons certaines qui convenoient à chaque caractére. Dans le Cratyle de Platon, Socrate tasche de prouver la mesme chose des lettres Grecques dans la formation des mots.

Page 208. *Et conduit à la connoissance de leur nature, ceux qui les ont bien entendus.*] Voila ce qui fait dire par Philon Juif, que le commun des hommes impose des noms bien différents des choses, de maniére qu'autre est la chose nommée, & autre le nom qu'on luy a donné; mais que dans les livres de Moyse, les noms sont les expressions trés-vives & trés-sensibles des choses, de maniére que la chose mesme passe dans le nom, sans qu'il y ait la moindre différence.

De sorte que la fin de leur contemplation a été pour nous le commencement de l'intelligence.] Cela eſt parfaitement bien dit, & peut eſtre appliqué generalement à tous ceux qui ont étudié la nature, les mœurs, &c. & qui nous ont fait part de leurs travaux. La fin de leur contemplation a été le commencement de notre intelligence ; mais cela eſt encore plus vray des Ecrivains ſacrez. La fin de leur contemplation a été le commencement de notre inſtruction ; car aprés qu'ils ont été plainement inſtruits, ils ont commencé à nous inſtruire.

C'eſt ainſi que le Créateur de toute choſes a été appellé par ces grands genies, tantoſt du nom de quaternaire.] Ce qu'Hierocles dit icy eſt encore plus vray, quand ce qu'il appelle icy *quaternaire*, eſt connu pour le tetragrammaton ineffable, ou le *Jehovah* des Hebreux comme je l'ay expliqué.

Qui decoulent toûjours de l'eſſence du Créateur.] Le manuſcrit de Florence, au lieu de οὐσίας, *de l'eſſence*, lit αἰτίας, *de la cauſe qui a tout créé.*

Quel eſt le Demon dont ils ſe ſervent, c'eſt à dire, quelle eſt leur ame.] Comme les Pythagoriciens enſeignoient que chaque homme avoit un Demon, un Ange pour gardien, & qu'il l'avoit choi- Page 209.

ſi luy-meſme, on auroit pû croire qu'icy, *quel eſt le Demon dont ils ſe ſervent*, ſignifioit quel eſt le Demon qu'ils ont choiſi pour leur guide & leur conducteur. Mais Hieroclés s'éloigne de ce ſentiment, & avec raiſon. On pourroit connoiſtre ce conducteur, ſans eſtre pourtant delivré de ſes maux, au lieu qu'on ne peut connoiſtre ſon ame, ſans parvenir à cette délivrance; car connoiſtre ſon ame, c'eſt connoiſtre que Dieu l'a créée libre, qu'il a mis tous les biens devant elle, & qu'il dépend d'elle de les embraſſer, en ſuivant les inſpirations de Dieu.

Dépendent neceſſairement la délivrance de nos maux.] Au lieu de ἀποπαγλὼ, qui eſt dans le texte, j'avois corrigé λύσιν. Mais l'éxemplaire conféré ſur les manuſcrits, & dans le manuſcrit de Florence, m'ont fourni la véritable leçon, ἀποφυγὴν, qui dit la meſme choſe pour le ſens, & qui approche plus du mot du texte.

Mais cela eſt impoſſible: car il ne ſe peut qu'ils s'appliquent tous à la Philoſophie.] Il ne faut donc pas s'étonner que ſelon la doctrine de ces Philoſophes, le nombre de ceux qui ſe delivroient de leurs maux fuſt ſi petit, puiſque cette delivrance étoit l'ouvrage de la Philosophie. Quelle misére ! Si Hierocles avoit luy-mesme ouvert les yeux, & vû les biens qui étoient prés de luy, il auroit connu une voye bien plus facile & plus seure ; il auroit connu que le salut n'est nullement le fruit de l'étude & du sçavoir ; & que le plus ignorant peut y parvenir comme le plus sçavant. Il n'a qu'à croire, & qu'à vivre selon cette foy. Il n'a pas besoin d'autre Philosophie.

Et dans un état tout divin,] Le Grec dit, *& dans un sort tout divin. Sort*, dans les auteurs Grecs, comme chés les Hebreux signifie souvent *partage*. Page 210.

Mais c'est ce qu'on ne peut entendre, mesme sans impiété.] Le texte imprimé dit ἢ ταῦτα μὲν οὐδ' ὅσιον ἐπινοεῖν. *Mais c'est ce qu'on ne peut penser mesme sans impiété.* Et c'est ce qui m'avoit paru absurde, car une impiété pour estre impiété, n'a pas besoin d'estre proférée, c'est assez qu'on la pense. Le manuscrit de Florence a bien lû à mon avis, ἐπαΐειν, *entendre* ; car cela dit une grande vérité, qu'il y a des choses qui rendent impies ceux qui n'ont fait seulement que les entendre. Page 211.

Page 214. *Mais ce sont ceux qui ne voyent ni n'entendent que les biens sont prés d'eux.*] Cela s'accorde avec ce que Jesus Christ dit à ses disciples. *Aurez-vous toûjours des yeux sans voir, & des oreilles sans entendre.* S. Marc VIII. 18. Mais ces yeux & ces oreilles, c'est à Dieu à nous les ouvrir.

Page 215. *En effet, s'il dépend de Dieu d'attirer tous les hommes à la vérité mesme malgré eux.*] Hiérocles ne nie pas qu'il dépende de Dieu d'attirer à luy les hommes; mais il nie qu'il puisse les attirer malgré eux: & en cela il est conforme à la saine doctrine. *Dieu ne force*
Hom. 43. *personne*, dit saint Jean Chrysostome, *mais il attire ceux qui le veulent.* ὅτι μὴ βουλομένους οὐ βιάζεται ὁ θεὸς, ἀλλὰ βουλομένους ἕλκει. *Ceux qui le veulent*; c'est à dire, ceux qui suivent volontairement ses inspirations. Ainsi quand Jesus-Christ,
VI. 44. dit dans saint Jean, *Nemo potest venire ad me, nisi pater, qui misit me, traxerit eum. Personne ne peut venir à moy, si mon pére, qui m'a envoyé, ne l'attire.* Il ne parle pas d'une violence faite par force, comme l'ont mal crû ceux qui veulent détruire notre libre arbitre; mais il parle d'un secours donné à la volonté.

Il est mesme impossible & contradictoire, que l'homme soit attiré à la vérité malgré luy, parce qu'il est impossible qu'il y soit attiré sans l'aimer, & l'aimant, il faut qu'il s'y porte nécessairement, mais d'une nécessité libre & independante, qu'Hierocles a fort bien connuë, & qu'il appelle *nécessité de l'esprit*, mille fois plus forte que toute la violence qui vient du dehors, qui n'a nul empire sur la volonté. Il est si vray que notre ame se porte aussi volontairement, qu'infailliblement, à ce qui la charme, que la plus grande violence n'est pas capable de l'en empescher. Pag. 88. & 89.

Nous ne devons ni pratiquer, ni méditer, ni aimer le bien, si c'est à Dieu seul à nous delivrer du vice.] Hierocles pousse trop loin la coopération de l'homme dans l'œuvre de sa regénération; car il est certain que c'est Dieu seul qui nous donne la vertu, & qui nous délivre du vice. Il est vray que nous y contribuons de notre part; mais ce que nous y contribuons vient de luy; ainsi c'est Dieu seul qui fait tout en nous; & lorsque nous y prestons notre volonté, c'est Dieu seul qui l'excite & la détermine, en nous faisant aimer le bien qu'il veut que nous fassions. Nos actions sont nostres, parce que c'est notre volonté, notre libre arbitre, qui les produit ; & elles sont aussi à Dieu, à cause de sa grace qui fait que notre libre arbitre les produit.

Ni aimer le bien.] Il y a dans le texte imprimé une faute que le manuscrit de Florence a corrigée, καὶ ἔρωτι πίθεσθαι τῶν καλῶν. Il faut lire, καὶ ἔρωτι πίθεσθαι τὰ καλά.

Page 217. *L'essence raisonnable ayant receu de Dieu son créateur, un corps conforme à sa nature.*] Voicy un autre erreur des Pythagoriciens, qui croyant l'ame spirituelle, ne laissoient pas de luy donner une espéce de corps subtil & lumineux, parce qu'ils ne pouvoient concevoir qu'une chose finie & terminée, pust estre sans corps. L'avantage que nous pouvons tirer aujourd'huy de cette erreur, car les erreurs des Payens ne laissent pas de nous conduire à la vérité, dont elles sont les enfans bastards, c'est que de l'aveu mesme de ces Philosophes, l'ame peut estre revétuë d'un corps spirituel ; & c'est là l'espérance des Chrétiens, aprés la resurrection ; car comme il y a un corps animal, il y a aussi un corps spirituel. S. Paul 1. Corinth. XV.

De maniére qu'elle n'est ni corps, ni sans corps.] Elle n'est pas corps, parce qu'elle est spirituelle; & elle n'est pas sans corps, parce qu'elle est revestuë d'un corps délié & subtil, qui la finit & la determine. Voila le sens de cette réverie des Pythagoriciens.

Comme dans les astres.] Car ces Philosophes croyoient que les cieux & les astres étoient animez. On peut voir dans la vie de Platon l'origine de cette erreur.

Et nées ensemble avec subordination.] Le manuscrit de Florence, au lieu de ἐν τάξει συμπεφυκότων, a lû ὂν ἕξει συμπεφυκότων. Mais j'aime mieux la leçon du texte imprimé. On lit de mesme dans la page suivante, τὴν τάξιν. Page 218.

Car le Heros est une ame raisonnable, avec un corps lumineux.] Les Pythagoriciens croyoient que les Dieux & les Anges avoient aussi un corps.

Avec un corps immortel né avec elle.] On ne peut pas douter que ce ne fust là l'opinion de Pythagore, que ce corps subtil & délié de l'ame, étoit né avec elle; car cela paroist par quelques passages du Timée: & c'est pourquoy Platon dit dans le Phedre, ἀθάνατον τι ζῶον.

ἔχον μὲν ψυχὴν, ἔχον δὲ σῶμα, τὸν αἰεὶ δὲ χρόνον ταῦτα συμπεφυκότα. *Un animal immortel qui a une ame, mais qui a aussi un corps, & tous deux unis, & comme fondus ensemble dés le commencement.* Il semble pourtant qu'il y a eu des Pythagoriciens dans la suite, qui ont tenu que l'ame ayant été créée toute spirituelle, s'étoit insinuée dans l'ame corporelle, c'est à dire qu'elle s'étoit revétuë d'un corps délié & subtil, qu'ils concevoient comme un extrait des globes célestes. On n'a qu'à voir Jamblique VIII. 6. mais c'est peut estre s'arrester trop long-temps sur ces visions.

En comparant l'ame divine & l'ame humaine à un char aislé, qui a deux chevaux & un cocher qui le conduit.] Voicy le passage de Platon comme il est dans le Phedre. Pour donner une idée de l'ame divine & de l'ame humaine, il lit ἔοικε δὴ τῇ ξυμφύτῳ δυνάμει ὑποπτέρου ζεύγους τε καὶ ἡνιόχου. θεῶν μὲν οὖν ἵπποι καὶ ἡνίοχοι πάντες, αὐτοί τε ἀγαθοὶ καὶ ἐξ ἀγαθῶν. τὸ δὲ τῶν ἄλλων μέμικται. καὶ πρῶτον μὲν ἡμῶν ὁ ἄρχων συνωρίδος ἡνιοχεῖ, εἶτα τῶν ἵππων ὁ μὲν αὐτῷ καλός τε καὶ ἀγαθὸς, καὶ ἐκ τοιούτων· ὁ δὲ ἐξ ἐναντίων καὶ ἐναντίος. χαλεπὴ δὴ καὶ δύσκολος ἐξ ἀνάγκης ἡ περὶ ἡμᾶς ἡνιόχησις. *Elle res-*

ſemble à un char aiſlé qui a deux chevaux & un cocher nez enſemble. Les chevaux & les cochers des Dieux ſont tous bons, comme venant de bons; & ceux des autres ſont meſlez. Et premiérement celuy qui nous gouverne conduit le char. L'un de ſes chevaux eſt bon & docile, & vient de tels; & l'autre venant de tout contraires, eſt auſſi contraire, c'eſt à dire rebelle & deſobéiſſant. Voila pourquoy notre char eſt néceſſairement ſi difficile à conduire. L'explication de cette image ſe préſente naturellement. Le cocher, c'eſt l'entendement, la partie ſpirituelle de l'ame; le char, c'eſt le corps ſubtil que l'ame regit; les deux chevaux, c'eſt la partie iraſcible, & la partie concupiſcible. Ces deux chevaux du char des Dieux ſont tous bons, parce que ni l'excés, ni le vice n'approchent de la divinité. Mais au char de l'ame humaine, l'un eſt bon & docile, c'eſt la partie iraſcible, qui ſert & obéit à la raiſon; & l'autre eſt méchant & rebelle, c'eſt la partie concupiſcible, qui foule aux pieds la raiſon, & ne connoiſt point de frein.

Ce qu'ils font entendre un peu obſcurément par ces termes, & dans les purifi- Page 119.

cations, & dans la délivrance de l'ame.] Cela est un peu obscur en effet; mais on ne laisse pas de le pénétrer. La vérité & la vertu sont les purgations de l'ame intelligente; l'abstinence de certaines viandes nétoye des souïlleures de la matiére, & empesche le corps subtil de l'ame de se mesler, & de se confondre avec ce corps terrestre & mortel; les purifications achevent d'emporter & de purger les taches que ce corps subtil a contractées; & la force divinement inspirée, c'est à dire, le pouvoir que Dieu nous a donné, & qu'il fortifie par son secours, de nous détacher de ces lieux, & de les fuïr, acheve cette délivrance de l'ame, qui est le but de la Philosophie.

Que c'est en pratiquant la vertu, & en embrassant la vérité & la pureté, qu'il faut avoir soin de notre ame & de notre corps lumineux.] C'est le sens du passage d'Hierocles; car il vient de dire que pour la perfection de l'ame, c'est à dire, de la partie spirituelle de l'ame, on a besoin de la vérité & de la vertu; & pour la purgation de la partie corporelle, c'est à dire du corps lumineux, on a besoin de la pureté.

Que les Oracles appellent le char subtil de l'ame.] Par ces Oracles, il entend quelques vers attribuez à Orphée, ou bien il donne ce nom aux dogmes mesmes de Pythagore. Au reste l'opinion que ces Philosophes avoient de ces chars est bien difficile à éclaircir; car ils en parlent fort obscurément. Ils enseignoient qu'ils étoient différents selon la dignité des ames. On peut voir l'instruction Theologique de Proclus, art. 204. Jamblique en parlant des chars des Démons, 5. 12. dit qu'ils ne sont tirez, ni de la matiére, ni des élements, ni d'aucun autre corps qui nous soit connu. Et lorsqu'il parle des chars des ames, il paroist qu'ils concevoient ces chars comme un extrait, & une quinteessence des globes célestes. Proclus dit que le char de toute ame particuliére est immatériel, indivisible, & impassible. Dans la vie de Pythagore, je croy avoir decouvert l'origine de cette opinion. Page 220.

Or la pureté dont il parle icy.] J'ay suivi le manuscrit de Florence, dans lequel, au lieu de αὕτη ἡ καθάρσις, on lit αὕτη ἡ καθαρότης.

Car le corps immateriel est la vie, c'est luy qui produit la vie du corps mate-

teriel.] Voicy le sens de cette réverie de Pythagore qui paroist d'abord fort difficile & fort obscure. Nous venons de voir qu'ils enseignoient que l'ame, avant que de venir animer ce corps mortel, avoit un corps spirituel & lumineux; & comme ce corps mortel a une sorte de vie, ils concevoient que cette sorte de vie étoit l'effet du corps lumineux qui le remplissoit, & qu'ainsi ce corps mortel composé de la vie & de la matiére, étoit la véritable image de l'essence humaine, c'est à dire, de l'ame & du corps spirituel.

Par laquelle notre animal mortel est complet, étant composé de la vie immaterielle, & du corps materiel.] Le manuscrit de Florence nous a rendu ce passage comme Hierocles l'avoit écrit; car au lieu de τὸ θνητὸν ἡμῶν σῶμα, comme il y a dans le texte imprimé, on lit dans ce manuscrit τὸ θνητὸν ἡμῶν ζῶον; & au lieu de ἐκ τῆς ἀλόγου ζωῆς, on lit ἐκ τῆς ἀΰλου ζωῆς; car ils regardoient la vie du corps animal, comme une vie en quelque façon immaterielle, puisqu'elle étoit l'effet du corps lumineux de l'ame.

Et l'image de l'homme.] Ce corps mortel étant composé du corps materiel, & de la vie immaterielle, c'est à dire, de la vie que luy communiquoit le corps subtil, étoit regardé par les Pythagoriciens comme l'image de l'essence humaine, c'est à dire, de l'entendement & du corps immateriel; & d'un autre costé ils regardoient aussi ce corps immateriel & subtil, comme l'image du corps mortel, comme étant moulé sur la figure de ce corps. *Image* est un terme reciproque qui peut servir à l'original, & à la copie.

Et que l'homme est composé de ces deux parties.] Au lieu de ἄνθρωπος δὲ διὰ ταῦτα, il faut lire ὁ δὲ ἄνθρωπος ταῦτα, comme dans le manuscrit de Florence. Ces deux parties de l'homme, c'est à dire de l'ame, sont l'essence raisonnable, l'entendement, & le corps immateriel & lumineux, comme il vient de l'expliquer.

Et à la pratique de tous nos devoirs.] Page 221. τῶν δὲ ἐνεχομένων ποιητικοί, il faut lire comme dans le manuscrit de Florence, τῶν δὲ ἐνδεχομένων ποιητικοί.

Parce que c'est par cette mesme folie qu'elle a eu du penchant pour les choses d'icy bas.] Au lieu de ἐπὶ καὶ ταύτης προσῆλθεν ἐν τῇ φύσει, il faut lire comme dans l'exemplaire conferé sur les manuscrits, & dans le manuscrit de Florence, ἐπὶ καὶ ταύτῃ φιλοσῶμα τῇ εἰς γένεσιν νεύσει. Mot à mot, *parce que c'est par cette mesme folie qu'elle s'est précipitée dans le penchant pour la naissance*, c'est à dire, *parce que cette folie l'a portée à venir icy bas pour y naistre, & y animer un corps mortel & corruptible.*

Il ne reste donc que la purgation du corps spirituel.] Hierocles employe icy ψυχικὸν σῶμα, dans un sens opposé à celuy que saint Paul luy donne dans la 1. epist. aux Corinth. car ce Philosophe le met pour le corps *spirituel*, pour le corps lumineux de l'ame, qu'il oppose au corps *materiel* au corps terrestre, au lieu que saint Paul le met pour le corps mortel & terrestre, opposé au corps spirituel qu'il appelle πνευματικὸν, & qui n'est que ce mesme corps mortel & terrestre glorifié. Au reste Hierocles n'a rien dit de la purgation du corps materiel, parce qu'elle est comprise dans celle du corps spirituel; & que d'ailleurs cette purgation ne se fait point pour le corps materiel, mais pour l'autre qui luy donne la vie.

Page 222. *Et à la sacrée methode que l'art enseigne.*]

ſeigne.] C'eſt la leçon du texte imprimé, καὶ ταῖς ἱεραῖς τέχναις. Dans le manuſcrit de Florence, on lit καὶ ταῖς τῶν ἱερῶν τέχναις, peut eſtre faut-il corriger καὶ ταῖς τῶν ἱερέων τέχναις, *& à la methode de l'art des ſacrificateurs.*

Mais cette purgation eſt en quelque façon plus corporelle.] Porphyre avoit traité cette matiére dans ſon traité, περὶ ἀνόδου τῆς ψυχῆς, *de regreſſu animæ, du retour des ames au lieu de leur origine.* Et ſaint Auguſtin refute admirablement cette méthode de purger la partie ſpirituelle de l'ame par *l'art theurgique,* comme une méthode trés-impie. Je rapporteray le paſſage pour l'expliquer. *Hanc artem*, dit-il dans le chap. 9. du liv. x. de la Cité de Dieu, *utilem dicit eſſe mundandæ parti animæ, non quidem intellectuali, quâ rerum intelligibilium perpicitur veritas, nullas habentium ſimilitudines corporum, ſed ſpiritali, quâ corporalium rerum capiuntur imagines. Hanc enim dicit per quaſdam conſecrationes theurgicas, quas* teletas *vocant, idoneam fieri atque aptam ſuſceptioni ſpirituum & angelorum ad videndum Deos. Ex quibus tamen theurgicis teletis fatetur intellectuali animæ nihil purgationis ac-*

cedere, quod eam faciat idoneam ad videndum Deum suum & perspicienda ea quæ vere sunt. Ce passage ne peut estre mieux expliqué que par tout cet endroit d'Hierocles ; car on voit que ce que saint Augustin, après Porphyre, appelle *la partie spirituelle de l'ame, spiritalem animæ partem*, est ce qu'Hierocles nomme, aprés les Platoniciens & les Pythagoriciens, πνευματικὸν καὶ λεπτὸν τῆς ψυχῆς ὄχημα, & τὸ αὐγοειδὲς τῆς ψυχῆς σῶμα, & ψυχικὸν σῶμα. *Le char spirituel & subtil de l'ame ; le corps lumineux de l'ame, & le corps animal.* Au reste Porphyre, en ordonnant de purger cette partie spirituelle, ou ce corps subtil de l'ame, par ces initiations, & par ces expiations, ordonnoit aussi comme Hierocles, de purger la partie intellectuelle par la connoissance de la vérité. Pythagore avoit pris des Chaldéens cette double purgation, & les Chaldéens l'avoient sans doute mal imaginée sur les sacrifices des Juifs, où ils voyoient des cérémonies qui regardoient la purification du corps. Quoyqu'il en soit, il est certain que cette superstition étoit fort en vogue dans toute l'antiquité ; car c'étoit elle qui faisoit aller les Payens dans tous les coins du monde, pour se faire initier aux mystéres de leurs faux Dieux.

Et tout ce qui se fait pour la purgation de ce corps, si on le fait d'une maniére digne de Dieu, & sans aucuns prestiges.] Car parmi les Payens, il y avoit des vagabons & des charlatans qui contrefaisoient les cérémonies de leur Religion, en employant les sortiléges & les prestiges pour jetter de la poudre aux yeux. Voyez Jamblique x. 2. où il dit fort bien, que dans tous les arts, on voit pulluler de faux arts qui les contrefont; mais que ces faux arts sont plus opposez aux vrays, qu'à toute autre chose; car il n'y a rien de plus opposé à ce qui est bon dans un genre, que ce qui y est mauvais. Hierocles & Porphyre deffendoient de s'addresser à ces sortes de gens, & vouloient qu'on allast à ceux qui avoient les véritables rites, aux véritables sacrificateurs.

Et il se réunit à la perfection intelligente de l'ame.] Cette perfection intelligente de l'ame, n'est autre que l'entendement divin, c'est à dire, Dieu. Page 223

Mais dira-t-on en quoy, & comment l'abstinence de certaines viandes contribuë-t-elle à de si grandes cho-

ſes ?] Ce paſſage étoit defectueux dans le texte imprimé Le manuſcrit de Florence l'a retabli, en ajouſtant le mot ἀποχὴ, & en préſentant ainſi le paſſage entier, τί οὖν ἡ ἐνίων βρωμάτων ἀποχὴ πρὸς ταῦτα συμβάλοιτο ἄν ; c'eſt une objection qu'Hierocles ſe fait faire, & il répond enſuite en montrant que ce précepte a deux ſens, le litteral, & le figuré, ou le myſtique.

Page 224. *Par cette image palpable & ſenſible.*] Δι' ἑνός τινος αἰσθητοῦ διδαχθείη. Il eſt évident qu'il manque un mot à ce texte. J'avois ſuppléé μέρους, *par cette partie palpable & ſenſible.* Mais l'exemplaire conféré ſur les manuſcrits, & le manuſcrit de Florence m'ont fourni la véritable leçon, ὑποδείγματος, *par cette image palpable & ſenſible.*

Nous apprendrons à renoncer à tout ce qui regarde la naiſſance & la génération.] C'eſt à dire, à toutes les choſes de cette vie ; car c'eſt le ſens que les Pythagoriciens donnoient au mot γενέσεως, *naiſſance, génération.* L'interpréte Latin s'y eſt ſouvent trompé, en l'expliquant de l'amour. S'il avoit lû ſeulement quelques chapitres de Jamblique, qui parle ſouvent de γενέσεως & de θυεστουργὸς μοῖρα, il nauroit pas fait cette faute.

Et comme nous nous abſtiendrons véritablement.] Il y avoit une faute groſſiére dans ce paſſage, qui, comme Caſaubon l'a fort bien vû, doit eſtre ponctué, & lû de cette maniére, καὶ ὡς ἐν βρώμασι τούτοις οὐ περισιτούμεθα, οὕτως ἐν τοῖς τοῦ αὐγοειδοῦς καθαρσίοις, &c. Le ſecond terme de la comparaiſon οὕτως, manquoit, & cela cauſoit icy une obſcurité ſi grande, qu'il ne faut pas s'étonner ſi l'interpréte Latin n'a fait qu'une traduction auſſi défectueuſe que l'original.

Il eſt juſte d'obéir & au ſens litteral, & au ſens caché. C'eſt un précepte que Pythagore avoit tiré de la Theologie, & de la pratique des Egyptiens & des Hebreux. Dans les préceptes ſymboliques, il ne faut ni mépriſer la lettre pour s'attacher au ſens, ni négliger le ſens caché pour s'attacher à la lettre. Page 226

Or l'œil de l'amour eſt ce qui guide le cocher.] C'eſt une belle idée. L'entendement qui n'eſt pas conduit par l'œil de l'amour, ne peut qu'eſtre rempli de ténébres ; car ce n'eſt que l'amour qui nous conduit à la vérité. Et comme dit Socrate, l'amour tend toûjours à l'immortalité, & il eſt le plus grand ſecours que Dieu ait donné aux hommes pour les faire parvenir à la vie trés heureuſe.

Toutes ces choſes ont été détaillées dans les préceptes ſacrez qui ont été donnez ſous des ombres & des voiles.] Il parle des Symboles de Pythagore, dont j'ay donné un recueil.

Page 227. *Mais dans chaque précepte, il inſinuë la purgation de toute affection charnelle.*] Ainſi chaque Symbole en particulier tend à la meſme fin, que tous les ſymboles en général. Il en étoit de meſme de toutes les cérémonies légales des Juifs.

Page 229. *Que les purgations précédent, & que la délivrance de l'ame ſuit.*] Puiſque l'ame, pour eſtre délivrée, doit eſtre pure, c'eſt une néceſſité que ſa délivrance ſoit précédée par les purgations, les purifications. Toute cette idée des Pythagoriciens eſt empruntée, de ce que la véritable Religion a toûjours enſeigné & pratiqué; car comme ſaint Denys l'a trés bien expliqué dans ſon traité de la Hierarchie, il y a *la purgation*, κάταρσις; *l'illumination*, φωτισμός; & *la perfection*, τελείωσις. *La purgation*, ce ſont les prémiers élements de la Religion, & les rites ou céremonies, par lesquels elle purge l'ame des soüilleures, & de la contagion des choses terrestres; *L'illumination*, lorsque l'ame est admise à la connoissance des véritez les plus importantes & les plus sublimes; & *la perfection*, lorsque l'ame étant purgée & éclairée, est receuë à l'inspection, & à la participation des plus saints mystéres. Voila ce que les Payens ont connu; mais ils l'ont mal expliqué, en rapportant tout aux sciences, & à la dialectique. Les sciences & la dialectique peuvent bien éclairer l'ame jusqu'à certain point; mais elles ne peuvent ni la perfectionner, ni la délivrer.

Et sa délivrance qui la tire en haut, c'est la dialectique.] Car aprés que l'ame s'est purgée de toute erreur par les sciences mathematiques, qui l'ont accoûtumée à ne chercher que ce qu'il y de plus solide & de plus vray, la Dialectique, qui est la partie la plus précieuse de la Philosophie, & qui seule fait distinguer la vérité d'avec le mensonge, la fixe, & luy fait embrasser son véritable bien. On peut voir ce qui a été dit de la Dialectique dans la vie de Platon.

Qui est l'inspection intime des estres.] Hierocles se sert icy d'une expression qui mérite d'estre expliquée, car outre qu'elle est trés belle, elle met son sentiment dans un trés-grand jour. Il appelle la Dialectique, ἐποπτείαν τῶν ὄντων, *l'inspection des estres*, en se servant d'un mot emprunté des mystéres, pour faire entendre que les sciences Mathematiques sont auprés de la Dialectique, comme les initiations ; & que la Dialectique, est comme l'inspection intime des objets de ces sciences. Or dans les mystéres, l'inspection des choses sacrées ne s'accordoit aux initiez, qu'un an au moins aprés leur initiation aux petits mystéres, qui n'étoient qu'une préparation pour les derniers, pour les grands. Cette pensée est trés delicate, & reléve parfaitement le mérite de la Dialectique. Voila pourquoy aussi il l'appelle *la delivrance de l'ame*, dont les sciences Mathematiques ne sont que la purgation.

Parce que cette délivrance se rapporte à une seule science.] Ces paroles manquoient au texte ; elles donnent la raison pour laquelle le Poëte a dit au singulier, *la délivrance de l'ame.* Et elles sont heureusement suppléés à la marge de l'exemplaire conferé sur les manuscrits, & autorisées par le manuscrit de Florence, ὅτι εἰς μίαν ἐπιστήμην αὐτὴ τελεῖ, *quia ad unam scientiam pertinet*; mais cela ne suffit pas encore, il faut ajoûter de plus, & *il a dit au pluriel*, καὶ πληθυντικῶς, &c.

Ainsi il faut nécessairement que les purgations qui se font par le moyen des sciences, &c.] Voicy l'explication de ce qu'il vient de dire, qu'il faut employer pour le corps spirituel de l'ame, des moyens qui répondent analogiquement à ceux qu'on employe pour l'ame mesme. Pour purger l'ame on employe les sciences, & pour l'élever à sa véritable félicité, on employe la Dialectique. Pour purger le corps spirituel, il faut les initiations qui répondent analogiquement aux sciences; & pour l'élever & luy faire prendre l'essor vers sa véritable patrie, il faut l'introduction à ce qu'il y a de plus sacré, l'inspection intime des mystéres, ce qui répond à la Dialectique. Voila pourquoy il est dit dans la suite, que la Philosophie doit toûjours estre accompagnée de la Religion. C'est le véritable sens de ce passage qui étoit fort obscur.

Page 230. *De mesme, il faut rendre pur le corps lumineux, & le dégager de la matiére.*] Ils prétendoient que cela se faisoit par les purgations, sous lesquelles ils comprennoient les veilles, les jeusnes, les lustrations, & sur tout les sacrifices par le feu. C'est pourquoy Jamblique écrit, *que notre feu matériel imitant la vertu du feu celeste, emporte tout ce qu'il y a de terrestre dans les sacrifices, purge tout ce qui est offert, le dégage des liens de la matiére, & par la pureté de la nature, il l'unit avec les Dieux; & par ce mesme moyen il nous délie des liens de la naissance & de la génération, nous rend semblables aux Dieux, & propres à estre honorez de leur amitie; & éleve à l'immatérialité, notre nature matérielle.* Ce passage sert de commentaire à celuy d'Hierocles; & il est de plus trés-remarquable, en ce qu'il fait entrevoir, de quelle maniére ces Philosophes concevoient que le feu purgeoit le char subtil de l'ame. Ils s'imaginoient que c'étoit par sympathie, & qu'en agissant sur les choses offertes, il agissoit sur celle que ces choses représentoient.

Jambl. v. 11.

Page 231. *Mais celuy qui a soin des deux, se perfectionne tout entier.*] Il manque quelque chose icy au texte imprimé, j'ay suivy la leçon que m'a présenté la marge de l'éxemplaire conféré sur les manuscrits, & qui s'est trouvée confirmée par le manuscrit de Florence, ὅλος τελεσθῆται.

Et de cette maniére, la Philosophie se joint à l'art mystique, comme travaillant à purger le corps lumineux.] Hierocles insinuë icy trés-clairement, que les cérémonies mystiques de la Religion, ne sont introduites que pour le corps. Si l'ame étoit seule, elle n'auroit besoin que de la Philosophie, c'est à dire, de la connoissance de la vérité. Mais comme elle a un corps qui doit estre lumineux & spirituel, on a besoin aussi des cérémonies qui le purifient, & qui s'accordent avec les purifications de l'ame, dont elles sont une image & une représentation. Il n'est pas nécessaire de refuter une erreur si sensible. Quand l'ame seroit seule, ayant péché, elle auroit besoin d'estre purgée & purifiée; mais par une purgation qu'Hierocles a malheureusement ignorée.

Vous verrez qu'il n'aura plus la mesme vertu.] Car n'étant pas fondé sur la raison & sur la vérité, ce n'est qu'un vain phantome, qui plein des prestiges de l'illusion, ne produit que l'erreur, & que le mensonge.

Page 232. *Les Loix publiques sont un bon échantillon de la Philosophie civile.*] Car les villes, les royaumes, en un mot toutes les sociétez, ont besoin des mesmes remédes que l'ame. Elles ont besoin de pratiquer les vertus, & d'acquérir la pureté. Les Loix facilitent la pratique des vertus, en ordonnant ce qu'il faut faire, & ce qu'il faut éviter ; & les sacrifices conduisent à la pureté, en purgeant toutes les pensées terrestres, & en consumant par un feu divin toutes les affections charnelles, comme la victime est consumée par le feu.

L'esprit politique tient le milieu ; & le dernier, c'est le mystique.] Car l'esprit politique va à perfectionner l'ame par la pratique des vertus ; & l'esprit mystique ne tend, selon Hierocles, qu'à purifier le corps lumineux & spirituel. Le dernier finira, au lieu que l'autre ne finira point.

Le prémier, par rapport aux deux autres, tient la place de l'œil.] Car c'est l'esprit contemplatif, qui ayant connu la nécessité de la vertu & de la pureté, a ordonné les moyens qui procurent l'une & l'autre.

Et les deux autres, par rapport au prémier, tiennent lieu du pied & de la main.] L'esprit politique ou civil tient lieu de main; & le myst.que tient lieu de pied.

Que lequel que ce soit des trois est imparfait, & presque inutile, sans l'opération des deux autres.] Cela est tres-beau, & tres vray. La contemplation est inutile & infructueuse sans la pureté & sans la pratique des vertus. La pratique des vertus l'est de mesme sans la contemplation, & sans la pureté; & enfin la pureté est vaine, si la contemplation ne l'anime, & ne la dirige, & si la pratique des vertus ne l'accompagne, & ne la soutient.

Et que les actions saintes répondent à l'une & à l'autre.] Ce passage est trés-obscur, & trés-difficile. L'exemplaire conféré sur les manuscrits m'a mis seul sur la voye, en lisant τὸ ἱερὸν ἔργον. En voicy le sens, si je l'ay bien compris. Le Poëte vient de dire, qu'il faut joindre ensemble la méditation, la pratique des vertus, & les cérémonies de la Religion. Et icy il en donne la raison, afin, dit-il, que les actions, qui resultent de la pratique des vertus, répondent à l'intelligence qui les produit; & que les cérémonies qui nous purifient, répondent à cette mesme intelligence, & à la pratique des vertus; c'est à dire, afin que la Politique & la Religion conformes à l'intelligence divine, concourent également à nous rendre agréables à Dieu. Ce qu'aucune des trois ne peut faire seule; car la méditation ne peut rien sans les œuvres, ni les œuvres sans la religion, comme Hierocles vient de l'expliquer. Τὸ ἱερὸν ἔργον, est aussi dans le manuscrit de Florence.

Page 233. *Laissant dans cette terre ce corps mortel.*] Voila une erreur considérable des Pythagoriciens, sur le corps mortel; ils ne concevoient point que ce corps terrestre, pust estre glorifié, & devenir spirituel, & à la place de ce corps, ils donnoient à l'ame une autre sorte de corps, un corps subtil & lumineux. Mais ce qui n'est qu'une erreur dans le sens des Pythagoriciens, devient une vérité dans le sens des Chrétiens. L'ame aprés la mort sera receuë dans le ciel avec un corps spirituel & incorruptible.

Voila, comme dit Platon, le grand

combat.] C'eſt un paſſage du Phédon, tome 2. p. 114. Mais dans les éditions de Platon, il y a καλὸν γὰρ τὸ ἆθλον, καὶ ἡ ἐλπὶς μεγάλη, *car voila un grand prix & une grande eſpérance.* Hierocles, au lieu de ἆθλον, *prix*, a lû ἀγὼν, *combat.*

Aprés qu'il s'eſt recouvré luy-meſme par ſon union avec la véritable raiſon.] J'ay ſuivy le manuſcrit de Florence, qui a rétabli ce paſſage, & qui au lieu de διὰ τῆς τῶν ὀρθῶν λόγων ἑνώσεως, &c. a lû διὰ τῆς πρὸς τὸν ὀρθὸν λόγον ἑνώσεως ἀπολαβὼν ἑαυτὸν. Ce qui eſt trés-beau : j'ay hazardé cette expreſſion, *aprés qu'il s'eſt recouvré luy-meſme*, pour rendre toute la force du Grec. Page 234.

Et qu'il a trouvé l'auteur & le créateur de toutes choſes, autant qu'il eſt poſſible à l'homme de le trouver.] Voicy le paſſage comme il eſt dans les éditions, καὶ τὸν δημιουργικὸν πυθὸν τοῦ παντὸς ἐξευρών. Et voicy comme il eſt rétabli dans le manuſcrit de Florence que j'ay ſuivi dans ma traduction, καὶ τὸν δημιουργὸν τοῦ παντὸς κατὰ τὸ δυνατὸν ἀνθρώπῳ ἐξευρών.

Parvenu donc enfin aprés la purification.] Le manuſcrit de Florence reſtituë encore heureuſement ce paſſage ; car au lieu de τότε δὲ γενόμενος, ὡς οἷόν τι μετὰ τὴν κάθαρσιν, on y lit τοῦτο δὲ γινόμενος οὐ μετὰ τὴν κάθαρσιν.

Page 235. *Il s'unit par ses connoissances à ce tout.*] Il y a dans le texte imprimé ταῖς μὲν γνώσεσιν ἐν τῷ παντὶ, ce qui ne fait aucun sens. L'éxemplaire conféré sur les manuscrits, m'avoit tiré d'embarras, en lisant ταῖς μὲν γνώσεσι ἑνοῦται τῷ παντί. Ce qui fait un sens merveilleux. J'ay trouvé ensuite la mesme leçon dans le manuscrit de Florence.

Et le lieu le plus convenable à un corps de cette nature, c'est le lieu qui est immediatement au dessous de la Lune.] Par ce passage on voit que Pythagore avoit corrigé la vision des anciens Theologiens d'Egypte, qui, comme je l'ay expliqué dans la vie de Pythagore, croyoient qu'aprés la premiére mort, c'est à dire, aprés la séparation de l'ame & du corps terrestre & mortel, l'ame, c'est à dire l'entendement, & son char spirituel, s'envoloit au dessous de la lune; que celle qui avoit mal vécu restoit dans le gouffre appellé Hecaté, ou le champ de Proserpine; & que celle qui avoit bien vécu, alloit au dessus, & que là arrivoit enfin la seconde mort, c'est à dire, la séparation de l'entendement, & du char ſubtil ; que l'entendement ſe réuniſſoit au ſoleil, & le char ſubtil reſtoit au deſſus de la lune. Ni Lyſis, ni Hierocles ne parlent nullement icy de cette derniére ſéparation; ils ne reconnoiſſent que la premiére; & ils diſent qu'aprés la mort, les ames inſeparables de leur char ſubtil, vont immédiatement au deſſous de la lune, c'eſt à dire, dans la terre pure, dont Platon parle dans le Phedon, & qu'ils plaçoient au deſſus de notre terre, dans le ciel, ou l'æther, & juſtement au deſſous de la lune.

Comme étant au deſſus des corps terreſtres & corruptibles, & au deſſous des corps céleſtes.] Il prétend que ce lieu au deſſous de la lune, convenoit à ces ames, à cauſe de leur rang ; car étant inférieures par leur nature aux Dieux, & aux Anges, & ſupérieures à tous les autres eſtres terreſtres, elles doivent habiter un lieu ſupérieur à la terre, & inférieur aux aſtres. Il n'y a perſonne qui ne voye le peu de ſolidité de cette raiſon. Les bienheureux habitent la meſme region que les Anges, & que Dieu meſme.

Un Dieu immortel.] C'eſt à dire, un eſtre ſur lequel la mort n'aura plus de pouvoir, & par là semblable à Dieu ; & par consequent Pythagore ne connoissoit point la seconde mort ; c'est à dire, la séparation de l'entendement, & du char subtil de l'ame.

Page 236. *Et ceux là l'oublient quelque fois.*] Ouy, pendant qu'ils sont revetus de cette nature mortelle. Mais aprés qu'ils l'ont dépoüilleé, & qu'ils sont glorifiez, ils ne l'oublient plus.

Car il ne se peut que le troisiéme genre, quoyque rendu parfait, soit jamais ni au dessus du second, ni égal au prémier.] Ce passage étoit entiérement corrompu & deffectueux dans le texte imprimé, οὐ γὰρ δὴ τὸ τρίτον γένος τελειωθὲν, ἢ τοῦ μήσου γένοιτο ἂν τρίτον. cet ἢ, *ou*, marque visiblement qu'il manque quelque chose. L'éxemplaire conferé sur les manuscrits, l'a heureusement suppléé & corrigé, comme je l'ay trouvé dans le manuscrit de Florence, οὐ γὰρ δὴ τὸ τρίτον γένος τελειωθὲν ἢ τοῦ μέσου γένοιτο ἂν κρεῖττον, ἢ τῷ πρώτῳ ἴσον, ἀλλὰ καὶ μένον τρίτον ὁμοιοῦται τῷ πρώτῳ γένει. *Numquam enim tertium genus, etiam perfectum, superius evadet secundo, aut æquale primo, sed tertium manens assimilabitur primo, subordinatum secundo.* Hierocles dit que les estres du troisiéme rang, c'est à dire, les hommes, aprés mesme qu'ils ont recouvré leur perfection, ne peuvent pourtant pas estre élevez au dessus des estres du second rang, c'est à dire, des Heros, des Anges, ni devenir égaux aux prémiers, c'est à dire, aux Dieux immortels; mais demeurant toûjours ce qu'ils sont par la loy de leur création, c'est à dire, le troisiéme genre des substances raisonnables, ils deviennent semblables au prémier à proportion du rang qu'ils tiennent, cette ressemblance que tout doit avoir avec Dieu, étant différente selon les différents rapports, & les différentes liaisons.

Qui sont fixes & permanents dans leur état.] C'est à dire, qui conservent toûjours leur nature angelique, & ne descendent point dans cette terre, pour y animer des corps terrestres & mortels. Page 237.

Que la plus parfaite ressemblance avec Dieu, est l'exemplaire & l'original des deux autres; & que la seconde l'est de la troisiéme.] Il ne faut rien changer icy au texte. Hierocles ne pouvoit rendre plus sensible la différence qu'il met entre toutes ces ressemblances, qu'en diſant que la ſeconde, c'eſt à dire, celle des Anges, celle que les Anges ont avec Dieu, & la troiſiéme, celle des hommes, ne ſont que les copies de la premiére, c'eſt à dire, de celle que les Dieux immortels ont avec le Dieu ſupréme ; & que la troiſiéme, n'eſt que la copie de la ſeconde, c'eſt à dire, la copie de la copie, & par conſequent plus éloignée de la vérité, & des véritables traits de l'original, comme n'étant qu'au troiſiéme rang, & comme dit Platon, τρίτη ἀπ' ἀληθείας. Mais cette Theologie d'Hierocles n'eſt pas entiérement ſaine, & elle eſt meſlée de vérité & d'erreur. L'erreur conſiſte en ce qu'il conçoit l'homme comme l'image des Anges ; car l'homme n'a été fait à l'image d'aucun eſtre créé ; il a été fait à l'image de Dieu : & la vérité ſe trouve, en ce qu'il enſeigne que la premiére & la plus parfaite reſſemblance eſt celle des Fils de Dieu ; car le Fils de Dieu, le Verbe, eſt la plus parfaite reſſemblance du Pere, & l'homme eſt l'image du Verbe ; & comme parle ſaint Athanaſe, il eſt l'image de l'image, εἰκὼν εἰκόνος, & par là l'image de Dieu, mais l'image de Dieu moins parfaite. Du reſte, tout

ce qu'Hierocles, & les Pythagoriciens pensoient de ces différents degrez de ressemblance que les Anges & les hommes ont avec Dieu, n'est vray que pendant la vie de ces derniers; car aprés leur mort ils deviennent égaux aux Anges, selon la promesse de notre Seigneur, qui dit luy-mesme, *Neque enim ultra mo-* S. Luc xx. 36.
ri poterunt; æquales enim Angelis sunt, cùm sint Filii resurrectionis. Car ils ne pourront plus mourir, parce qu'ils sont égaux aux Anges, étant des enfans de resurrection.

Que si ne pouvant parvenir à cette plus parfaite ressemblance, nous acquérons celle dont nous sommes capables.] Ce passage est parfaitement beau; mais il étoit défectueux dans le texte, où on lit seulement εἰ δὲ ἀπολειπόμενοι τούτων τυγχάνομεν, καὶ τὸ τέλειον τῆς ἀρετῆς ἐν τούτῳ, &c. L'éxemplaire conféré sur les manuscrits, l'avoit heureusement restitué, en suppléant ce qui manquoit. Et c'est ce que j'ay trouvé ensuite confirmé par le manuscrit de Florence, où on lit, εἰ δὲ ἀπολειπόμενοι τούτων τυγχάνοιμεν οἷς, (l'éxemplaire lit οἵας) δυνάμεθα τυχεῖν, αὐτὸ τοῦτο τὸ κατὰ φύσιν ἔχομεν, καὶ τὸ τέλειον τῆς ἀρετῆς ἐν τούτῳ, &c. *Quod si perfectiores illas si-*

militudines assequi minime valeamus, eamque ipsam adipiscamur, cujus capaces sumus, illud ipsum quod secundum naturam nostram est, habemus & eo ipso perfectum virtutis fructum carpimus, quod, &c. Hierocles console icy l'ame qui souhaiteroit de ressembler à Dieu, & il luy fait voir, que bien qu'elle ne puisse parvenir à la plus parfaite ressemblance qu'ont avec luy les estres supérieurs, c'est à dire, les Dieux immortels, enfans de cet estre supréme, & les Anges, si elle a toute celle dont elle est capable, il ne manque rien à son bonheur, parce qu'elle a comme les estres plus parfaits, tout ce qui luy est propre, & qui convient à sa nature.

Page 239. *Qui ont marché dans la voye de Dieu.*] Le texte imprimé dit, *qui ont marché dans la loy de Dieu*, ὑπὸ τὸν θεῖον νόμον. Mais l'éxemplaire conféré sur les manuscrits a lû, ὑπὸ τὴν θείαν οἶμον, &c. & le manuscrit de Florence, ὑπὸ τῶν ἤδη τὴν θείαν οἶμον, &c. *par ceux qui ont déja marché dans la voye de Dieu.*

Et comme le seul cry de toutes leurs assemblées.] Ou *de toutes leurs écholes*, ou *de tous leurs auditoires*; car l'échole de Pythagore étoit appellée ὁμακόϊον, & les disciples ὁμάκοοι.

Une loy qui ordonnoit que chacun tous les matins à son lever, & tous les soirs à son coucher.] Nous voyons dans Ciceron, dans Horace, dans Senéque, & ailleurs, que beaucoup de gens obéïssoient à cette loy. Galien dans son traité de la connoissance, & de la cure des maladies de l'ame, nous asseure que tous les jours il lisoit, matin & soir, les Vers de Pythagore; & qu'aprés les avoir lûs, il les recitoit par cœur: & c'est d'aprés cette Loy que saint Jerosme a dit, *Duorum temporum maxime habendam curam, mane & vesperi, id est eorum quæ acturi sumus; & eorum quæ gesserimus.*

Fautes à corriger.

Page 22. avec la ſtabilité ferme & la verité, *liſ*. avec la ſtabilité ferme & avec la verité.

Page 23. ſe conſerve, *liſ*. ſe conſervent.

Page 39. les regles de la ver-, *liſ*. les regles de la vertu.

Page 55. ſont forcez de crier, *liſ*. ſont forcez de s'écrier.

Page 61. à l'integrité ou totatalité, *liſ*. à l'integrité ou à la totalité.

Page 83. qui diſpoſe du tout de noſtre vie, *liſ*. qui diſpoſe du total de noſtre vie.

Page 98. à eſtre remené à aucun eſtre, *liſ*. à eſtre remené à aucun aſtre.

Page 143. qu'il faut prendre la pour juſte meſure, *liſ*. pour la juſte meſure.

Page 195. nous remenera à la felicité, *liſ*. nous remeneront à la felicité divine.

Page 265. qu'il a établies, *liſ*. qu'il a établis.

www.ingramcontent.com/pod-product-compliance
Lightning Source LLC
LaVergne TN
LVHW010530100826
845148LV00001B/145

9782012564763